文京学院大学総合研究所叢書 ②

The Economic and Business Relations
between Turkey and Japan
International Joint Research

トルコと日本の経済・経営関係
[国際共同研究]

関根謙司／ユスフ・エルソイ・ユルドゥルム／川邉信雄【編】
Kenji Sekine, Yusuf Ersoy Yıldırım, and Nobuo Kawabe (eds.)

関根謙司(Kenji Sekine)
ユスフ・エルソイ・ユルドゥルム(Yusuf Ersoy Yıldırım)
川邉信雄(Nobuo Kawabe)
石黒久仁子(Kuniko Ishiguro)
杉山 剛(Tsuyoshi Sugiyama)
エルハン・チャンカル(Erhan Cankal)
池田芳彦(Yoshihiko Ikeda)
ジェレン・アクソイ・スギヤマ(Ceren Aksoy Sugiyama)

文京学院大学総合研究所

はしがき

　トルコを初めて訪れたのは，1981年の2月だったと記憶している。当時，エジプトのカイロに住んでいたが，留学していた大学がノス・サナ（中間休暇）だったのを機に，フランクフルトの友人宅に預けてある荷物を取りに行く必要があった。また当時，書籍を簡単に日本に船便で郵送するのができなかったエジプトから出国し，この機会にアテネまで持ち込んで発送しておこうと考えた。そして，翌日，アテネからイスタンブルに移動する計画を立てた。
　そのときのトルコ滞在はイスタンブルとイズミールだけであったが，それが私をその後数回のトルコ旅行に駆り立てた。当時のトルコは，商業都市イスタンブルでもカイロを下回る物価であった。イズミールのバザールで食べたピラフが日本円にして50円（旧トルコ・リラで10リラ前後）もしなかったことを，いまも鮮明に記憶している。バターもジャムもトルコ産であり，外国製商品に支配されているエジプトとは別種の国であった。暖房を使うには時間制限があり，3カ月後に訪れた首都アンカラのスモッグは驚くほどであった。
　トルコとの関わりはトルコの経済発展をじかに目撃することにもなり，意図的なインフレと物価高，給与引上げを目のあたりにしてきた。と同時に，トルコ西部と東部との格差を知ると経済発展の前途を楽観してばかりもいられない状況が見えた。イスラムへの回帰もコンヤを境に東側では浸透しているように見えた。飲酒できる町も，トルコではいまも10都市前後である。
　トルコとは歴史的には民族名，言語名であり，国家としては第一次世界大戦後に生まれた。トルコ人のアイデンティティは非常に微妙なものがあり，現在のトルコにはキリスト教に縁の深いかつてのアルメニア王国の一部も含まれている。しかし，かなり強引な方法で「トルコ人」を規定してきたのも事実である。「トルコにはトルコ人しかいない」というものである。
　アラビア語圏を専門に研究しながら，トルコを近い外国として接してきた筆者は，今回の共同研究を通じて，トルコ経済を背後から支えたかつてのオスマン帝国が支配した，あるいは争った地域について整理することができた。考えれば，ドイツ帝国やオーストリア帝国の同盟国として連合軍と戦った第一次世界大戦後の不始末が，今日の世界の重要な紛争の原因となっていることは否定できない。パレスチナ問題しかり，ボスニア＝ヘルツェゴビナ紛争しかり，コソボ内戦しかり，そしてイラクやシリア紛争も同様である。
　第一次世界大戦が始まったとき，アメリカ合衆国の軍事力はトルコ（オスマン帝国）に次いで世界の16位に留まっていた。広い国土といっても，山間部も多く，農地としては有望ではないトルコは，15世紀以降，西欧世界の食糧庫に位置づけられていたバルカン地域を支配権に入れ，その後再び奪われてきた歴史を有している。オスマン帝国は大軍を駆使し，軍楽隊を利用し，敵軍に降伏を迫る戦術で支配地を拡大してきた。戦闘せずに勝利するのが最善の方法なのである。

だからこそ，徹底交戦となったマルタ包囲戦（1565年）のときは食糧の確保が困難になり，撤退したのである。そのとき，本当に手に入れたかったところはハプスブルク家の影響が強い食糧庫のシチリアであったと想定できる。

ここ数年，地政学の書物が日本でも脚光を浴びてきたが，今回の共同研究が始まるときはまだ少ない書物しかなかった。それに反し，地政学が盛んなフランスでは「トルコの地政学的研究」まで刊行されている。

初めてトルコを訪れたとき，イズミールから古代ローマの遺跡のある70キロ先にあるエフェソスに現地ツアーを依頼した。参加者はイギリスの大学生を含めて3名だけであったが，ガイドしてくれたトルコの旅行会社のスタッフは1950年にNATO軍の一員として朝鮮戦争に参加したことがあり，日本にも行ったことがあった。「学者はイラン，軍隊はトルコ」とはオスマン時代から言われていたことであったが，それはいまも変わらないことを実感できたことを覚えている。

経済新興国の1つとして脚光をあびたトルコではあるが，穏健派イスラムのエルドリアン政権はどこに向かおうとしているのか。5つの資本主義と言われ，資本主義の混迷が指摘される一方，地政学的に恵まれた国アメリカの危機も現実を帯びてきた。

本書に収められたいろいろな視点からの8つの論文は資源なき地域のあり方を示唆してくれるに違いない。同時に，本書が現在混迷を極めているトルコと周辺諸国の関係を理解し，日本とトルコとの経済・経営関係のさらなる発展の一助となれば幸いである。

改めて，この国際共同研究に参加していただいたアンカラ大学および文京学院大学の先生方に感謝の意を表したい。

2016年3月吉日

編者を代表して
文京学院大学人間学部教授

関根　謙司

編者・執筆者紹介

（執筆章順，☆は編者）

☆関根　謙司　（Kenji SEKINE）　（第1章担当）
　　現職：文京学院大学人間学部教授
　　主要業績：『アラブ文学史―西欧との相関―』六興出版，1979年。
　　　　　　『地中海世界と宗教』慶応義塾大学地域研究センター，1989年（共著）。
　　　　　　「義務としての復讐をめぐる対比研究の試み」『文京学院大学総合研究所紀要』第16号，2016年。

☆ユスフ・エルソイ・ユルドゥルム　（Yusuf Ersoy YILDIRIM）　（第3章担当）
　　現職：アンカラ大学（トルコ）農学部教授
　　主要業績：*Plants, Pollutants and Remediation, Springer Netherland*, 2015 (co-edidor and co-author).
　　　　　　"Determination of Potential Grapevine (Vitis spp.) Cultivation Areas of Turkey Based on Topographic and Climatic Factors by Using Geographic Information Systems (GIS) Techniques," *Journal of Field Crops Central Research Institute*, Vol. 21, No. 1, Ankara, Turkey, 2015 (co-author).
　　　　　　"Estimation of Dwarf Green Bean Water Use under Semi-arid Climate Conditions through Ground-based Remote Sensing Techniques," *Agricultural Water Management*, Vol. 98, No. 2, 2004 (co-author).

☆川邉　信雄　（Nobuo KAWABE）　（序章，第4章担当）
　　現職：福井県立大学客員教授，文京学院大学・早稲田大学名誉教授
　　主要業績：「即席麺の国際経営史―日清食品のグローバル展開―」『文京学院大学経営学部経営論集』第24巻第1号，2014年。
　　　　　　「日系コンビニエンス・ストアのグローバル戦略―2005年以降のアジア展開を中心に―」『文京学院大学経営学部経営論集』第22巻第1号，2012年。
　　　　　　『タイトヨタの経営史―海外子会社の自立と途上国産業の自立―』（有斐閣，2011年）。

石黒　久仁子　（Kuniko ISHIGURO）　（序章，第6章担当）
　　現職：東京国際大学国際戦略研究所准教授
　　主要業績：「新聞社におけるキャリア形成―朝日新聞社・毎日新聞社の昇進者キャリアの展開に関するデータからの考察―」『日本情報ディレクトリ学会誌』Vol. 12, 2014年（共著）。
　　　　　　「女性管理職のキャリア形成―事例からの考察―」『GEMCジャーナル』第7号，2012年。
　　　　　　"Changes in Japanese Companies' Personnel Management Practices Relating to Female Employees: From the Early 1980s to the Early 2000s," in Sierk A. Horn ed., *Emerging Perspectives in Japanese Human Resource Management*, Frankfurt am Main: Peter Lang, 2011.

杉 山　　剛　（Tsuyoshi SUGIYAMA）（第2章担当）
　　現職：アンカラ大学（トルコ）文学部講師
　　主要業績：「古代アナトリア，アッシリア商業植民地期における perdum の取引とその背景」『オリエント』第42巻第1号，1999年。
　　　　　　『ことたびトルコ語』白水社，2002年（共著）。
　　　　　　Ortaçağ Japonyasında Kadın〈中世日本の女性〉, Ortaçağda Kadın〈中世の女性〉, Ed.: Altan Çetin, Lotus, 2011.

エルハン・チャンカル　（Erhan CANKAL）（コラム担当）
　　現職：ユルドゥルム・ベヤズット大学（トルコ）経営学部准助教授
　　主要業績："The Effect of Unionization on Poverty in the Turkish Labor Market," *Journal of Applied Econometrics and International Development*, 2008（co-author）.
　　　　　　Matematik, Bölüm 8, "Türevlerin İktisadi Uygulamaları〈微分の経済学的実践〉," Lisans Yayıncılık, 2010.
　　　　　　Matematik, Bölüm 7, "Türevler〈微分〉," Ed: Altan Çabuk, Lisans Yayıncılık, 2011.

池 田　芳 彦　（Yoshihiko IKEDA）（第5章担当）
　　現職：文京学院大学経営学部教授
　　主要業績：『国際経営を学ぶ人のために』世界思想社，2002年（共編著）。
　　　　　　『グローカル経営―国際経営の進化と深化―』同文舘出版，2004年（共著）。
　　　　　　『貿易取引入門』学文社，2013年。

ジェレン・アクソイ・スギヤマ　（Ceren Aksoy SUGIYAMA）（第7章担当）
　　現職：アンカラ大学（トルコ）文学部准助教授
　　主要業績："Tourism in Japan Reconsidered: Exploring the Link between Everyday Life and Domestic Tourism," in Nowa Strona, ed., *Facing East*, Bielsko-Biela, 2014.
　　　　　　"For Whom the Bell Tolls in Rokudo Chinnoji," in Petr Gibas, Karolina Pauknerova and Marco Stella, eds., *Non-Humans in Social Science: Ontologies, Theories and Case Studies*, Mervarc: Cerveny Kostelec 2014.
　　　　　　"Ryoma-den Dizisinde Çizilen Japonya'nın Yeni 'Erkek' İmajı〈ドラマ『龍馬伝』にみる日本の「新」男性像〉," *Folklor/Edebiyat*, Vol. 20, No. 80, 2014.

トルコと日本の経済・経営関係

目　次

はしがき……………………関根　謙司　*i*
編者・執筆者紹介……………………………*iii*
目　　次……………………………………*v*
英文略目次……………………………*viii*

序　章　トルコ経済の現在と日本
　　　　　―体系的研究への足がかりとして―……………………川邉信雄＋石黒久仁子　1

第1章　トルコと周辺諸地域の地政学
　　　　　―三日月と十字架のはざまで―……………………………………関根　謙司　7
　　　第1節　栄光のアナトリア　7
　　　第2節　オスマン帝国とハプスブルク王朝　10
　　　第3節　オスマン帝国と西欧　15
　　　第4節　オスマン帝国とアラブ世界　19
　　　第5節　アナトリアの経済，社会，文化　23

第2章　現代トルコ経済の起源
　　　　　―古アッシリア商業植民地時代におけるアナトリア商業活動―……杉山　剛　37
　　　第1節　アナトリア半島と有史時代への移行　37
　　　第2節　カッパドキア文書とアッシリア商業植民地時代　39
　　　第3節　商業活動の基本　41
　　　第4節　古代アナトリアでのアッシリア商人たち　43
　　　第5節　古代アナトリアの状況　44
　　　第6節　行動の規範　45

コラム　データで見るトルコ経済
　　　　　―マクロ経済・国際貿易・経済政策―……………………エルハン・チャンカル　51

第3章　トルコの農業
―自然・資源から食品産業まで―　　ユスフ・エルソイ・ユルドゥルム　71
- 第1節　トルコの農業環境　*71*
- 第2節　トルコの農業　*73*
- 第3節　農業のトルコ経済における位置　*77*
- 第4節　トルコ食品産業の競争力，輸出基準と問題点　*86*
- 第5節　農業および食品産業において活動する日系企業　*88*

第4章　日系企業のトルコ進出
―存在感の薄い日系企業―　　川邉　信雄　91
- 第1節　はじめに　*91*
- 第2節　トルコにおける日系企業の現状　*92*
- 第3節　日系企業による投資の始まり―1955～1984年―　*94*
- 第4節　日系企業の対トルコ投資の本格化―1988～1992年―　*97*
- 第5節　対トルコ投資の活発化―1993～2007年―　*100*
- 第6節　急速な日系企業の対トルコ投資―2008年以降―　*108*
- 第7節　おわりに　*115*

第5章　グローバル化とローカル化のバランス
―トヨタ・モーター・マニュファクチャリング・トルコ社の事例―　池田　芳彦　121
- 第1節　はじめに　*121*
- 第2節　トルコの自動車産業　*122*
- 第3節　トヨタ・トルコの概要と沿革　*127*
- 第4節　トヨタ・トルコの経営力　*131*
- 第5節　おわりに　*137*

第6章　海外進出日本企業の人的資源管理
―YKKトルコ社の事例からの考察―　　石黒　久仁子　141
- 第1節　はじめに　*141*
- 第2節　背景と分析の枠組み・方法　*142*
- 第3節　事例：YKKトルコ社　*151*
- 第4節　分析と考察　*161*
- 第5節　おわりに　*164*

第7章　労働現場における異文化接触
　　―トルコと日本の比較―……………………ジェレン・アクソイ・スギヤマ　167
　　第1節　近代化のモデルとしての日本　167
　　第2節　共有するとされる特徴　170
　　第3節　相　違　点　173
　　第4節　トルコ人の日本人に対する違和感　176

あ と が き……………川邉 信雄　179

The Economic and Business Relations between Turkey and Japan

CONTENTS

Preface ········ by Kenji Sekine *i–ii*
Contributors ······················ *iii–iv*

Introduction The Turkish Economy and Japan ···················· *1–6*
　　　　　　　—The First Step to Systematic Studies—　by Kuniko Ishiguro and Nobuo Kawabe

Chapter 1 Geopolitics of Turkey and its Neighboring Areas ···················· *7–36*
　　　　　　—Between the Crescent and the Cross—　　　　　by Kenji Sekine

Chapter 2 The Origin of the Anatolian Economy ················ *37–50*
　　　　　　—Anatolia in the Old Assyrian Colonial Period—　by Takeshi Sugiyama

Column The Present Situation of the Turkish Economy ···················· *51–70*
　　　　　—An Overview of Economic Statistics—　　　　by Erhan Cankal

Chapter 3 Agriculture of Turkey ···················· *71–90*
　　　　　　—From Nature and Resources to Food Industries—　by Yusuf Ersoy Yıldırım

Chapter 4 Japanese Investment in Turkey ···················· *91–120*
　　　　　　—Weak Presence of Japanese Enterprises—　　　by Nobuo Kawabe

Chapter 5 Keeping Balance between Globalization and Localization ········ *121–140*
　　　　　　—A Case Study of Toyota Motor Manufacturing Turkey—　by Yoshihiko Ikeda

Chapter 6 Human Resource Management of Japanese Enterprises Overseas ··· *141–166*
　　　　　　—A Case Study of YKK Turkey—　　　　　by Kuniko Ishiguro

Chapter 7 Different Cultural Contacts at Workplaces ···················· *167–178*
　　　　　　—Comparative Analysis between Turkey and Japan—　by Ceren Aksoy Sugiyama

Afterword ········ by Nobuo Kawabe *179–180*

序 章

トルコ経済の現在と日本
―― 体系的研究への足がかりとして ――

川邉　信雄
石黒　久仁子

　多くの日本人は，トルコは世界でも有数の親日国としてみる。そして，両国は良好な関係にあると考えている。日本とトルコのその良好な関係を説明する時に必ずあげられる2つの事件がある。第1の事件は，1890（明治23）年9月オスマン帝国の軍艦エルトゥールル号が和歌山沖で遭難したが，その際の日本の地域住民の献身的な活動である。その後も，初代トルコのアタチュルク大統領は，近代化の範を明治日本に求めたことが知られている。第2の事件は，イラン・イラク戦争の際にイランに取り残された日本人をトルコ航空機で脱出させた事件である。

　最近でも，両国の友好関係を示すような報道は多い。例えば，2013年5月に安倍首相もトルコを訪問して後押しし，その結果三菱重工業，伊藤忠商事，仏GDFスエズ，トルコ発電会社（EUAS）などで構成される国際コンソーシアムによる原発受注が確実になったことがある。総事業費は220億ドルで，2023年に1号機の運転開始を目指している[1]。

　2013年10月には，安倍首相が大成建設など日系企業の関わったボスポラス海峡をつなぐ海底トンネルの開通式に出席したが，出発に先立って記者団に「トルコは日本にとって戦略的に極めて重要な国だ。首脳間信頼関係を強固なものにし，日本・トルコ間の経済関係の強化，発展を目指したい」と語っている。また，IHIはイズミット湾を結ぶ全長2,800メートルの世界4位の吊り橋を建設中である[2]。

　さらに，安全保障分野でも対話促進を打ち出しており，2013年5月の首脳会談で署名した，両国関係を「戦略的パートナーシップ」と位置付ける共同宣言に基づく協力を進める方針を確認している[3]。

　こうした日本のトルコとの関係強化の背景には，トルコが世界経済のなかで重要度を増していることがある。世界の企業が低廉で優れた労働力や資源，市場などを求めてBRICsに続く新興国市場に熱い視線を注いでいる。ポストBRICsとして注目を集める国々としてネクスト11（韓国，インドネシア，フィリピン，ベトナム，パキスタン，バングラデシュ，メキシコ，トルコ，イラン，エジプト，ナイジェリア），VISTA（ベトナム，インドネシア，南アフリカ，トルコ，アルゼンチン）

がある。このように，トルコは新興国として大きな注目を浴びるようになってきた。例えば，イワン・ツェリッシェフ（2014）『2030年の世界経済』（NTT出版）でも，BRICsに加え，インドネシア，メキシコ，タイとともにトルコも「エマージング9」の1つに数えられている。

2002年総選挙に勝ち，AKPが単独で政権を担うようになってからの，トルコの変貌は目覚ましいといえる。リーマン・ショック前まで年平均7％の実質成長を続け，2002年に約3,500ドルだった1人当たりGDPを1万ドル超まで引き上げた。次々とできたショッピング・モールは，消費ブームを象徴するものでもある。中間層の需要を取り込もうとイスタンブルを始め，国内各地でモールの新設が目立つ。トルコのショッピング・センター投資家協会（AYD）によると，国内のモール総数は2014年6月時点で333カ所と2008年比で約1.8倍に増えている。2015年末までにさらに100カ所のモールが新規開業の予定という。

第二次大戦後のトルコ経済は，成長とインフレ，自由化と放漫財政の波，IMFからの度重なる救済などに相次ぎ遭遇しながら，現在の経済成長までの道のりを進んだ。戦後のトルコ経済は国営企業主導の国家資本主義の形態をとっており，輸入代替工業化政策が採られていた。この政策の下，衣類・靴・食品加工などの今日の基幹産業となる基盤が形作られた[4]。しかし，1970年代に入り，政治的混乱，石油危機，キプロス派兵（1974年）などの影響を受け，「政府の大衆迎合的な利益誘導型政策と放漫財政によって」[5]，1970年代後半には国家財政は慢性的高インフレに苦しみ破綻に向かっていた。そしてクーデター後の1980年代，トルコはIMFの経済安定化プログラム下に入り，輸入代替工業化から輸出主導型，また国営企業主導から民間主導へと構造の転換をはかり，コチ，サバンジュといった大財閥も拡大・成長を遂げた。続く1980年代末には資本取引の規制が撤廃され，海外からの直接投資と融資が可能となったものの，海外からの間接債務依存という形で財政が大きく乱れると同時に，納税回避の地下経済が大きく発展した（地下経済の規模は，2008年OECD試算で32.1％，トルコ政府試算は37.3％となっている[6]）。

1990年代に入っても，高インフレ，トルコリラの高騰，失業，国営企業の民営化失敗などの負の要素により不安定な経済状況が進んでいたが，一方で貿易の自由化は進み，欧州諸国との経済関係の強化が進展していった[7]。経済状況は2000年に入っても変わらず，トルコリラの急騰による大幅な資本流出，IMFの緊急支援を経て，更に金融危機が発生した。

しかし，2002年には現大統領のエルドアン氏が圧倒的支持を得て単独政権を樹立し，経済の分野でも，IMF・世界銀行の援助と2005年のEU加盟交渉開始発表を受けての基盤整備開始を端緒として，ようやく安定・成長の時代に入る[8]。

こうした状況のなか，トルコに対する海外からの直接投資も近年活発化している。ARC国別情勢研究会のまとめた2010年のデータによると，2010年にトルコに投資した外資系企業は3,233社，トルコ国内の外資系企業は累計2万4,490社に達している[9]。国・地域別にみると，EUが75.2％で圧倒的な規模である。主要投資国はオランダ，英国，ドイツ，フランスのEU域内各国に加えて米国であり，近年は湾岸アラブ産油国も投資機会を増やしている。産業別構成比は，サ

ービス（50.9％），工業（47.9％），農業（1.1％）となっている。サービス部門では金融・保険が全投資の25.0％と最も高く，工業部門では製造業が同じく全体の13.0％の高い比率を示している。近年の主要なプロジェクトとしては，スペインBBVA銀行のGARANTI銀行株取得，韓国POSCOのプラント建設・操業，オーストリアOMV社のPetrol Ofisi社買収などに加え，日本の（株）損保ジャパンによるFIBA SIGORTA社買収などがある。また，オランダのCORIO社はトルコ国内の多くのショッピング・センター開発プロジェクトを実施している。

　現在成長を遂げているトルコ経済の発展の要素について，トルコ大使館文化部では次のようにまとめている。[10]

① 経済全体の成長率は順調に伸びを示し，IMF World Economic Outlook Databaseによると，2018年のGDP規模は2014年予測の8,820億USドルから約40％増の1兆2,260億USドルが見込まれている。

② 同じくIMFのデータによると，政府の総債務残高（対GDP比）は108位と非常に低く，主要銀行は全行が黒字（2009年，2010年）と，強固な財務基盤を保持している。

③ 紡績産業・食品産業に加え，製造業への産業構造の変化が見られる（2000年時点：衣類20％，紡績17％，金属工業8％，食品7％，自動車産業6％。2011年時点：金属工業13％，自動車産業13％，紡績業10％，衣類産業9％，機械製造8％）。

④ これら産業においては，労働者の労働意識，品質意識が非常に高い。

⑤ 人口要因としては，若い平均年齢（2009年現在の全国民平均28.8歳，労働力人口67％，人口の約25％が学生），多くの人口（約7,200万人：2011年現在）と安定した出産率（出生率2.1人：2013年）が最大の特徴として挙げられる。

⑥ 地理的要因としては，EU関税同盟，イスラム文化圏，トルコ語・トルコ民族圏の要衝に位置し，陸路・海路・空路のルートを使い原材料・商品などを輸送することが可能である。

　日本も，こうした今後の経済成長が期待されるトルコとの経済的結びつきを急速に発展させている。しかしながら，このように密接な日本とトルコの経済関係について，体系的な研究は今までほとんどなされていない。とくに，日本とトルコの経済関係の中核となるトルコにおける日系企業の進出や現地での活動についての研究は少ない。

　日本とトルコとの経済関係に関する先行研究や文献についてみると，以下のような傾向がみられる。第一は，トルコへの日系企業の進出について，体系的な研究をしたものはほとんどなく，例外的に川辺純子の研究があるくらいである。[11] 他には，日本を代表し，トルコ最大の輸出企業となっているトヨタ・モーター・マニュファクチャリング・トルコ（TMMT＝トヨタ・トルコ）について折橋伸哉，高橋泰隆・芦澤成光，徐寧教他による研究，トヨタ・トルコの社長を務めた小林浩治の講演録などがある。[12]

　本書は，こうした研究の空白を埋めると同時に，日本とトルコの経済関係について理解を深めるために，日本とトルコの研究者がおこなった共同研究の成果をまとめたものである。

そのため，本書における研究は，一般の共同研究でみられる共通の厳密な研究方法や枠組みを持ってスタートしてはいない。そのため，本書は様々な分野での研究報告をまとめた「論文集」になっている。それは，本書が以下のような幅広いテーマを扱った研究報告から構成されていることにも現れている。[13]

　第1章「トルコと周辺諸地域の地政学―三日月と十字架のはざまで―」は，ヨーロッパ，バルカン，中東，中央アジアを結びつける地政学的に重要な位置を占めるトルコが歴史的にどのような役割を果たし，発展してきたかを分析している。まず，ビザンティン時代，つまりキリスト教世界としてのアナトリアを見る。続いて，オスマン帝国時代に触れ，地中海貿易の覇権をハプスブルク王朝とどのように争ったかについて考察を加える。さらに，オスマン帝国と西欧社会とのかかわりを議論し，第一次・第二次世界大戦を通しての帝国の衰退を扱う。そして，オスマン帝国とアラブ世界の関係について考察し，帝国の一部となったアラブ世界との関係の変化を見る。最後に，アナトリアの経済，社会，文化について触れ，現在の中東問題との関係，そして日本との関係についてまとめている。

　第2章は「現代トルコ経済の起源―古アッシリア商業植民地時代におけるアナトリア商業活動―」と題するものである。この章では，現在のトルコの経済・ビジネス活動の源流を探るべく，現在のトルコが位置する古代アナトリア半島において展開された商業活動について分析している。ヒッタイト以前の都市国家をベースにするアッシリア植民地では，商人たちが商売の記録を粘土版に刻んでいた。これらの「カッパドキア文書」から当時の高度に発達したビジネスの様子が明らかにされている。現在のトルコのビジネス活動にみられる地政学的な位置や人間同士のつながりの強さなど，古代アッシリア商人たちが形成したシステムと似ていることが論証されている。

　次のコラム「データで見るトルコ経済―マクロ経済・国際貿易・経済政策―」は，経済データから現在のトルコの経済状況を説明したものである。まず，GDP，経済成長率，失業率，経常収支などの経済指標から，マクロ経済の概況を見る。次に，国際貿易の様相を，モノやサービスの輸出入額，主要輸出入品目，輸出入の地域別分布などについて分析する。続いて，トルコの投資環境について述べ，海外資本の状況を産業分野別に明らかにする。外資導入の支援制度としては，経済特区について進出における特典が説明される。さらに，トルコの国内投資に大きな影響を与えるEUとの関係やFTAの展開について紹介され，今後の課題についてまとめてある。

　第3章は，「トルコの農業―自然・資源から食品産業まで―」と題して，トルコ経済において依然として重要性の高い農業について分析を加えている。まず，農業の基礎となる地形，気候，水資源などの概要が示されている。次に，トルコの農業の産業としての特徴に触れ，作物ごとの農地や森林地などの面積の変化が分析され，トルコ農業に影響を与える要因に触れている。続いて，トルコ経済における農業の位置について考察がなされ，農業就労者，GDP，輸出入に占める農業の割合，地域別の農産物が示されている。さらに，農産物を加工するトルコの食品産業の競争力，輸出における問題点が分析されている。そして最後に，トルコに進出しているサカタ，

カゴメ，味の素など日系の農業，食品企業 8 社の概要が示されている。

第 4 章は，「日系企業のトルコ進出－存在感の薄い日系企業－」と題するものである。この章では，第二次世界大戦から今日にいたるまで，時代を 4 つに分けて，日系企業がなぜ，どのようにしてトルコに進出したのかについて分析する。まず，日系企業の対トルコ投資について，全体の推移や特徴を部門別，地域別に明らかにしている。続いて，日系企業の対トルコ投資に見られる変化をもとに，1955 年から 1983 年，1984 年から 1990 年，1990 年から 2008 年，そして 2009 年以後の 4 つの時期に分けて分析する。とくに，2009 年以後には日系企業の対トヨタ投資が活発になり，製造業のみならず各種サービス業などの進出と同時に，M&A 型の投資やトルコ周辺市場を視野に入れた投資が増えていることを明らかにしている。

第 5 章「グローバル化とローカル化のバランス－トヨタ・モーター・マニュファクチャリング・トルコ社の事例－」は，日系製造企業の対トルコ投資のなかで最も規模が大きく，トルコ最大の輸出企業となっているトヨタ・トルコのケース・スタディである。まず，トルコの自動車産業全般の特徴を見る。次に，トヨタ・トルコの概要と沿革について触れる。続いて，トヨタ社の中で世界トップ・クラスの品質と効率性を達成したトヨタ・トルコの経営力や生産拠点としての位置づけについて，考察が加えられている。さらに，現地インタビュー調査をもとに，人材のグローカル化，生産ラインのグローカル化の背景を明らかにしている。

第 6 章，「海外進出日本企業の人的資源管理－YKK トルコ社の事例からの考察－」では，日系企業がトルコにおいてどのような人的資源管理を行っているのかを，YKK トルコの事例を通して考察している。まず，トルコの労働力および労働環境が説明されている。次に，日系企業の人的資源管理の海外移転の方法と実践について，先行研究を分析し，小池理論や白木理論をベースにした議論の枠組みを構築する。続いて，研究対象となっている日本の YKK および YKK トルコについて概要や沿革，海外進出，そしてトルコへの進出のプロセスについて説明している。さらに，YKK の現地ならびに本社の担当者にインタビューした内容にもとづいて，YKK トルコの人的資源管理の特徴について分析を行う。最後に，分析の結果について，上記の議論の枠組みをベースに考察を加えている。

最後の第 7 章「労働現場における異文化接触－トルコと日本の比較－」は，日本とトルコの労働生活における価値観を比較し分析したものである。この章では，よく日本とトルコは似ていると言われるが，ビジネスにおける考え方，価値観は，両国の文化的な影響によってそれぞれ大きく異なることを明らかにしている。まず，日本とトルコの近代化を中心にした歴史的発展の差異を明らかにする。次に，日本とトルコが共有する特徴を持っているのかどうかを，宗教，上下関係，相互扶助，問題の解決方法などから議論する。続いて，日本とトルコの相違点について，結果重視か過程重視か，約束や時間の厳守及び計画性について考察している。そして最後に，差異があるゆえに両国の価値観は補完できるものが多いと，両国の今後の関係強化を提案する。

注

1) 「トルコ特集－トルコ，高い潜在成長力，原発などインフラ，日本企業，商機広がる－」『日本経済新聞』2013年10月23日。
2) 「首相，トルコへ出発」『日本経済新聞』2013年10月28日。
3) 「日・トルコ首脳会談，原発輸出推進へ人材育成，首相『安全確保促す』」『日本経済新聞（夕刊）』2013年10月30日。
4) 中島敏博（2010）「第1章 トルコという国」日本貿易振興機構編『早わかりトルコビジネス』日刊工業新聞社，21頁。
5) 同上。
6) 同上，21-22頁。
7) 同上，24頁。
8) 同上，25-27頁。ARC国別情勢研究会編（2010）『ARCレポート－経済・貿易・産業報告書－トルコ 2011/2012年版』ARC国別情勢研究会，7頁。
9) 同上，27-31頁。
10) トルコ大使館文化部（2014）「中央・西アジアのビジネスとマーケット－トルコの経済発展と今後－」文京学院大学講義資料，2014年6月5日，19日。
11) 川辺純子（2015）「トルコの経済発展と日本企業」『城西大学経営紀要』第11号。
12) 徐寧教・新宅純二郎・朴英元・李澤建（2012）「トルコ自動車産業の現状と展望－トルコの日韓自動車企業から－」『赤門マネジメント・レビュー』第11巻第8号。折橋伸哉（2008）『海外拠点の創発的事業展開－トヨタのオーストラリア・タイ・トルコの事例研究－』白桃書房。高橋泰隆・芦澤成光（2009）『EU自動車メーカーの戦略』光文社。小林浩治（2006）「トルコの自動車産業とトヨタの事業進出」『赤門マネジメント・レビュー』第5巻第7号。
13) 本書の刊行に至る研究経緯については，本書の「あとがき」を参照。

第1章

トルコと周辺諸地域の地政学
――三日月と十字架のはざまで――

関 根 謙 司

第1節 栄光のアナトリア

(1) ビザンツ時代―キリスト教世界としてのアナトリア地方―

　今日，トルコ共和国の中核を形成しているアナトリア半島は小アジアとも呼ばれ，チュルク族[1]などの侵入を受ける以前は，古代文明を繁栄させ，その後はキリスト教世界として大きな役割を果たしてきた。キリスト教がコンスタンティヌス帝によって公認され，ニケーアの公会議（325年）が開かれたのも，今日イズニク（Iznik）と呼ばれている古都ニケーア，すなわちニカエア（Nicaea）であるし（今日のイズニクは古代のニケーアよりも少し東にずれてはいるが），エーゲ海に面したアナトリア西部には今もキリスト教徒が少なくない。

　キリスト教世界として1,000年の歴史を有する東ローマ帝国ことビザンティン帝国は，正教キリスト教世界の盟主であり続けたが，土地を奪われ奪い返す歴史であったともいえる。ローマ帝国の東半分（pars orientalis）を引き継いだものも，ゲルマン民族の大移動による国土失地，ユスティニウス1世（527-565）による国土奪回，ペルシャ系の侵入，アラブ族の侵攻によって北アフリカ，エジプト，シリア，パレスチナを失い，スラブ族，チュルク系ブルガール族に帝国の北方を奪われ，ドナウ川を境にスラブ族と対決した。エーゲ海の島々を失い，イタリア南部（カラブリア地方やプーリア地方）を奪われては奪回するといった歴史を体験してきた。地中海世界という農作物の宝庫の奪い合いは，そのまま帝国の運命を左右したのである[2]。

　イスラム世界にとって，ながらくビザンティン帝国の帝都であったコンスタンティノープルの陥落は念願でもあった[3]。しかし，ビザンティン軍がもつ秘密兵器である「ギリシャの火」によって何度も苦戦した。東部のヴァン湖周辺はアルメニア王国が支配していた。事実，ローマ帝国に先立ち，世界で最初にキリスト教を公認したのは，アルメニア王国であった（301年）。ニケーアの公会議（325年）において有名なニケーア文書も，だからこそラテン語，ギリシャ語，そしてアルメニア語で書かれたのである。

およそ1,000年におよぶトルコ（アナトリア半島ならびにバルカン半島の一部を含む）のキリスト教時代は，教義と儀式に苦悶した歴史を有している。イエスの「神性」をめぐってニケーア以降もキリスト教各派の論争は絶えず，そのなかにあって正教会が大きな役割を演じてきた。ビザンティン帝国は正教会の盟主を自負し，キリスト教を国教としてきた。ニケーアの公会議以降，ローマ皇帝を頂点に置きながら正教会の総主教庁は，コンスタンティノープル，アレキサンドリア，アンティオキア（トルコ語名ハタイ [Hatai]），イェルサレムに置かれたが，そのうち2つまでもがアナトリアに置かれたのである。

395年，東西に分裂したローマ帝国は，476年（異説もある）の西ローマ帝国滅後は，ビザンティン（ビザンツ）帝国としてコンスタンティノープル（旧名ビュザンティオン）を首都とし，キリスト教国家として1453年まで栄えた。しかし，中世を通じて千年帝国を実現したビザンティンは，けして安泰であったわけではない。イスラム諸王朝，セルジューク・トルコ，十字軍，モンゴル帝国，そしてオスマン帝国の脅威に立ち向かわなければならなかった。ビザンティン帝国は，帝都コンスタンティノープルを死守するために，オスマン帝国とは婚姻関係も結んだりした。1346年，皇女テオドラ（Theodora）は，スルタン・オルハンに嫁いでいる。オルハンは，これを契機にヨーロッパ大陸に足がかりをつかんだ。

ビザンツ帝国は，東のキリスト教国の盟主としてイスラムの勃興以降はイスラム勢力との対決を余儀なくされた。さまざまな王朝が盛衰したイスラム王朝だが，預言者の時代のウンマ（Umma，イスラム共同体）の建設は，ダール・アル＝イスラム（Dār al-Islām，イスラムの家）の拡大を意味し，ダール・アル＝ハルブ（Dār al-Harb，イスラムの戦い）が支配する地域を塗り替えることを意味した。それはそのまま，イスラム世界が求めてきた商業圏の拡大，富める者による貧者の救済，巡礼による商業の活性化を意味したといえる。そして，その意味でイスラムが帝都コンスタンティノープルを陥落させるのは時間の問題であった。

(2) イスラム世界としてのアナトリア地方

コンスタンティノープルは，帝都としてヨーロッパとアジアの両大陸にまたがり，ボスポラス海峡で黒海と地中海を結び，金角湾からエーゲ海の島々を眼下に収めつつ東西交渉貿易の中継地として栄えてきたが，4世紀末以降になるとゲルマン民族やスラブ族の侵入によって西のヨーロッパ側の支配地は縮められ，イラン系やトルコ系の諸民族，諸王朝の進出によって東のアジア側も危機に瀕していた。

1299年，アナトリア西北部でオスマン帝国を建国したオスマン1世（Osman I，在位：1299-1326）の跡を継いだオルハン（Orhan，在位：1324-1362）は現在のブルサを占領，首都に定めた。オルハンの息子のムラト1世（Murad I，在位：1362-1389）は即位すると，アドリアノープル（トルコ名エディルネ）を占領し，これによりドナウ川流域の重要拠点を手に入れた。オスマン帝国は，デウシルメ（devşirme）制度によって占領地の子弟を人質として連行し，彼らをイスラム教

徒に改宗させるとともに，軍事的にも英才教育を施し精鋭常備歩兵軍を創設した。これがイェニチェリ（Yeniçeri）と呼ばれるものであり，その後のオスマン軍の中核を担った。ムラト1世はセルビア人貴族ミロシュ・オビリチ（Miloš Obilić, ?-1389）と刺し違えて殺されたが，息子のバヤズィド1世（Bayazid I, 在位：1389-1402）は即座に戦場でスルタンに即位し，混乱を避けることが出来た。イスラム世界の内部ではなく，キリスト教徒との戦いによって帝国内を統一しようとするオスマン帝国の試みは，もっぱらバルカン半島の戦いに向けられた。しかし，中央アジアに大帝国を興したティムールとアンカラの戦い（1402年）で敗れ，バヤズィド1世は捕虜となり，オスマン帝国はティムール帝国に支配され，一時は帝国崩壊の危機に陥った。

混乱のアナトリアを統一したのは，バヤズィド1世の子メフメット1世（Mehmed I, 在位：1413-1421）であった。その後を継いだムラト2世（Murad II, 在位：1421-1444, 1446-1451）は，再来した十字軍を破り，バルカン半島に勢力を拡げた。しかし，オスマン軍は，バルカン半島の民族主義者の"英雄たち"，——トランシルバニアではフニャディ・ヤーノシュ（Hunyadi János, ca. 1406-1456），ワラキアではドラキュラ伯爵ことヴラド・ツェペシュ（Vlad Țepeș, 1431-1476/77），アルバニアではスカンデルベグ（George Kastrioti Skanderbeg, 1405-1468）など——に悩まされ，苦戦を余儀なくされた。ビザンティン帝国は西欧カトリック諸国に援軍を求めたが，援助・援軍はなかった。1463年，ムラト2世の子メフメット2世（Mehmed II, 在位：1446-1446, 1451-1481）はコンスタンティノープルを攻略，陥落させた。コンスタンティノープルはこれ以降，次第にイスタンブルと呼ばれるようになった。これによりメフメット2世は征服者（el-Fātih）と呼ばれるようになった[5]。

スルタン位をめぐって政治・紛争が絶えないなか，セリム1世（Selim I, 在位：1512-1520）が登場し，アナトリア東部とエジプト・シリアの征服によって帝国を統一しようと試みた。1517年，エジプトのマムルーク朝を滅ぼしたセリム1世は，マムルーク朝によって手厚く保護されていたアッバース朝のカリフの末裔をイスタンブルに連行し，彼よりカリフの称号を譲られたと称した。これによりスルタン＝カリフ制度によってオスマン帝国のスルタンは，イスラム世界の盟主として，メッカならびにメディーナの守護者になったが，キスワ（kiswa, 聖地メッカのカアバ神殿にある岩を隠す黒い布）とスッラ（surra, メッカを維持する義捐金）はエジプトに留まっていたマムルークたちに残された。それが突如，中止されるのは1798年，ナポレオン・ボナパルトのエジプト遠征の年であった。

オスマン帝国の最盛期は，大帝スレイマン1世（Suleiman I, 在位：1520-1566）の時代であった。首都イスタンブルを中央にペルシャ湾・インド洋・マラッカ海峡ではポルトガルを駆逐し，エジプト・シリア・アラビア半島を属領とし，メソポタミアを直接支配し，オスマン帝国の海軍提督にして雇われ海賊（コルセア）であったバルバロス（バルバリア海賊）兄弟は北アフリカでスペイン海軍を退け，エーゲ海ではキリスト教徒のコルセアであった聖ヨハネ騎士団をロードス島から追い出した。スレイマン1世の戦争はいわばスペイン，フランドル，オーストリアなどを支配し

ていたハプスブルク朝カール5世との戦いであった。スルタンは密かにフランスのヴァロア朝の王にしてカール5世の宿敵フランソワ1世と密約を結び，地中海の覇権を確立しようとした。1,000以上ある地中海の島でオスマン帝国の支配あるいは統治を免れたのは，わずかにマルタ島とコルフ島くらいになった。ロシアではカザン・ハン国を併合し，1683年のオスマン帝国最大領土を実現するきっかけを作った。

　スレイマン1世は，法整備で帝国内を安定させようとした。ハナフィー派法学を基幹としたオスマン帝国は，ある意味でイスラム法の拡大解釈を可能とさせ，スルタンへの権力の集中を可能とさせたのである。歴史上，多民族を含む大国家・大帝国はいずれも統治と世継ぎに悩んできたが，オスマン帝国はそれをスルタンに法整備を認める一方，ミッレト制に見られるように他宗教への自治をある程度容認し，またハーレムによって世継ぎの心配・不安をなくすとともに，帝位後継者の敵対勢力を排除することを法によって認めてきた。驚くことに，歴代のオスマン帝国のスルタンの母親はハーレムの奴隷出身が少なくなく，ロシアや東欧のヨーロッパ系の血を受けているのである。そうした中で，スレイマン1世はロシア系ともウクライナ系ともいわれるハーレムの女奴隷で，饒舌な「スルタンの陽気な人」ロクゼラナ（Hürrem Sultān Roxelana, ca. 1500-1558）を寵愛した。ロクゼラナはスルタンの子供を4人もうけ，奴隷の身分を解いてもらい，ライバルの女性を失脚させ，自分の産んだ子供の1人をスルタンにするために他の有力候補を処刑させ，ハーレムを造営して住居をトプカプ宮殿の中に移し，政治的暗躍に奔放した。

　その一方でスレイマン1世は，オスマン帝国の威信をかけて建築家スィナーンに命じてイスタンブルやエディルネ（アドリアノープルのトルコ名）に大モスクを建設させる一方，第一次ウィーン包囲戦を敢行した。物資補給が途絶えたため，退却を余儀なくされたが，西欧キリスト教世界に与えた衝撃は大きかった。

第2節　オスマン帝国とハプスブルク王朝

(1) エーゲ海とバルカン半島

　オスマン帝国の時代，オスマン帝国が宿敵として直接対決したのは，地中海の覇権をめぐって争っていたハプスブルク王朝であり，地中海貿易で利害を争っていたアドリア海沿岸地域やクレタ島を植民地とするヴェネツィア共和国であった。まさに陸と海での三日月と十字架の戦いであった。

　ボスポラス海峡によって黒海と地中海を結び，ダーダネルス（チャナッカレ）海峡によってマルマラ海と地中海をつなぎ，金角湾を望むイスタンブルにとって，1,000を越す島があったエーゲ海の多くの島は魅力あるものであった。その中でも，とくにロードス島，クレタ島，キプロス島は重要であった。

　世界七不思議の1つとされた「ロードスの巨像」があったとされるロードス島は，フェニキア

時代から美術品クーロスの産地として知られていた。フェニキア人はここで入手したクーロスをはるか西アフリカに運び，売りさばいた。ビザンツ時代はその支配下に置かれたが，1309 年，ロードス島はイェルサレムを追われた聖ヨハネ騎士団に占領された。騎士団の時代，マムルーク朝やオスマン朝の攻撃を受け，1522 年，包囲戦の末，騎士団は地中海各地を転々とし，マルタ島に逃れた。オスマン帝国にとって，ロードス島はイスタンブルとカイロを結ぶ中継地であり，ヴェネツィアが支配するクレタ島と相互補完する役割をもっていた。第一次世界大戦でイタリアに委任統治されるまで，ロードス島はオスマン帝国の支配下に置かれた。今日，ワインの産地として知られるロードス島は，古来より土地豊かな島として知られてきた。聖ヨハネ騎士団にとってもオスマン帝国にとっても，自力で食糧をまかなえるロードス島は魅力ある島だったのである。

コンスタンティノープルが陥落した後，15 世紀の末までにギリシャ本土と島の大半はオスマン帝国の支配下に置かれた。しかし，ヴェネツィアが統治していたキプロス島とクレタ島が陥落するのは，それぞれ 1571 年ならびに 1670 年であった。ギリシャ語を話す人々は，イオニア海ならびにコンスタンティノープルことイスタンブルに残された[10]。オスマンは，コルフ島の 2 度の包囲戦を試みたが（1571 年，1726 年），コルフ島を陥落させることはできなかった。オスマン帝国の支配下にあっても，ギリシャはたびたび反乱を起こした。レパントの戦（1571 年）に義勇兵として参加する者もいた。哲学者ディオニシウス（Διονύσιοςό Φιλόσοφος, ca. 1560 頃-1611）がギリシャ人修道士としてエプルスの農民反乱（1600-1601）を指導している。モレアの戦い（1684-1669）は，第 6 次オスマン＝ヴェネツィア戦争として知られているもので，ギリシャ＝トルコ戦争ともいえるものである。1770 年のオルロフの反乱は 1821 年のギリシャ独立戦争の先駆けになった戦いで，露土戦争（1768-1774）で名をなしたロシア海軍司令官のオルロフ伯爵（1737-1808）がギリシャ人を扇動したものである。

1814 年，ギリシャの解放をめざす「フィリキ・エテリア」が設立された。「フィリキ・エテリア」はペロポニソス半島，ドナウ川の諸公国，イスタンブルで反乱を起こすことを計画した。最初の反乱は 1821 年，ドナウ川の公国等で始まった。苦戦を強いられながら，反乱は各地に飛び火していった。ドラクロアの画で有名なキオス島の住民虐殺はこのときに起きたものである。オスマン帝国はアルバニア人の傭兵隊長でエジプト総督になっていたムハンマド・アリー（Muhammad Alī Pāshā al-Mas'ūd ibn Agha, 1769-1849）に反乱を鎮圧するように命じ，息子のイブラヒーム・パシャ（Ibrāhīm Pāshā, 1789-1848）の率いるエジプト＝オスマン軍がギリシャに向かった。反乱は鎮圧されたが，ギリシャを支援する西欧諸国（帝政ロシア，イギリス，フランス）はギリシャ独立運動を支援するために軍船を派遣した[11]。1830 年，新生ギリシャはロンドン条約を受け入れた。1832 年，ロンドン会議（1832 年）の決定に沿ってバヴァリア選侯国からオットー国王が着任した。詩人バイロンもギリシャ独立戦争に義勇兵として参加し，熱病で亡くなっている。

オスマン帝国の逸材にアルバニア系は少なくない。大宰相キョプリュリュ・ファズル・アフメ

ド（Köprülü Fazıl Ahmed Pasha, 1635-1676）やエジプト総督ムハンマド・アリーはとくに有名な人物である。アルバニアはいまでも各地にモスクやトルコ風ミナレットが点在し，ムスリムが過半数いることでも知られる。アルバニアがオスマン帝国に併合されるのは，1415年から1431年にかけてであった。1443年，アルバニアの民族的英雄のスカンデルベグの反乱が起きた。反乱はスカンデルベグの死（1468年）後の1479年まで続いた。山岳部が多く，土地勘に通じていたことも反乱軍に味方した。いまもリンクス（オオヤマネコ）やイヌワシなどが生息し，カヌンの掟により特異な復讐の習慣があることでも知られるアルバニアは，コソボ，ボスニア＝ヘルツェゴビナ，モンテネグロとともに，バルカン半島のムスリム国である。一方，ブルガリアは正教のキリスト教の信仰を守るために，高額ともいえる非イスラム教徒に課される人頭税を支払った。これはワラキア，モルドバ，マラムレシュ地方で当時は別々の公国であったルーマニアにもいえる。とくに木造教会で有名なマラムレシュは人質と税金をオスマン帝国に惜しげもなく提供し，反抗的でない代わりに信仰を守ったといえる。カルパチア山脈を境にしてモルドバ地方と冬は行き来も不便なことも幸いした。もみの木があることも，容易に木造教会を建設しイコンを画くにも便利であった。他の地域は少なからずオスマン帝国の支配を感じさせる建物などが残るが，マラムレシュ地方にはそれが見当たらない。[12]

　しかし，オスマン帝国が支配した地域には，今日，紛争や内戦の発生するところが少なくない。イスラム世界とキリスト教世界の間には，いまも未解決の問題が解決されないまま残っている。そして，これは同じイスラム世界ながら言語が異なるアラビア語世界であるレバノン，シリア，イラクにもいえる。第一次世界大戦後の不始末ともいえるヴェルサイユ体制に理由があると言えるが，何よりも黒海とアラビア半島では石油が産出し，石油配送のためのパイプラインが置かれたことが不幸の始まりであったといえる。

(2) 2つの海戦とコルセア海賊

　古来より海戦では，海賊，厳密にいうとコルセアと呼ばれる「雇われ海賊」が活躍した。海賊を味方にするか，敵に回すかで勝敗は左右されることが少なくなかった。バルバロス兄弟（ハイレッディン，オルチ）で有名なエーゲ海の海賊をコルセアとして雇い入れたオスマン帝国は，兄弟を海軍提督に任命するとともに，海戦を有効に働かせようとした。バルバリア海賊として知られる彼らには，地中海の海賊だけではなく，イングランドやアジアの海賊も仲間として加わり，ある種の国際的な存在であった。また，スペインを追われ，モロッコに住んだムスリムも少なくなかった。彼らにとって海賊業はまさしくジハードであった。[13]宗教的動機は彼らに海賊業の正当性を与えていたのであろう。高度の航海術を駆使し，敵船の捕虜は奴隷としてガレー船の漕ぎ手にされ，また家族や支援者から身代金の支払いがあるときは身柄が釈放された。風まかせの帆船では軍船にならず，ガレー船の漕ぎ手が不可欠であったのである。

　海賊たちはお墨付きをもらい，宗教的にも動機を与えられ，アンダルシアを追われた報復とい

う大義名分を振りかざして，コルセアとして暴れまわった。マルタのゴゾ島では島民の大半が海賊の奴隷となり，北アフリカのオスマン領リビアに送られた。イタリア南部やスペインの海岸線を襲撃し，コルシカ島でも住民を奴隷とし，イスラム世界に送った。奴隷の襲撃があるキリスト教世界の島には見張り（ジェノア）塔が建てられ，また島を立ち去る住民も多かった。これに対し，キリスト教世界の宗教騎士団（聖ヨハネ［マルタ］騎士団，聖ステファン騎士修道会）は軽量・高速のフリゲート艦を建造した。バルバリア海賊の中にはキリスト教徒の海賊もおり，なかには改宗する者もいた。アルジェの海賊艦隊の提督であったスレイマン・レイースも，もとはオランダ人の海賊であった。バルバリア海賊はアイルランドやアイスランドなどにも遠出した。マルタ騎士団もしばしばバルバリア海賊の港町を襲った。キリスト教世界ではイスラム教徒の奴隷が，イスラム世界ではキリスト教徒の奴隷が市場で売買された。仲介業者（メルセダリアン）が生まれ，イスラム教徒に捕えられたキリスト教徒の奴隷を身受けした。今日，スペインの教会には外壁に鎖が垂れ下がっていることが少なくない。管轄の教会から捕虜交換の身代わりとして司祭・修道士が身代わりに出向いたことを忘れないためであった。

　バルバリア海賊の国王にして，オスマン海軍の提督に指揮された海賊たちと戦った著名な海戦が，プレヴェザの海戦とレパントの海戦である。プレヴェザの海戦（1535年）は，ジェノバ出身のアンドレア・ドーリアがカール5世[14]に仕えた海軍提督として参加したことで知られ，バルバリア海賊の海軍総督ハイレッディーンがオスマン海軍として指揮し，オスマン海軍が勝利した。レパントの海戦（1571年）は史上最後のガレー船による海戦と言われ，カール五世の庶子アウストリア公やアンドレア・ドーリアの甥ジャン＝アンドレア・ドーリアが活躍したことでも知られる。この勝利によって，スペイン艦隊はアマルダ（無敵艦隊）と呼ばれるようになった。地中海は，この勝利を機にカトリック世界の海になったが，スペインやローマ教皇などのカトリック世界の船舶はしばしばバルバリア海賊の襲撃に遭い，新大陸の富を強奪されることが少なくなかった。また，バルバリア海賊のかつての故郷ともいえるアンダルシアを始め，スペインのハプスブルク王朝の影響下にあった南イタリアやゴゾ島を含むマルタ島の沿岸部はバルバリア海賊によって襲撃され，奴隷として多くのキリスト教徒たちが拉致された[15]。

(3) 第二次ウィーン包囲戦

　1529年の第一次ウィーン包囲戦の後，オーストリアではトルコ税が新設される一方，バルカンでの支配確立，カトリック世界が拡大した。バルカン地域のカトリック化は，そのまま神聖ローマ帝国を自負するハプスブルク帝国の安泰を意味した。

　半世紀後の1683年，オスマン軍はさらに大規模な軍を率いてハプスブルク家の首都を包囲，攻撃した。直接の原因は，ハンガリーがハプスブルク王朝に組み込まれたためであった。ウィーンの陥落はキリスト教世界と商業圏の解体を意味することを悟ったローマ教皇インノケンティウス11世は神聖同盟を呼びかけ，オーストリアに対してポーランド＝リトアニア，ヴェネツィア，

ロシアが加勢した。さらにロレーヌ（ロートリンゲン）公，ザクセンならびにバイエルン選帝侯などの諸侯も援軍に向かった。この戦いはその後16年の長きにわたって続く大トルコ戦争の前触れであった。このとき，カトリック世界から義勇軍として駆けつけた貴族も少なくなかった。小国サヴォワ出身でカトリック世界を救った貴公子プリンツ・オイゲンもその1人であった。

オスマン帝国は，キョプリュリュ家の大宰相時代に，さまざまな改革を通じて帝国の威信回復を努めていた。メフメット・キョプリュリュ・パシャの娘婿として大宰相になったカラ・ムスタファ・パシャは，バルカンに勢力を伸ばし始めていたハプスブルク帝国に対抗する手段として，1683年，第二次ウィーン包囲戦を計画したのである。[16]

指揮官でもあり，国政を牛耳っていたカラ・ムスタファ・パシャは敗走した。この勝利を記念してクロワッサンが作られたという俗説はともかく（クロワッサンはオスマン帝国が旗とした三日月を形取っているが，フランスで生まれた），オスマン文化がウィーンに影響を与えたことは間違いない。コーヒーがウィーンにもたらされ，ウィーンのユダヤ教徒たちは馬のあぶみを模してベーグルを作り，脅威ではなくなったオスマン文化は西欧にトルコ趣味をもたらした。オスマン軍の軍楽隊の音楽は，モーツァルトを始め，ハイドンやベートーヴェンにも影響を与えた。[17]

プリンツ・オイゲン（Prinz Eugen von Savoyen, 1663-1736）が頭角をあらわすのは，ゼンタの戦い（1698年）でオスマン軍を撃破，ウィーン包囲後のオーストリアならびにハプスブルク王朝を外交的に有利に運んだときからである。1699年，オスマン帝国はヨーロッパ諸国と講和条約であるカルロヴィッツ条約を結び，キリスト教世界の領土を割譲するという苦難をなめたのである。

プリンツ・オイゲンは，ヨーロッパでの戦闘でオーストリア軍の軍事参議会議長として活躍し，数々の勝利を収め，外交的勝利を導いた。プリンツ・オイゲンの名に因んだ通りがウィーンにあり，また第二次世界大戦のときにドイツ海軍はプリンツ・オイゲンという重巡洋艦を建造，不死身の軍艦として戦後まで生き残った。ナポレオンは世界の7人の名将の1人として，プリンツ・オイゲンを挙げている。[18]

オイゲンは小国サヴォワの出身であった。パリで生まれ育ち，オーストリアに移り住んだ。従妹はサヴォワ公であり，遠い親戚にバヴァリア選帝侯がいた。プリンツ・オイゲンはオーストリア人ではなかったが，祖父はハプスブルク家の血縁者であり，祖母はスペインのハプスブルク家にしてカール5世の嫡子フィリペ2世の娘であった。美男ハンサム系ではなかったが，芸術と学問を愛し，私邸には1万5,000冊の書籍と237種の写本があり，フランスの啓蒙主義者モンテスキュー（Charles-Louis de Seconda Baron de la Brède et de Montesquieu, 1689-1755）がウィーンに来訪したときはわざわざ食事に誘っている。

(4) マルタをめぐる海の包囲

70歳を迎えようとしていたスレイマン1世は，キリスト教世界のコルセアでありハプスブル

ク王朝の影響下にあったマルタ騎士団を壊滅する計画をたてていた。デウシルメ出身の2人の海軍提督の指揮のもと4万の大艦隊は地中海中央にあるマルタ島に向かった。迎え撃つ騎士団は一般の住民を含めても8,000名を下回っており，戦勝は明らかのように見えた。騎士団にはかつてロードス島から追い出されたメンバーもおり，騎士団長のジャン・パリゾ・ド・ヴァレット（Jean Parisot de Valette, 1495?-1568）は騎士団の出身8カ国のうち，はじめてのフランス出身の騎士団長であった。

　劣勢ではあったが，騎士団の士気は高く，高低差の激しいマルタの地形を巧妙に利用したが，苦戦は免れなかった。オスマン海軍は得意の大砲に騎士団の戦死者の死体を入れ，敵軍に遺体を返した。ヴァレットはスレイマン大帝と同歳であり，かつて捕虜としてオスマン軍のガレー船を漕いでいたこともあった。予測していたとはいえ，ヨーロッパのキリスト教世界からの援軍は期待できそうもなかった。この1565年の大包囲（The Great Siege）として知られるマルタ島大包囲は，オスマン軍の勝利間違いなしと思われた。そうすれば，オスマン帝国のコルセアはもっと有利にキリスト教徒に対する海賊業に専心できる。北アフリカだけではなく，スペイン沿岸にはかつてイスラム教徒であった同胞たちがおり，自分たちを援助してくれる。

　軍船を上手に扱うという意味では，オスマン海軍もマルタ騎士団も同様であった。しかしロードス島と異なり，マルタの土地は石や岩だらけで痩せていた。言い換えれば，食糧の補給がマルタでは困難であることが大軍のオスマン海軍の弱点であった。持久戦になればなるほど，騎士団に有利に動く。騎士団はハプスブルク家と縁の深いシチリア王国からの補給が期待できた。

　あっけなく降伏すると思っていたマルタ騎士団だが，オスマン軍は退却を余儀なくされた。マルタ大包囲のあと，ヴァレットは完全に火器の時代が到来したことを認識し，新しい町の建設を始めた。それが現在の首都ヴァレッタである。島の内陸部にあるイムディーナではなく，首都はヴァレッタに移され，自然の地形と豊富にあるマルタストーンを使って，難攻不落の「城塞」都市が完成した。援軍は送ってくれなくても，資金は送ってくれた宗教改革後のカトリック世界は，威信をかけてマルタには土地と人口に不釣り合いな資金と技術者・職人を集めたのである。マルタがオスマン帝国の支配に組み入れられることは，地中海での商業圏と覇権を失い，そのままキリスト教世界の衰退を意味していたからである。たいした土地もなく，資源もないマルタであったが，地中海の中央に位置し，自然の要塞であったことは，「アジアの脅威者にしてヨーロッパの楯」（サー・オリバー・スターキー［Sir Oliver Starkey］がド・ヴァレットに捧げた墓標の碑文）としては最適であったのである。[19]

第3節　オスマン帝国と西欧

(1)　ヨーロッパの病人とタンズィマート

　スレイマン1世亡き後，オスマン帝国は，ハプスブルク王朝に敵対するフランスと同盟し，キ

ャピチュレーション[20]を認めた。オスマン帝国の政局は混乱し，激しいインフレによって経済は悪化していった。フランスに続き，オスマン帝国はヴェネツィア，イギリス，オランダにもキャピチュレーションを認めたが，かえって経済の悪化を招くばかりであった。

オスマン帝国の戦法は，相手を威嚇するに大軍をもって戦いに挑み，最新の火器類を巧妙に用い，降伏に導くことであった。オスマン軍の精鋭であるイェニチェリは最新兵器を使い，規律ある残忍な兵士・将校・将軍としてオスマン軍を支えた。官僚も軍人もオスマン帝国にあっては，能力と成果が優先され，出身地や家柄が優先されることはなかった。そのことは，オスマン帝国を最盛期に導いた著名な人物が征服地のキリスト教徒出身であったことからも伺える。

事実，衰退期といわれるオスマン帝国の後期（1603年～1839年）に，オスマン語による文学が開化した。オスマン帝国にトルコ人の他にも多くの逸材が集まっていたことも幸いした。詩をみずから創り，朗読し，食通にして，コーランを諳んじ，フィクフ（イスラム法解釈）に通じていることがエフェンディ（オスマン紳士）の証しとされた。[21]

18世紀を迎えると，西欧諸国からの物質の輸入が目立つようになった。それを象徴するのが「チューリップ時代」と呼ばれるものである。もともとチューリップの原産地はアナトリアであったが，17世紀に西欧でチューリップの栽培が盛んになり，オランダはその中心的役割を演じていた。そのチューリップがオスマン帝国に逆輸入されたのである。そうしたなか，ロシアの南下政策は活発化し，何度かの戦争ののち，クリミア半島を放棄せざるを得なくなった。さまざまな改革が着手されたが，旧勢力の反対も少なくなく，またオスマン帝国の支配地であるバルカン半島，エジプト，ギリシャなどでの独立運動も活発化した。ロシアだけではなく，オーストリア，イギリス，フランスもオスマン帝国の弱体化を利用して利権や領土の拡大を狙っていた。西欧にとって，アナトリアは農業輸出地域として重要な役割をもつようになっていた。まさしく「ヨーロッパの病人」（Avrupanın Hasta）であった。

1839年，アブデュルメジド1世はギュルハネ勅令を発布し，西欧を規範とした近代化に着手した。これを「タンジマート」（Tanzimāt）という。しかし，近代化は西欧諸国からの多額の負債を生む結果になり，経済が混乱し，オスマン帝国は西欧の半植民地に化しつつあった。こうした状況を受けて保守派が台頭したが，オスマン帝国では将来の国家像をめぐって論争が絶えなかった。

(2) 大オスマン主義とトルコ主義

「ヨーロッパの病人」と呼ばれたオスマン帝国をどうやって再生させるのか。ヨーロッパと直接対峙していたオスマン帝国の難問には厳しいものがあった。トルコのあるべき未来像として大オスマン主義，トルコ主義，大トルコ主義が台頭し，多くの知識人が誕生した。

大オスマン主義とは，非トルコ語地域でオスマン帝国が支配してきたアラブ地域，バルカン半島を含めて，旧体制の大オスマン帝国を維持することを念願した保守派の考えであった。トルコ

主義はアナトリアのみに支配地を制限することによって，各地の独立運動に煩わされずにアナトリアのみの発展を考えるべきとした。大トルコ主義の大トルコとはトルコ以外のチュルク語系地域を含み，トゥラーン（またはツラン）とも言った。

　オスマン帝国の中で近代化を進めようとしたナムーク・ケマル（Namık Kemal, 1840-1888）に続き，ズィヤ・ギョカルプ（Ziya Gökalp, 1876-1924）は，オスマン帝国ではなくトルコとしての近代化を模索していった。19世紀のオスマン帝国がアラブ地域を支配下に置いてもアラブがオスマン化することはなく，といってトルコだけでは資源などが十分ではない。宗教で国家を統一するのか，言語で統一するのか論争が絶えないなかで，ズィヤ・ギョカルプはトルコ主義から大トルコ主義に近づいていった。ズィヤ・ギョカルプは「Turān」（トゥラーン）という詩を残している[22]が，明確に大トルコ主義者だったとはいえない[23]。ある意味で連帯に近いものであったと思われる。いずれにしてもトルコ語がローマ字で書かれるようになった1928年以降，アラビア語やペルシャ語からの借用語を減らし，その代わりにチュルク系諸語から借用したことは事実である。

　中央アジアには119の部族がおり，その中にカザフ人，アゼルバイジャン人，ウズベク人，トルクメニスタン人などのチュルク系民族が含まれていた。言語に不自由しない彼らはアナトリアでもその姿が目撃された。アゼルバイジャン人とされる詩人フズーリー（Muhammad bin Suleyman Fudūlī, ca. 1494-1556）はアゼルバイジャン語のみならず，ペルシャ語，オスマン語，アラビア語で作品を残している。近代になっても彼らは前近代的なハーン国を営んでいた。言語も地域によってはかなり訛ってはいたが，お互いに意思を疎通させることは出来た。また，クリミア半島にはムスリムのトルコ人が移住していた。

　コーカサスにはもともとコーカサス語族と呼ばれる少数民族がおり，中にはイスラム化したチェチェン人などが含まれていた。1992年，母音が少なく子音が多いことで知られていたウビフ語の最後の話者テウフィク・エセンチ（Tevfik Esenç, 1904-1992）が亡くなったが，日常的にはトルコに住みトルコ語を話していた。現在，中央アジアのチュルク系諸国のスーパーマーケットを覗くと，トルコからの輸入品が多いのに驚く。

　イスタンブルを発祥地としたジャーナリズムが興隆したが，そうしたなか，西欧でも長らく国家をもってこなかったドイツやイタリアでも国家統一が成し遂げられていた。危機感を募らせたトルコの青年将校たちは，トルコとトルコ民族のための活動を非合法のなかで推進していった。一方，かつてオスマン帝国の支配地であったバルカン半島では汎スラブ主義が拡大し，それに対抗するようにドイツはバルカンに汎ゲルマン主義を持ち込んだ。こうした緊張の中で有名なサライェボ事件がおき，第一次世界大戦が始まったのである。

(3) 第一次世界大戦と現代トルコの時代

　19世紀末，産業革命は人間に代わって多様な機械を生み出した。そして，石炭に代わり石油が注目を浴びるようになった。もともとアレキサンダー大王の遠征の時代から，石油については

ペルシャや中央アジアにあることが知られていた。1860 年，ルクセンブルク出身のフランスの技術者ジャン＝ジョゼフ・エティエンヌ・ルノワール（Jean-Joseph Etienne Renoir, 1822-1900）が内燃機関を実用化したのにつづき，1892 年，ドイツの技術者ルドルフ・ディーゼル（Rudolf Christian Karl Diesel, 1858-1913）がレシプロ・エンジンであるディーゼル・エンジンを発明した。これによって，軽油やガソリンの原料としての石油が注目されるようになった。北海油田が開発され，かつてオスマン帝国の支配下にあったルーマニアのレニ油田でも良質の石油が量産されていた。領土をめぐる戦争は，次第に良港などをもつ土地・農地から資源・エネルギー原料に向かいつつあった。内燃エンジンはアルコールからガソリンに移行していた。また，航空機の発明はガソリン・エンジンの重要性を認識させる結果となっていた。

　1908 年，統一派のエンヴェル・パシャ（Ismail Enver Pasha, 1881-1922）は青年トルコ革命をおこし，トルコの民族資本の保護に乗り出した。かつてのオスマン領土であったバルカン半島におけるロシアの勢力拡大を恐れ，ドイツに接近，バグダード鉄道の建設を象徴する 3B 政策（ベルリン―ビザンツ―バグダード）を推し進めた。

　そうした最中，第一次世界大戦が始まると，オスマン帝国はドイツ，オーストリア＝ハンガリー，ブルガリアと同盟して枢軸国を形成した。ヨーロッパを戦場とした世界大戦は，「西部戦線異状なし」といわれた膠着状態の戦争が続いた。多くの新兵器（航空機，毒ガス，戦車，潜水艦など）が軍事用に導入されたが，多数の犠牲者が出るだけで戦況は変わらなかった。イギリスは戦況を好転させるためにも，オスマン帝国を中核とした中東戦線を重視した。[24]

　イギリスは，戦費捻出のためにユダヤ系財閥のロスチャイルド家に接近するとともに，オスマン帝国を背後から脅かす存在としてアラビア半島での「アラブの反乱」を利用しようとした。――この混乱期にアルメニア人のジェノサイドが起きた。アナトリア東部において，クルド人やアルメニア人は独立国家を建国しようとしていた。[25] ムドロス休戦条約が結ばれ，国土の大半はイギリスやフランスなどの連合軍に占領された。イスタンブルとその周辺は国際統治下に置かれ，エーゲ海の島々はギリシャが統治することになり，いまやオスマン帝国の領土は，アナトリアの中部しか残されていなかった。

　統一派に属しながら彼らとは距離を置いていたムスタファ・ケマル（Mustafa Kemal, 1881-1938）は，統一派の指導者たちが亡命するなか，トルコ大国民会議を組織した。1920 年，連合軍はセーヴル条約をオスマン帝国に押し付けてきた。ムスタファ・ケマルはチャナッカレ戦争をおこし，イズミールを支配下においていたギリシャを追い出し，交渉に交渉を重ねて 1923 年ローザンヌ条約を終結させた。この過程で 1922 年，オスマン帝国のスルタン・メフメット 6 世はマルタに亡命し，オスマン帝国は滅んだ。初代大統領としてムスタファ・ケマルは帝政，スルタン＝カリフ制を廃止するとともに，西欧を模範とした種々の改革に乗り出した。首都をアンカラに移すとともに（1922 年），政治にイスラムを関与させない世俗化をすすめ（1924 年〜1925 年），トルコ語の表記に不便なアラビア文字を廃してラテン文字にする文字改革（1928 年）を実行した。

伝統文化との決別を決断したのである。

　ムスタファ・ケマルはアタチュルク（トルコの父［Atatürk］）と呼ばれ，解体寸前のトルコをアナトリアとヨーロッパの一部を領土とすることに成功し，女性に参政権を与えるなどトルコ近代化に大きな功績を残した。その一方で，彼の出生や日常生活に指導者に求められるムスリムとしての疑惑がもたれてきたことも事実である。ムスタファ・ケマルを隠れユダヤ教徒とする説も絶えず，肝硬変が原因で死去したのも飲酒に明け暮れていたことに大きく関係している。一党独裁をしき，軍政が続く基礎を築いたことも実質的にトルコの民主化を遅らせた。エーゲ海の島々を放棄し，代わりにイスタンブルを含むヨーロッパ側の一部とアジア側領土を保守した。

　第二次世界大戦では中立を守ったが，戦後の政局は混乱し，クーデタも何度か起きている（1960年，1980年）。キプロス問題は未解決のまま，国内ではクルド問題をかかえてきた。黒海を挟んでソ連と対峙し，膨大な軍備費は国内政治を不安定なものにしてきた。冷戦の終結とともに文民出身の大統領による政治が始まり，死刑の実施を廃止，EU加盟を垣間見せながら，準EU加盟国としての経済的メリットを獲得してきた。アジアとヨーロッパの2つの顔を持つことを示唆してきたのである。その一方で，ギリシャとの間でムスリムとキリスト教徒の交換をしてきたことも事実であり，トルコがイスラム国の1つであることを内外にアッピールしてきた。そして，新興国としてのトルコは，将来像が見えないまま，世界20位内のGDPを誇っている。

第4節　オスマン帝国とアラブ世界

(1) 直接支配地としてのメソポタミア

　15世紀末以降のアラブ世界は，一部の地域を除いて，オスマン帝国の支配下に組み込まれたが，多くは間接支配で，それまでの支配者に統治権を委ねた。エジプト，今日のレバノンを含む大シリアにはオスマン帝国からトルコ系軍人が常駐するようになった。北アフリカでバルバリア海賊による支配下にあったアルジェリアはバルバリア王国の国王がオスマン帝国の海軍提督も務めており，またアラビア半島南部のオマンやイエメンでは特異のイスラム教義（イバーディー派，ザイド派など）に基づく土候国が存在していた。

　近世のアラブ世界は近年になるまでオスマン帝国の支配下にあって，衰退期に入ったと指摘されてきた。それでも，言語，食物，習慣などでトルコから大きな影響を受けながらも，近代文明国家への道を邁進していた西欧諸国とは一定の距離を置きながらも，独自のイスラム世界を守っていたことは事実である。

　そうしたなかで，現在のイラク，かつての黄金の三角地帯はオスマン帝国の直接支配地に置かれた。ティグリス川とユーフラテス川でトルコ地域と結ばれるメソポタミアは，オスマン帝国にとっては農業の生命線，東西交易の中継地として重要なものであった。なによりもこれにより，インド洋への入り口が確保され，インドとの香料などの交易が大きな利益をもたらしてくれる。

それは，大航海時代によって喜望峰経由でインドへの道をもったヨーロッパ諸国への対抗手段として機能できる。オスマン帝国に住むイスラム教徒たちが毎年のようにメッカ巡礼を果たすことも重要である。オスマン帝国がイスラム世界の盟主として君臨して，メッカ巡礼を果たす人々のために尽力することにより，メッカ巡礼によって交易が増進される。

イスタンブルのアジア側からアナトリア半島を抜け，アレッポ付近でシリアとメソポタミアに分かれるバグダード鉄道とヒジャーズ鉄道は，こうした地政学上の必要性から生まれたものであった。ティグリス川とユーフラテス川は，シャット・アル＝アラブで合流し，インド用に流れ込む。現在，クウェートと呼ばれる国が存在する地域はアナトリアとメソポタミアにとって重要な拠点なのである。すでにメソポタミアの石器時代であるウバイド期（紀元前6500年頃〜紀元前3800年）に住民が住居を営み，人々が小舟の帆船を駆使し，沿岸地域と交易をおこなっていたことは，考古学の発掘によって判明している。

1613年，クウェート市が建設された。インド，オマンとメソポタミアとアラビア半島を結びつける商業の中心地が出来たのである。1775年から1779年にかけて，ペルシャ湾に面したバスラが包囲され，イラクの商人たちはクウェートに逃れた。これが契機となり，バグダード―アレッポ―スミルナ―イスタンブルを結ぶルートができ，1792年にはクウェートに東インド会社の支店が設立された。こうしてクウェートはイラクから分離され，イラクはインド洋への出入り口を失った。

14世紀後半から15世紀初頭の間，黒羊チュルク人（Kara Koyunlu ［ペルシャ語］, Qara Qoyunlu ［アゼルバイジャン語］）がイラクを支配していたが，1466年，白羊チュルク人（Ak Koyunlu ［ペルシャ語］, Ağ Qoyunlu ［チュルク語］）が黒羊チュルク人を破って，イラクを支配するようになった。1508年から1533年の間，イラクのサファヴィー朝が支配したが，1533年，オスマン帝国がそのバグダード地区として君臨するようになった。一時（1622年〜1638年），サファヴィー朝が再度支配するときもあったが，オスマン帝国の直領地としてのイラクは形態としては1918年まで続く。

第一次世界大戦の間，イラクは，オスマン帝国とイギリス軍の戦闘に突入した。1920年，アラブ王国を夢見ていたハーシム家のファイサルによってイラク王国が建国される。アラブ王国は，1915年，イギリスのエジプト高等弁務官マクマフォンがメッカ在住のハーシム家のフセインに送った書簡で，オスマン帝国に対して反乱を起こす見返りに第一次世界大戦後に独立を約束し，ダマスカスを首都に王国の建国を認めたものであった。イラク王国のファイサルはメッカのフセインの息子の一人である。アラブの反乱に顧問としてファイサルを支援したイギリス将校の「アラビアのロレンス」（Lawrence of Arabia）ことトーマス・エドワード・ロレンス（Thomas Edward Lawrence, 1886-1935）は，第一次世界大戦後のヴェルサイユ講和会議でイラクならびにヨルダンにハーシム家が支配するイラク王国とヨルダン王国を成立させる影の立役者であった。1922年，正式にイラク王国が独立国として承認されたが，イギリス軍の基地はそのまま残った。

1932年，ファイサルが亡くなるとその子ファイサル2世が国王に即位し，1939年にファイサル2世が亡くなると，息子ガーズィーがイラク国王に即位した。しかし，ガイラーニー政権のクーデタ（1941年）とその後につづくイギリス・イラク戦争によって国内は混乱し，カセム将軍の軍事クーデタ（1958年），イラク・バアス党のクーデタ（1963年），サッダーム・フセイン政権の誕生（1979年）が続き，イラク・イラン戦争（1982～1982年），イラク軍のクウェート侵攻（1990年），湾岸戦争（1990年～1991年）を経て現在に至っている。アメリカ合衆国の関与と期待とは裏腹に，政治は混乱し，いまや収拾不能の状態である。

　イラクの不幸は，産油国でありながら，原油積み出し港をもたず，パイプラインに頼るしかないことにある。長らくトルコやイランに挟まれ，宗教的にもシーア派とスンナ派が混在し，北部は山岳民族のクルド人が住むイラクは，資源ある政情不安の国なのである。そして，オスマン帝国解体時の尻拭いを，いまも突きつけられているといえなくもない。

（2）シャーム（レバノン・シリア）

　ユーフラテス川の流域に発展したシリアは，古代ウガリット文明や古代ウル文明を開化させ，古代アッカド語による文化を興隆させたところである。また，海岸線のレバノンはフェニキア人やカナン人が活躍したところであり，オーク材の一種であるレバノン杉を遠方にまでもたらした。紀元前14世紀ごろ，西セム諸語に属するアラム文明やフェニキア文明が開化した。さらに印欧語に属する古代ヒッタイト文明の影響を受けた。紀元前7世紀前後のころ，新バビロニア，アッシリア，さらには古代エジプトの植民活動の争いの場になった。紀元前539年以降，アケメネス朝ペルシャの支配下に置かれ，その後はギリシャ系のプトレマイオス王朝に組み込まれた。紀元前4世紀，パルミラが東西交易の中継地として，シリア北部に豊かにして強力なアラム系王国を発展させた。紀元前83年，アルメニア帝国のティグラネス大帝によって征服されたが，紀元前64年にはアンタキアに続き北東シリアもローマ帝国の支配下に組み込まれた。シリアはローマ帝国，ビザンティン帝国の時代を通じてその支配下にあったが，アラム語とその文明を今日まで残した。[26] シリア砂漠に近いシリア南部はナバタイ王国やアラブ系のラフム朝に支配されていた時代もあったが，おおむねシリアはビザンティン帝国の支配下で農作物を豊富に生産する貴重な地域であった。

　640年，シリアはアラブ遊牧民の率いるイスラム軍に攻撃され，ビザンティン帝国は退却を余儀なくされた。「さらばシリアよ，汝にとってこれほどよい地があるだろうか」と語ったビザンティンの将軍の言葉はそのままシリアの大地の豊饒さを語っているといえる。ウマイヤ朝時代，シリアの大都市ダマスカスは王朝の首都が置かれ，750年にアッバース朝が首都をバグダードに移すまで続いた。ウマイヤ朝のもとでアラビア語が公用語になり，ギリシャ語やアラム語は衰退した。十字軍，モンゴル軍，ティムール軍の侵入を受けたが，アッバース朝崩壊後のイスラム系王朝であるアイユーブ朝はこれらを撃退した。

1516年，オスマン帝国はシリアを征服し，翌年エジプトを征服した。オスマン帝国は，多宗教の混在するシリアの統治にあたり，非イスラム教徒の信仰の自由と自治を認めたミッレト制を適用した。シーア派イスラム教各派（独自の教義で知られるドルーズ派ももとはシーア派から分離したものである），スンナ派イスラム教，アラム系シリア教会，ギリシャ正教会，マロン派キリスト教，ネストリウス派の流れをくむアッシリア教会，アルメニア教会などがあり，アラブ人以外にもクルド人やユダヤ人がいた。まさに「宗教の坩堝」「民族の坩堝」であった。レバノンを含めて，大シリア（シャーム）と呼ばれたこの地は，当時，人口的にはマロン派キリスト教が優勢であった。そのため，大シリアの間接支配にあたり，シリアを支配・統治してきたシハーブ家に代表権をあたえた。

　1831年，オスマン帝国の一部であったエジプトからイブラーヒーム・アリー・パシャが総督として到来した。イブラーヒーム・パシャ総督の時代，シリアはエジプトで始まっていたアラブ文芸復興の洗礼を受けることになる。1840年，シリアはオスマン帝国に組み込まれ，1874年からはオスマン帝国が1839年以降，西欧化を進めたタンズィマート（タンジマートともいう）が適用されるようになった。この間，シリアでは脱オスマン帝国の機運が高まっていた。中世イスラム文明を開化させたアラビア語に対する関心が高まり，マロン派キリスト教徒のブスターニー家とヤーズィジー家がその指導的立場を担った。アラブの独立に向かうシリア情勢に神経をとがらしていたオスマン帝国の治安部隊と警察は，その取締りにいっそう厳しい目を光らせた。アラビア語に対する愛着は，当時，誰も認識のなかった「アラブ」への目覚めを促したのである。しかも，そのリーダーシップを取ったのは，イスラム教徒ではなく，マロン派とはいえキリスト教徒であった。オスマン帝国の支配下に置かれていたエジプトやシリアでも，文芸復興（al-Nahda）と呼ばれる近代化を模索する知識人が誕生していた。

(3) エジプト

　古代エジプト（古王朝，中王朝，新王朝）の30王朝に続き，ギリシャ系のプトレマイオス王朝，ローマ帝国の支配，ビザンティン帝国時代，そしてイスラム時代と常に世界の歴史の中にあって多くの話題を提供してきたエジプトは，カイロがアイユーブ朝，マムルーク朝の首都となった時代に最盛期を迎えた。13世紀後半には紅海，インド，マレー半島と交易したが，14世紀の中葉，ペストにより人口の40％を失った。1517年，オスマン帝国の支配下に入り，衰退期に遭遇した。1687年から1731年の間だけでも6回の飢饉を経験している。オスマン帝国は，征服以前の支配層であったマムルークを通じた間接支配を採用したが，マムルークの力が強く，オスマン帝国のスルタンといえどもその統治は容易ではなかった。そこへ1798年，ナポレオン・ボナパルトによるフランス軍の侵入を受けたのである。オスマン帝国の傭兵隊長としてフランス軍を迎え撃ったのがムハンマド・アリーであった。ムハンマド・アリーはオスマン帝国の副王（ヘディーブ [khedīb]）としてムハンマド・アリー王朝を開き，1882年から1914年の間のイギリスの植民地

の時代を経て1952年のナセル革命の時代まで続いた。

エジプトは1820年に綿花の栽培を始めた。1869年，地中海とインド洋を結ぶという古代からの夢がスエズ運河開通という形で実現したが，多額の外債による負債を背負うことにもなった。オスマン帝国の統治下の時代，エジプトは言語，食生活，制度などで大きな影響を受けた。ナポレオンのエジプト遠征が1つの衝撃ときっかけになり，オスマン帝国のタンズィマートよりも早く国家ぐるみで近代化に着手したエジプトは，多くのマムルークの子弟たちを国費で留学生としてイタリアやフランスなどに留学させた。その中には，少数ではあったが，その後のエジプト近代化に大きな影響をもたらした人物もいる。アラビア語の活版印刷所であるブーラーク印刷所をカイロで操業したニクーラー・アル=マサーブキー（Niqūlā al-Masābkī, ?-1830）はミラノやローマで印刷術を学び，また留学生たちの導師（イマーム）としてパリに滞在したタフターウィー（Rifa'a bn Badawī al-Ṭahtāwī, 1801-1873）は帰国後，多くのエッセーやパリ滞在記を出版し，エジプト知識人としてエジプトの啓蒙活動をおこなった。

国土の大半がサハラ砂漠とリビア砂漠に属し，人々が住むのはナイル川流域とオアシスのせいぜい5％ほどの土地だが，ナイル川の上流のアフリカの雨季のおかげで毎年，洪水にみまわれ，同時に肥沃な土地が運ばれ，古代エジプトから農業が発展した。古代エジプトの王ファラオはナイル川の氾濫の時期と規模を正確に人々に知らせる義務があった。ナイル川の流域の町であるアスワンやカイロにナイル・メーターを設置し，洪水を統計的に予測した。洪水こそ「エジプトはナイルの賜物」なのである。

第5節　アナトリアの経済，社会，文化

(1) 大航海時代以降の香料の道

東西交易のルートとして栄えた絹の道ことシルクロードには，かつて3つのルート（草原の道，オアシスの道，海の道）があった。道といってもルートであり，ローマ街道のように整備されていた道があるわけではない。紀元前の時代から商人たちが戦乱を避け，安全にして宿舎などができるだけ完備したルートを時代に応じて選んできたわけである。海の道ができてからは，風向きや海流の流れがこれに加わった。

シルクロードの主要な交易品の1つがスパイスであった。肉食文化を発展させてきた西欧キリスト教世界は，主としてスパイスのために，高価な胡椒をイスラム商人やヴェネツィア商人を介して買い付けた。ヴェネツィアは中世から近世の時代にかけてスパイスで西欧市場を独占し，経済的富を蓄積した。季節の変わり目に海の温度はたいして変化しなくても，砂漠の温度は上がる。この時期，ヴェネツィアにはサハラ砂漠から強い風（シロッコ）が吹いた。ヴェネツィアからアレキサンドリアへの航海は，通常100日を超えるものが55日ほどに短縮されたといわれる。この時期が航海の時期であった。

通常はエジプトやシャームでイスラム商人と取引したが，まれには直接，東方に赴くこともあった。モンゴル帝国によって，草原の道に沿ってキャラバン・サライが造営され，モンゴル帝国の金印が通行に便宜を図ってくれるようになると，大都（現在の北京でモンゴル帝国の首都）にはヴェネツィア商人の姿が見られるようになった。中世の時代を通じて，ヴェネツィアは経済的にも人口的にもローマやトゥールーズと並ぶ大都会であった。金よりも高いといわれたスパイスの女王である胡椒は12世紀以降，保存のための加工肉（ハム，ソーセージ，ベーコンなど）の技術が発展するに従い，需要が著しく高まった。香料のルート開発のための大航海時代はこうした背景があり，スパイスの荷卸し港として繁栄したのが，アムステルダムであった。1581年の当時，オランダはスペイン王国が統治する7つの地方行政区の1つであった。[27]

大航海時代が始まっても，完全に香料の草原ルートとしてのアナトリアの役割がなくなったわけではない。各地にキャラバン・サライが造られ，オスマン商人たちがヴェネツィアとペルシャ（サファヴィー朝）やインド（ムガル帝国）の中継交易を受け持った。イスラム世界の交易ルートは健在であったのである。

(2) バグダード鉄道とヒジャーズ鉄道

1903年，オスマン帝国は新興のドイツの技術協力を受けて，バグダード鉄道（Bağdat Demiryoku）の建設を始めた。[28] 標準広軌1,435ミリで全長1,600キロ，イスタンブルからバグダードまでで，ドイツはペルシャ湾岸に港湾を建設する予定であった。現在のトルコ，シリア，イラクを南東に向けて横断する鉄道であった。1940年まで続く鉄道建設は，第一次世界大戦が起きたとき，イスタンブルからバグダード，バスラまでの3,200キロのうち未完成の部分も多かった。困難を極めた工事はアナトリアのタウロス山脈越えであり，開通後はバルカン急行やオリエント急行がヨーロッパとトルコとを結んだ。

バグダード鉄道はヨーロッパとアナトリアを横断するため，多くの旅行家を魅了してきた。旅行家が目指したのはまずイスタンブルであったが，アナトリアの地形，風土，食文化，習慣などは多岐多様にわたり，一言では言いあらわせない魅力がある。オリエント急行という豪華列車もその1つであった。ロンドンからパリ，ヴェネツィア，ベオグラードを経てイスタンブルをつなぐ列車であった。ヨーロッパの貴族やアメリカ合衆国の富豪を運んだオリエント・エクスプレスは，イスタンブルのヨーロッパ側シルケジ駅に到着した。クリミア戦争や第一次世界大戦で活躍した，ヨーロッパへの入口である。金角湾を横切る船に乗ってアジア側に行くとハイダルパシャ駅がある。駅舎はドイツ皇帝ウィルヘルム2世が盟友のスルタン・アブデュル＝ハミト2世に贈ったもので，設計も建設もドイツが行った，まさしくバグダード鉄道の発着駅であった。海岸に駅舎を建てるため，1,000本を越す杭が打ち込まれたが，スエズ運河を使用しないでもアジアを結ぶルートであった。

オスマン帝国はシリアのダマスカスからアラビア半島のメッカ，メディーナまで鉄道を建設し，

スエズ運河，紅海まで延ばすヒジャーズ鉄道（Hicaz Demiryolu）の建設にも着手していた[29]。レール幅が1,050ミリの狭軌でイスタンブルのハイダルパシャ駅からダマスカスまでの鉄道はすでに敷設済みであったので，ダマスカスからイスラムの聖地であるメディーナとメッカを結ぶ全長1,750キロの巡礼列車を計画していた。途中に支線があり，ハイファ（現イスラエル）などにもつながっていた。ヒジャーズ山脈に沿って走るヒジャーズ鉄道の建設は技術的にはドイツの協力を得て1900年に始まるが，建設資金に外資援助を避け，オスマン帝国の資金やワクフを含めたムスリムの寄付で完成する鉄道を目指した[30]。1908年，メディーナまでの鉄道建設が完成し，1913年巡礼者のためのヒジャーズ鉄道は開通した。しかし，第一次世界大戦が始まると，ヒジャーズ鉄道は巡礼鉄道から逸脱し，戦争に利用されることも多かった。第一次世界大戦でアラブの反乱を指導したT.E.ロレンスは，戦争に不可欠な石油や軍事物資などの輸送を阻止するために部分的にヒジャーズ鉄道の爆破を企てた[31]。巡礼のために計画された鉄道であったが，建設，破壊，再建がヒジャーズ鉄道の歴史であったのは20世紀の悲劇でもあった。

⑶ 日本とトルコ

しばしばトルコの親日感情に驚く日本人は少なくない。その理由はよく理解できなくても，日本人もけっして反トルコではない。少なくとも，トルコが親日国であることを知る日本人は少なくない。トルコと日本は意外に深いかかわりがあるのである[32]。1965年の東京オリンピックの開会式のときも，トルコの選手団が日本の旗をふりながら行進したことを覚えている日本人も少なくなく，確かに類似点も多い。

少し乱暴ではあるが，ちょっと考えても表1のような共通点がある[33]。いいかえれば，びっくりするほどに共通点が多い。

地理風土からいうと，穀物地帯にふさわしい雨量があることである。稲作は春から夏にかけて，小麦は秋から冬にかけて定期的に雨が必要であるが，日本もトルコも主食を自給することが可能なのである。良港が多いことも両国の特徴だ。内海とはいえ黒海は地中海とつながる一種の海なのである。最近の研究によると，『旧約聖書』に描かれた洪水は紀元前5600年ごろ，黒海地方で起きたと考えられている。現在黒海と地中海を結ぶボスポラス海峡は，当時は岩の壁であり，地中海と淡水の黒海を分けていた。しかし，気温が上昇し，北極の氷が溶け，海面が上がり，紀元前7600年ごろ，ボスポラスの壁が崩れ，海峡になったのである。これによって，北方の民族は南に移動した。2〜3度の気候の変化は人間の生死を変えるほどの影響力をもっている。ロシアの黒海艦隊はその意味でいつもトルコの監視下に置かれている。冷戦時代を通じて，トルコが軍事的に大きな役割を果たしてきた理由でもある。

西欧列強の脅威にさらされ，植民地化のぎりぎりのところで近代化をすすめたトルコと日本においては，その少し前から近代化のための準備がなされていたといえる。19世紀にトルコ近代化・西欧化をすすめたタンズィマートも日本の明治近代化もその延長線上に存在し，だからこそ

表 1 日本とトルコの共通点の比較

事項	トルコ	日本	共通点
地理・風土	海岸線の長い山岳国	海に囲まれた山岳国	海岸部も多いが山岳部も多い
	穀物栽培（小麦）に適した雨量	穀物栽培（米作）に適した雨量	歴史的に農業が発展
	黒海，地中海に港が多い	太平洋，日本海に港が多い	良港に恵まれている
政治・経済	イスラム世界最大の軍事大国	かつて軍事大国	軍事大国への復活が懸念される
	タンジマート	明治近代化	富国強兵への近代化
	アルメニア問題やクルド問題を抱える	東アジアの国境線などで問題を抱える	周辺諸国との関係はけっして良好とはいえない
	非産油国だが石炭産出国	非産油国にしてかつては石炭産出国	石炭は本来，国内需要を賄うことができる
	工業生産国	工業生産国	必要な工業品は自ら供給可能
歴史・社会	エルトゥールル号事件	イラン革命時の日本人の救出	かつての恩は忘れないかのようにいまも政治に利用
	バグダード鉄道	満州鉄道	鉄道建設と戦争への道
	スルタン	将軍	強いリーダーシップの指導者
	スレイマン大帝	徳川家康	いまも敬愛される指導者
	かつて軍政をいくども経験	1945年まで軍部独裁	軍事政権の経験があるが，いまは民政
	近代以前は苗字がなく，父姓を引き継いだ	武士以外は苗字を持てなかった	近代化以前は一般には苗字というものがなかった
文化・習慣	外国人に対するもてなし文化がある	鎖国の経験があるとはいえ外国人が好き	異国に対する憧れが強い
	言語は膠着語	文法は膠着語を継承	語彙は異なるが，文法は類似
	主食はパン	主食は米	主食があり，水が豊富
	ハーレム	大奥	後継者の母系は問題としない
	ロクゼラナ	春日局	ハーレムや大奥から政治に関与し，暗躍
	トルコ料理	日本食	自分の国の料理を愛好
	ナスレッディーン・ホジャ	一休さん	知恵のきいたジョークが好き
	カラギョズ	狂言，落語	トンチのきいたかけ合いを好む
	音楽オーケストラのレベルが周辺国に比べ高い	音楽オーケストラのレベルが周辺国に比べ高い	集団行動が得意
	A型の血液型が40%強	A型の血液型が40%強	A型が多い国はヨーロッパではドイツくらい。
	教育熱心	教育熱心	識字率が高く，教育機関も多い
宗教	外国語習得が苦手	外国語習得が苦手	植民地支配の経験がない
	イスラム教	仏教・神道	緩やかな宗教観を好む
	スーフィズム発祥地	道教の影響	神秘主義的傾向がある
	メッカ巡礼	伊勢参り	巡礼を口実にした旅行が好き

表 2　中東・北アフリカの識字率の推移（1985 年～2011 年）

国　名（最新の調査年）	男性の識字率			女性の識字率		
	1985 年	2003 年	2011 年	1985 年	2003 年	2011 年
トルコ	85.9%	94.3%	97.9%	62.5%	78.7%	90.3%
アフガニスタン（2000 年）	38.8%	51.0%	43.1%	7.8%	21.0%	12.6%
アルジェリア（2006 年）	63.0%	78.8%	81.3%	36.9%	61.0%	63.9%
バハレーン（2010 年）	79.3%	91.9%	96.1%	64.1%	85.0%	91.6%
エジプト（2010 年）	58.6%	68.3%	81.7%	30.2%	46.9%	65.8%
イラン（2008 年）	62.3%	85.6%	89.3%	39.0%	73.0%	80.7%
イラク	90.2%	55.9%	86.0%	87.5%	24.4%	71.2%
イスラエル（2004 年）	96.7%	97.3%	98.5%	93.4%	93.6%	95.9%
ヨルダン	86.6%	95.9%	97.7%	63.1%	86.3%	93.9%
クウェート（2008 年）	75.7%	85.1%	95.0%	63.3%	81.7%	91.8%
レバノン（2007 年）	85.7%	93.1%	93.4%	68.9%	82.2%	86.0%
リビア	81.4%	92.4%	95.8%	49.8%	72.0%	83.3%
モロッコ	44.8%	64.1%	76.1%	21.7%	39.4%	57.6%
ソマリア（2001 年）	18.4%	49.7%	49.7%	6.5%	25.8%	25.8%
シリア	75.9%	89.7%	90.3%	43.3%	64.0%	77.7%
チュニジア（2010 年）	67.8%	84.0%	87.4%	40.6%	64.4%	71.7%
イエメン	26.9%	70.5%	82.1%	3.1%	30.0%	48.5%

植民地になることはなかったのである。権力がスルタンと将軍に集中していたことも幸いした。鎖国のもとでも日本は西欧に関心がなかったわけではなく，幕府は徳川時代を通じて洋書を集め，幕末になってからは藩主までが洋書を蒐集していた。その一方で，周辺諸国とはいつも良い関係とはいえないのである。両国とも中東地域，東アジア地域の工業化のトップを走りながら，独自の発展を望んできたかのようである。また，周辺諸国にしてみれば，支配君臨された経験がある地域も少なくない。パートナーというよりは加害者なのである。

　トルコは教育熱心な国で知られる。各州に大学があり，2011 年時点で 166 の大学がある。成年の半数以上が高等教育を受けている。トルコの識字率が高いことは有名である。識字率は戦争，国内治安なども影響はするが，それ以上に国家と国民の認識も大きい。この識字率の高さは，たしかにアラビア文字からローマ字に文字改革をしたことも，関係していなくはない。また，トルコには，トルコ語以外にクルド語，アラビア語，さらにはマイノリティの言語（そのなかには古代シリアのアラム語も含む）を話す人々がいるにもかかわらず，20 世紀を通じてトルコ語を唯一の国語としてきた。また家庭の言語と学校で学ぶ言語が違うと，いきおい識字率は下がる傾向にある。政府の財政も大きく関係する。徒歩通学が可能な距離に最低でも小学校があることが必要である。識字率とは 15 歳以上の成人が初等教育卒業程度の読み書きができることをいう。トルコにおいては，トルコ語はマイノリティにとっても仕事をする上で不欠可な言語である。表 2 で

中東・北アフリカの数値を見てみよう。たしかに一部の国を除いて，年々，識字率は上昇しているが，その中でも，この30年，トルコは識字率を着実に上げている。中東でトルコよりも識字率が高いのは，「ユダヤの母」(Jewish mother) で知られるイスラエルだけである。トルコとほぼ同レベルなのはアラビア語圏ではヨルダンであることは興味深い。湾岸戦争以前のイラクは中東屈指の識字率を誇っていたのに，戦争と就職難が識字率を低下させたことを示している。

外国語が不得意なのもトルコも日本も共通している。植民地の経験がないことが大きな要因とはいえ，一部の場所でしか英語や他の外国語が通じない。数カ国語を不自由なく使いこなす他の中東地域とはずいぶん違う。膠着語という言語構造が関係しているという一部の指摘もあるが，中央アジアの子供や若者たちが自由にロシア語を使いこなしていることを考慮すると，言語のせいともいえない。

(4) アナトリアの経済新興国への道

他の中東諸国にぬきんでて，トルコは経済的に新興国の道を急速に歩んでいる。インフレを意図的に進め，危ぶまれていた経済政策はひとまずは成功したかのようにみえる。周辺諸国が内戦や戦争によって混乱しているのと反対に，クルド問題，アルメニア問題という問題を残しながらも，経済的発展によってそれらを解消できるかのようでもある。

その地理的位置を利用して，トルコは準EUとしての立場を利用してきた。EUの工場としてのトルコに経済的に依存してきたEU諸国は，イスラム世界をEUに加盟させるか否かを論議してきた。トルコは露土戦争（1876年〜1878年）のとき，赤十字に代わって，赤三日月を使った。非キリスト教地域での赤十字社の活動として1929年に正式に公認された。赤三日月社はイスラム世界で拡大し，加盟国のうち33カ国が赤三日月を用いている。（なお，イスラエルは赤いダヴィデの星を用いるなどしているが，独自のエンブレムを使う国は少なくない。）

トルコはEUと少し距離を置くことを希望しているかのようである。確かに実質的に死刑の実行を取りやめ，クルド問題，アルメニア問題の解決の糸口を探してきた。第一次世界大戦の未可決問題や積み残し問題を抱えながら，トルコはイスラム穏健派のエルドアン大統領のもとで着実に歩んでいるように見える。かつての軍政，軍事国家の過去はなかったかのように，中東地域の経済新興国の道を歩んでいる。穏健派イスラム主義者とはいえ，首相として3期（2003年〜2014年）を勤め，大統領に就任したエルドアン体制のやや専制的な政治に対しては，絶大な支持がある一方で不満もないわけではない。しかし，エルドアンはイランとのパイプを維持しつつ，時には支持もし，やや反米的ではあるが，オバマ政権との関係は重視してきた。イスタンブル市長時代，イスタンブルのゴミ問題に着手し，その手腕は高く評価されている。

自動車産業に力を入れてきたトルコは，2012年で100万台の生産を越し，チェコに次いで世界の17位のランクである。中東地域のなかでは20位のイランを越している。造船業も盛んだ。2012年では，女性も30%が働いている。かつての大帝国はなお健在のようである。

⑸ 「イスラム国」問題と大オスマン主義

　この論文の初稿を書き上げてから，にわかに「イスラム国（Islamic State: IS）」問題が浮上してきた。注目すべきことは，日本で「イスラム国」として紹介されているテロ組織は国家建設を目指しており，原語ではもともと al-Dawla al-'Iraq al-ismamiiya，つまり"イラク・イスラム王朝"と公言していることである。暗殺された Abu-'Umar al-Baghdadi の後を継いで 2010 年 5 月 16 日に最高指導者になった Abu Bakr al-Baghdadi はいまや"イラクならびにレバントのイスラム国のカリフ"[38]を公言している。オスマン帝国の復興を望み，「オスマン帝国の柔らかな専制」[39]ではなく，シャリーアをさらに逸脱した厳格なイスラム原理主義国家を掲げている。その独走ぶりにはイスラム世界の人々も唖然としているに違いない。独自の貨幣とパスポートをもち，通貨はオスマン帝国の通貨単位であったディーナール（Dinar）を使用している。

　本拠地のユーフラテス川流域はもともとヴェルサイユ講和会議（1919 年）でも国境が正確には決まらずに現在に至ったところであり，建設当時は国境のなかったトルコ―シリア間，トルコ―イラク間を行き来するバグダード鉄道も建設された。「イスラム国」は，イラクやレバントだけではなく，かつてオスマン帝国が支配したサウジアラビア，イエメン，アルジェリア，エジプト，リビアを含む大イスラム・カリフ国，いわば大オスマン主義による建国をめざしていると伝えられる。それらの地域の支配形態は多岐多様ながら，そのままかつてオスマン帝国が最盛期に支配していたところでもある。そしてその中心に首都としてユーフラテス川のラッカを置いている。アラブ系少数民族やクルド人が多数住むユーフラテス地域にトルコが神経質になる所以である。オスマン帝国の汎イスラム主義を意識している「イスラム国」であるが，国旗は黒旗，つまりカリフを抱きイスラムの最盛期を誇示したアッバース朝と同じ旗を連想させるものである。

注

1) アナトリアにチュルク族が侵入したのは，11 世紀ごろとされる。それ以前はヒッタイトに見られるように印欧語族やセム語族などが住む地域であった。1071 年 8 月，ビザンティン帝国は Malazigirt（Manzikert）の戦いでチュルク族と衝突した。これがアナトリアの歴史を変える変革期になったとされる。Fleet, Kate ed. (2009/2013) *The Cambridge History of Turkey*, Cambridge University Press, Vol. I, p. 1

2) Chrysostomides, Julian (2009/2013) "The Byzantine Empire from the eleventh to the fifteenthe century," in Kate Fleet ed., *The Cambridge History of Turkey*, Cambridge University Press, Vol. I, pp. 6–7

3) アラビア語の民間説話『デルヘンマ物語』（Sīra Dhāt al-Himma）は，コンスタンティノープル陥落に情熱を燃やしたデルヘンマの 2 人の息子が主人公になっている。関根謙司（1979）『アラブ文学史―西欧との相関―』六興出版，99–100 頁，ならびに Canard, Marins (1935) "Delahemma-épopée arabe des Guerres arabe-byzantines," *Byzantion*, No. 10, 参照。金角湾（交易によって富をもたらす湾の意）を境にしてヨーロッパ側とアジア側を分ける帝都コンスタンティノープルは，もともと

ギリシャ系移民が住んだところであった。コンスタンティヌス帝はもっぱら防衛のためにローマ帝国の首都をここに定めたが，大帝はここよりも南フランスのアルルに住むことを好んだという。

4) Chrysostomides, Julian (2009/2013) "The Byzantine Empire from the eleventh to the fifteenthe century," in Kate Fleet ed., *The Cambridge History of Turkey*, Cambridge University Press, Vol. I, p. 34; Mantran, Robert (1952/1968) *Histoire de la Turquie*, Presses universitaires de France, p. 3; Alev Lytle Croutier (1989/2014) *Harem: The World behind the Veil*, Abbevill Press.（篠原勝訳『ハーレム－ヴェールに隠された世界－』河出書房新社，1991年，103頁。）この婚姻によって，オルハンはトラキア地方の全土を手に入れている。なお，テオドラ王女のこのときの結婚式の様子は，歴史家ギボンも書いている。Gibbon, Edward (1776-1788) *The History of the Decline and Fall of the Roman Empire*, Kindle ed., 2014, Vol. 7, Part3, pp. 48-49.（村山雄三訳『ローマ帝国衰亡史』岩波書店，10巻，1959年，75-76頁。）

5) 2012年トルコで「FETİH 1453」（監督：Faruk Aksoy）という映画が上映されている。

6) ハナフィー派は，スンナ派で正当として認められた4大法学のなかにあって，「正しいものを選ぶ」（istihsān）の立場から自由見解（ra'y）を示すことができる法学派であった。アッバース朝もハナフィー派を御用学問とした。Schachat, Joseph (1964/1971) *An Introduction to Islamic Law*, Oxford University Press, pp. 89-93

7) ユダヤ教徒，キリスト教徒などの「経典の民」としての非イスラム教徒に対して，人頭税（ズィズヤ）を課す代わりにオスマン帝国を脅かすことをしない限り，自治を認めた。*Encyclopedia Judaica* (1972), Keter Publishing House, Vol. XI, pp. 1582-1583　これによって，オスマン帝国支配下ではスペインを追われたユダヤ教徒たちは金角湾のプリンス島に住む一方，かつてスペインで自分たちが日常語として使っていたラディーノ（ヘブライ文字で書かれた古代スペイン語）を残しながら，アナトリア各地に拡がっていった。カトリック女王イサベルのユダヤ教徒追放令によって，セファルド系ユダヤ教徒たちはポルトガル，モロッコ，イタリア，そしてミッレト制度によって信仰が守られていたオスマン帝国領内に新天地を目指した（Gilbert, Martin (1978/9) *Atlas de la Historia Judía*, Lasser Press Mexicana, pp. 45-46）。またキリスト教，とくにニケーアで異端とされた東方キリスト教会が残り，今日まで存続している。シリア典礼教会はその代表的なものである。Tahincioğlu, Yakup (2011) *The Syriac People: Their History, Culture and Beliefs 5500 Years living in Anatoria*, Butik Yayıncılık ve Kişilsel Gelişim Hiz. Tic. Co. Ltd, pp. 206-250).

8) Croutier, Alev Lytle (1989/2014) *Harem: The World behind the Veil*, Abbevill Press.（篠原勝訳『ハーレム－ヴェールに隠された世界－』河出書房新社，1991年，112-118頁。）

9) 夢枕獏（2004）『シナン』上下巻，中央公論新社，は脚色がないとはいえないが，邦語による研究書・啓蒙書を土台に書かれたものである。

10) ギリシャは帝都コンスタンティノープルに今でも郷愁があるらしく，アテネ空港でアテネ発イスタンブル行の案内も英語ではイスタンブル，ギリシャ語アナウンスはコンスタンティノープルと放送していたことに驚愕した経験がある。

11) 1832年，アテネのアクロポリスに立つパルテノン神殿にヴェネツィアの義勇兵の放った大砲が命中し，神殿の内部まで破壊された。オスマン軍がパルテノン神殿を火薬兵器庫に使用していたためである。その数カ月前，イギリスはイスタンブルのスルタンに認められて，神殿内部の装飾品や

美術品をロンドンに運んだ（現在，大英博物館所蔵）。パルテノン神殿が破壊されたことにつき，ギリシャは火薬庫にしていたトルコを非難し，トルコはそれを狙ったヴェネツィアを糾弾している。

12) モルドバ地方とマラムレシュ地方の間に位置する，カルパチア山脈の東側のブコヴィナ地方の代表的な町であるスチャヴァには，いまもコンスタンティノープルを征服したメフメット2世の建造した城塞が残されている。

13) Tenniswood, Adrian (2011) *Pirates of Barbary*, Vintage Books, p. 29. なお，コルセアとしての海賊行為を"ジハード"とするのは，アンダルシアと北アフリカの歴史を書いたアル＝マッカリー（Abū al-ʿabbās Ahmad al-Maqqārī, ca. 1591-1631）のことばである。

14) カール5世（スペインではカルロス1世）は政略結婚の申し子といわれる。イサベル女王の娘ファナ王女は美男王ともいわれたハプスブルク家のブルゴーニュ公フィリップ4世（スペインではフェリペ1世）に嫁ぎ，のちのカール5世を生んだ。イサベル女王が亡くなり，ファナがカスティーリャの王位に就くと，フィリップは共同統治を主張しフェリペ1世と僭称した。これがスペインにハプスブルク王朝が生まれるきっかけを作った。

15) ルネサンス期の画家フラ・フィリッポ・リッピは「小船で海に遊びに出て」「ムーア人の海賊船に捕まり」「北アフリカのバルバリアに連れていかれた」とヴァザーリは伝えているが，この話は作り話の可能性が高く，友人の借金を帳消しにしたかったという考察がある。Vasari, Giorgio (1568) *Le Opere di Giorgio Vasari*, Tome II, p. 614, Sansoni, 1906/1981.（平川祐弘・小谷年詩司・田中英道訳『ルネサンス画人伝』白水社，1982/1993年，94頁。）また，マルタ本島の隣の島であるゴゾ島には，コルセアの人質となり北アフリカやイスタンブルに連行された住民（とくに女性や少女）が多い。

16) 第2次ウィーン包囲戦が1683年9月11日をはさんでの戦いであったため，9.11事件をもじって2013年にイタリアで映画（*Undici Settembre 1683*，監督：Renzo Martinelli）が製作された。

17) このときオーストリア側の捕虜になったオスマン軍の騎兵がオスマン・アガ（Osmân Agha）である。11年間の捕虜生活（1688年〜1699年）で4冊の写本を残した（Osmân Agha de Temechvar, Hitzel, Frédéric tr. (1998) *Prisonnier des infidels: Un Soldat ottoman dans l'Empire des Habsbourg*, Sindbad, pp. 13-25）。『オーストリアの歴史』（Nemche Ta'rīhī），『書簡集』（Kitāb-i inshā），『旅行記』（Siyāhatnāme）などがそれで，『旅行記』の仏訳に付された解説は興味深い。捕虜生活ののち脱走・逃亡しイスタンブルに戻っている。

18) 他は，マケドニアのアレキサンダー大王，カルタゴのハンニバル，古代ローマのユリウス・カエサル，スウェーデン国王グスタフ2世，オーヴェルニュのトゥランヌ子爵，プロイセンのフリードリヒ大王である。

19) Fiott, Charles (1994) *Town and Villages in Malta And Gozo, Part 1: The Twin Harbour Area*, Rabat (Malta), p. 21. この部分は，関根謙司（2012/2013）「マルタ史試論（1）」『文京学院大学人間学部研究紀要』第14巻；「マルタ史試論（2）」『文京学院大学人間学部研究紀要』第15巻，と一部重複する。

20) オスマン帝国内に領事館の設立を認め，関税の撤廃を認めたもの。Eldem, Edhem (2006) "Capitulations and Western trade," in Faroqhi, Suraya N. ed., *The Cambridge History of Turkey*, Vol. 3, Cambridge University Press, pp. 283-335.

21) オスマン帝国の称号はいくつかあるが，とりわけパシャ，ベイ，アガが有名である。パシャは将軍あるいは総督に値する高位の称号である。ベイは指導者，アガは市民・軍人のなかから栄誉ある人に贈られたもので，ほぼエフェンディと同義である。

22) 三木亘（1961）「トルコ革命とイスラム―ジャ・ゲカルプの思想―」西順蔵編『アラブのナショナリズム』弘文堂，190-239 頁。

23) なお，この作品は 1911 年に発表されている。Akyüz, Kenan（1970）*Batı Tesirinde Türk Siiri Antolojisi*, Üçüncü Baskı, p. 692.

24) Strachan, Hew（1998/2014）*The Oxford Illustrated History of the First World War*, new edition, Oxford University Press, pp. 39-53.

25) かつてアルメニア王国（紀元前 321 年から紀元後 428 年までの切れ間を含んだ 3 王朝）が栄え，1919 年に一時的に生まれたアルメニア共和国があったトルコ東部，ヴァン湖周辺地域をアルメニア人たちは「西アルメニア」と呼ぶ。Hovannisian, Richard G.（1969）*Armenia on the Road to Independence 1918*, University of California Press, pp. 78-79.

26) ダマスカス近郊のマアムーラ村はイエスが使用していたアラム語を今日まで残しており，古代キリスト文化を受け継いできたことで知られる。19 世紀にマアムーラ村が発見されるまで，長らくアラム語は死語とされていた。

27) Birlouez, Eric（2013）*Sur Les routes des épices*, Editions Ouest-France, pp. 161-163.

28) 小池滋・青木栄一・和久田康雄編（2010）『鉄道の世界史』悠書館，341-344 頁。

29) 同上，346-379 頁。

30) 伝統的に土地も農地も所有してこなかった遊牧民たちは，イスラム時代になって土地や農地を所有していた場合はハラージュ（地租税）が課せられたが，モスクなどのイスラム宗教団体が所有する土地は無課税であった。そこで農民たちは自分の土地をモスクに寄進し，モスクから借り受けるかわりに年に一度の書類の代行を依頼した。モスクは地租税よりも安価にハラージュ作成の書類代行を受け持ち，親子代々に引き継がれた。これがワクフ（寄進財産）と呼ばれるもので，1000 年を経て今日まで受け継がれている。

31) Lawrence, T. E.（1926/1969）*Lawrence of Arabia: Seven Pillars of Wisdom*, Penguin Books Ltd., pp. 434-435.（柏倉俊三訳『知恵の七柱（2）』平凡社，340-341 頁。）

32) たとえば，池井優・坂本勉編（1999）『近代日本とトルコ世界』勁草書房，は日本とトルコの関係史として 7 つの題材を扱っている。

33) 表 1 の作成にあたっては，清水宏祐氏（九州大学名誉教授）に校閲増補をお願いした。

34) https://www.cia.gov/library/publications/the-world-factbook/geos/xx.html 最新のデータは 2014/08/27 に閲覧したものである。

35) イランの 700 万人，イラクの 500 万人，アゼルバイジャンの 60 万人に比べ，トルコのクルド人は 1,500 万人である。Lacoste, Yves（2007）*Atlas géopolitique*, Larousse, p. 132.

36) Victor, Jean-Christophe（2007）*Le Dessous des Cartes-Atlas d'un monde qui change*, Tallandier, pp. 186-189.（鳥取絹子訳『地図で読む世界情勢―衝撃の近未来―』第 1 部，85-88 頁。）

37) レジェップ・タイイップ・エルドリアン（Erdoğan, Recep Tayip, 1954-）。なお，エミネ夫人はイスラムに保守的な東部出身であり，イスラム保守層の人気は高い。「トルコ，長期強権体制へ」

『朝日新聞』2014 年 8 月 29 日，在イスタンブルの吉竹祐・金井和之記者の記事。「トルコ「善隣外交」今や昔」2014 年 8 月 31 日，在イスタンブルの神田大介記者の記事。なお，ここでいうトルコの「善隣外交」とはイスラエルと国交を開いていること。イスラエルの多くのセファルドたちにとってトルコはかつて故郷であったことを補足しておきたい。

38) カリフ（アラビア語で al-Khalīfa）とは，イスラム世界での宗教ならびに政治の指導者である。預言者ムハンマドの息子たちは成人せず夭折し，また自分の後継者を決めなかったので，預言者の死後，長老たちが集まり，その後継者（アル・ハリーファ。訛って欧米でカリフとなった）を決めた。カリフ制度（al-Khilāfa）は「誰がイスラム世界の指導者になるべきか」という問題を抱えながら，ウマイヤ朝，アッバース朝に引き継がれた。1258 年，アッバース朝はモンゴル軍によって滅ぼされるが，カリフの末裔はカイロに逃れ，マムルーク朝の庇護を受けた。1571 年，マムルーク朝を滅ぼしたオスマン帝国はカリフをイスタンブルに連行，カリフからすべての権限を委譲されたとしてスルタン＝カリフ制度と称した。スルタンがイスラム法（ハナフィー派）を犯さない限り，すべての権限が集中できたのはこのためである。

39) 鈴木薫『オスマン帝国―イスラム世界の「柔らかい専制」―』講談社現代新書，1992 年。

参考文献

Ackert, Isabella & Jahn, Herald A.（2010/2013）*Unbekanntes Wien*, Pichler Verlag.

Akyüz, Kenan（1970）*Batı Tesirinde Türk Siiri Antolojisi*, Üçüncü Baskı.

Allen, Iain（2010）*The Shadow of the Almighty: Malta 1565 One Island, Two Faith*, Miller Distributors Ltd.

Ant, Kıymet（2010）*L'adhésion de la Turquie à l'Union européenne*, L'Harmattan.

Antonius, George（1938/1945）*The Arab Awakening: The Story of the Arab National Movement*, Hamish Hamilton.（木村甲二訳『アラブの目覚め―アラブ民族運動物語―』第三書房，1989 年。）

Aras, Bülent（2002）*The New Geoplitics of Eurasia and Turkey's Position*, Frank Cass.

Beaufort, Emily A.（1861）*Egyptian Sepulcheres and Syrian Shrines*, Longman.

Bittar, Thérèse（1994）*Soliman-l'empère magnifique*, Gallimard.（鈴木薫監修・富樫瓔子訳『オスマン帝国の栄光』創元社，1995 年。）

Bombaci, Alessio（1969）*La Letteratura turca*, Sansoni.

Bombaci, Alessio and Melikoff, I. tr.（1968）*Histoire de la Littératgure turque*, Librairie C. Klincksieck.

Bozarslan, Hamit（2013）*Hisoire de la Turquie De L'Empire à nos jours*, Tallandier.

Bradford, Ernle（1984）*The Great Siege: Malta 1565*, Penguin Books.（井原祐司訳『マルタ島大包囲戦』元就出版社，2011 年。）

Bryce, James（1905）*The Holy Roman Empire*, The Macmillan Company.

Bulmuş, Birsen（2012）*Plague, Quarantines and Geopolitics in the Ottoman Empire*, Edinburgh University Press.

Bunker, Emily（2007）*Nuri's Donkey: Untold Stories & Unwritten Rules of a Village in Turkey*, Trafford Publishing.

Cassar, George, ed.（2007）*The Order of St John from Jerusalem to Malta*, Sacra Militia Foundation.

Chauprade, Aymeric（2007）*Géopolitique: Constantes et Changements dans l'Histoire*, Ellipses Edition Marketing.

Cini, Charles, ed.（2009）*The Siege of Malta 1565: Matteo Perez d'Aleccio's frescsoes at the Grand Master's Palace*, The Salesian Don Bosco.

Clark, Edson L.（1878）*The Races of European Turkey*, William Oliphant & Co.

Croutier, Alev Lytle（1989/2014）, *Harem: The World behind the Veil*, Abbevill Press.（篠原勝訳『ハーレム―ヴェールに隠された世界―』河出書房新社，1991年。）

Dalègre, Joëlle（2002）*Grecs et Ottomans 1453-1923, de la chute de Constantinople à la disparition de l'Empire Ottoman*, L'Harmattan.

Dink, Hrant（2007）*Être Arménien en Turquie*, Editions Dominique Fradet.

Etzlstorfer, Hannes（2013）*Die Reisen der Habsburger*, Verlag Kremayr & Scheriau GmbH & Co.KG.

Farale, Dominique（2008）*Les Turcs face à l'Occident: Des origins aux Seldjoukides*, Economica.

Faralel, Dominique（2009）*La Turque ottoman et L'Europe: Du XIVe siècle à nos jours*, Economica.

Findley, Carter Vaughn（2005）*The Turks in World History*, Oxford University Press.

Fleet, Kate（2009/2013）Faroqhi, Suraiya N.（2006/2013）, and Kasaba, Reşat（2008）, eds., *The Cambridge History of Turkey*［4 volumes］, Cambridge University Press

Fuller, Graham E., Lesser, Lan O., Henze, Paul B. and Brown, J. F.（1993）*Turkey's New Geopolitics: From the Balkans to Western China*, Westview Press.

Galt, John（n. d.）*Voyages and Travels in the years 1809, 1810 and 1811, containing Observations of Gibraltar, Sardina, Sicily, Malta, Scrigo and Turkey*, CPSIA.

Gaucho, Pascal（2008）*Le monde-Manuel de géopolitique et de géoéconomie*, Presses Universitaires de France.

Gibb, Elias John Wilkinson（1900-1909/1958-1963）*A History of Ottoman Poetry*, Messrs. Luzac and Company Ltd.

Gibb, Elias John Wilkinson（1901/2010）*Ottoman Litterature: The Poets and Poetry of Turkey*, Walter Dunne Publisher/Nabu Publishing.

Golden, Peter B.（2011）*Central Asia in World History*, Oxford University Press.

Goubert, Paul（1951-6）*Byzance avant l'Islam*, Tome I-II, Edition A. Et J. Picard Et Cte.

Habib, Ismail（1940-1941）*Avrupa Edebiyatı ve Biz*, Remzi Kitrabevi.

Hülagü, Metin M.（2010）*The Hejaz Railway: The Construction of a Hew Hope*, Bluedome Press.

İnalcık, Halil（1993）*The Middle East and the Balkans under the Ottoman Empire: Essays on Economy and Society*, Indiana University Turkish Studies.

Kemp, Geoffrey（2010）*The East Moves West-India, China,, and Asia's Growing Presence in the Middle East*, Brookings Institution Press.

Kinzer, Stephen（2001/2008）*Crescent & Star: Turkey between Two Worlds*, Farrar, Straus And Giroux.

Kramar, Konrad and Mayrhofer, George（2013）*Prinz Eugen: Heros und Neurose*, Residenz Verlag.

Lane-Pool, Stanley, Douglas, James and Kelley, Jerrold (1890/2010) *The Barbary Corsairs*, T. Fisher Unwin/Nabu Press.（前島信次訳『バルバリア海賊盛衰記』リブロポート，1981 年。）

Latham, J. D. (1986) *From Muslim Spain to Barbary*, Variorum Reprints.

Levi, Scott C. and Sela, Ron, ed. (2010) *Islamic Central Asia: An Anthology of Historical Sources*, Indiana University Press.

Lopez, Robert S. and Raymond, Irving W. (1955/1990) *Medieval Trade in the Mediterranean World*, Columbia University Press.

Mantran, Robert (1952/1968) *Histoire de la Turquie*, Presses Universitaires de France.

Mantran, Robert (1965) *La vie quotidienne à Constantinople au temps de Soliman Le Magnifique et de ses successeurs*, Librairie Hachette.

Mackay, Derek (1977) *Prince Eugene of Savoy*, Thomas & Hudson.（瀬原義生訳『プリンツ・オイゲン・フォン・サヴォア』文理閣，2010 年。）

McMeekin, Sean (2010) *The Berlin-Baghdad Express*, The Bekknap Press of Harvard University Press.

Mill, John (1876) *The Ottomans in Europe: Or Turkey in the Present Crisis, with the Secret Societies' Maps*, Wldon & Co., rep. Bibliobazaar.

Millar, Simon (2008) *Vienna 1683: Christian Europe Repels the Ottomans*, Osprey Publishing.

Osmân Agha de Temechvar, Hitzel, Frédéric tr. (1998) *Prisonnier des infidels: Un Soldat ottoman dans l'Empire des Habsbourg*, Sindbad.

Panzac, Daniel (2009) *La marine ottomane: De l'apogée à la chute de L'Empire*, CNR Editions.

Perin, Cevdet (1946) *Tanzimat Edebiyatında Fransız Tasiri*, Pülhan Matbaası.

Rogan, Eugene (2010) *The Arabs: A History*, Penguin Books.（白須英子訳『アラブ 500 年史』白水社，2013 年。）

Rogan, Eugene (2012) *The Arabs: A History*, second edition, Penguin Books.

Sachslehner, Johannes (2011) *Anno 1683: Die Türken vor Wien*, Pichler Verlag.

Sarkis, Hashim and Turan, Neyran (2009) *A Turkish Triangle: Ankara, Istanbul, and Izmil-at the Gate of Europe*, The Aga Khan Program at the Harvard University Graduate School of Design.

Schefer, Charles, ed. (2002) *Galland, Antoine-Voyage à Constantinople (1672–1673)*, Maisonneuve & Larose.

Seal, Jeremy (2012) *Meander: East to West along to a Turkish River*, Chatto & Windus.

Servantie, Alain (2003) *Le Voyage à Istanbul*, Editions Complexe.

Shepard, Jonathan, ed. (2008) *The Cambridge History of the Byzantine Empire c. 500–1492*, Cambridge University Press.

Skylitzès, Jean (2003) "Texte traduit par Bernard Flusion et annoté par Jean-Claude Cheynet," *Empereurs de Constantinople*, Éditions P. Lethlieleurx.

Stadtmüller, George (1966) *Geschichite des Habsburgischen Macht*, Kohlhammer.（矢田俊隆解題・丹後杳一訳『ハプスブルク帝国史』刀水書房，1989 年。）

Stone, Norman (2010/2012) *Turkey: A Short History*, Thomas & Hudson.

Stoye, John (2000) *The Siege of Vienna: The Last Great Trial between Cross & Crescent*, Pegasus Books LLC.

Stoye, John (2012) *Die Türken vor Wien*, Ares Verlag.

Thébault, Vincent (2009) *Géopolitique de l'Afrique et du Moyen-Orient*, Nathan.

Thobie, Jacques (1992) *Agriculture et Industriasation en Turquie et au Moyen-Orient*, L'Harmattan.

Thobie, Jacques et Kançal, Salgur (1994) *Industrialisation, Communication et Rapoorts Sociaux en Turquie et en Mediterranée orientale*, L'Harmattan.

Ulrichsen, Kristian Coates (2014) *The First World War in the Middle East*, Hurst & Comapany.

Vocelka, Karl (2014) *99 Fragen zu den Habsburgern*, Ueberreuter.

Walpole, Robert (2011) *Memoirs Relating to European and Asiatic Turkey*, CPSIA.

第2章

現代トルコ経済の起源

―古アッシリア商業植民地時代におけるアナトリア商業活動―

杉 山　　剛

　現トルコ共和国が位置するアナトリア半島は，周知のとおり，非常に多様性のある文明を有した，人類史においても非常に重要な歴史を持っている。本稿では，このアナトリアの有史時代である紀元前二千年紀の古アッシリア商業植民地時代に関し，現トルコ共和国が位置する古代アナトリア半島において展開された商活動について見ていきたい。現アナトリア，すなわちトルコ共和国と日本国は，近年様々な面で接触する機会が増え，また，アナトリアに進出する日系企業も日々増えていることから，本稿によってアナトリアにおける経済活動と海外企業の存在について，多少ちがった方向から見ていただくための何かを提示できることを期待する。

第1節　アナトリア半島と有史時代への移行

　歴史書などではあまり実感することはできないが，アナトリア半島では人類史上，実に多くの文明が栄え，そして滅んでいった。様々な地方に様々な時代の遺物・遺跡が存在しており，それらを短期間でまとめて観察する運命にある旅行者たちは，「文明の混沌」ということばを思い浮かべることであろう。アナトリアにかつて存在したこれら文明のうち，一番有名かつ，非常に強大であったものとしてオスマン帝国を，また一番古いものとしてはヒッタイト王国を挙げることができる。実際，オスマン帝国の首都は現在のイスタンブルにあり，またヒッタイト帝国は現在のトルコ共和国チョルム県に位置するハットゥーサに首都があったことから，活動の基盤はここアナトリアにあった，と言っても語弊はない。

　ただし日本においては，3大陸にまたがるオスマン帝国は多分に「アラビア」的な印象がある。また，エジプトまで侵攻し，ラムセス2世とカデシュ（現在のシリアとレバノンの国境地域のホムス近郊）において一戦を交えたムワタッリ王率いるヒッタイト王国の領土に関しては，通常歴史の教科書などでは，「小アジア」として表記されるため，これらの帝国が現在のアナトリアにあった，という認識は少ないのかもしれない。

　トルコ語ではAnadolu（アナドル）といわれるこのアナトリアという地名であるが，これはギ

アナトリア半島とその周辺
（出典）http://www.lib.utexas.edu/maps/middle_east_and_asia/middle_east_ref_2012.pdf

リシア語の「東（方）」を意味する単語であり，一説によると，ビザンツ帝国の領土のうち，この地方のことが軍管区として Thema Anatolikōn と呼ばれていたことに由来すると言われる。この地方は，すなわちアナトリア半島は，もちろんビザンツ時代以前から，文明の行き来が盛んなところであった。アナトリアの地は，地図を確認すれば，地中海地方やバルカン半島とメソポタミア地方をつなぐ，地政学的にも非常に重要な場所であることが，一目瞭然である。

　古代においてメソポタミアといえば，シュメールから始まる文明の発祥地，古代の文化的先進地域であり，ここもまた，有史以来様々な民族が文明を築き，そして滅んでいった地方である。「文明を築く」という事象を，すなわち，「あるシステムを構築し，それを広範囲に適用する」と捉えるとするのであれば，適用されたシステムというものの1つはすなわち言語の記録技術，つまり文字という記述技術の開発であり，それを利用し構築した「きまり」の様々な形での施行，とも捉えることができるのではないだろうか。

　人類史において，初めてこのシステムを開発し，適用したのはシュメール人たちであったと言われる。実際のところシュメール人たちが本当に初めて文字を発明したかどうかは，論議の余地がいくばくかありそうではあるが，現在までのところ，古代エジプト人同様，ほぼ同時代に文字を発明した民族として知られている。彼らの民族的系統はよく分かっておらず，使用した言語は膠着語であることがわかっている。そして，彼らの言語は，紀元前約3200年ごろ，いわゆる「ウルク古拙文字」として知られる文字を使って書かれた粘土板上に発見されている。これら粘土板状の文字列は，非常に象形的ではあるものの言語を表す「文字」として認識できる。

　しかし，この象形的な文字が突然発明されたと考えるのは，非常に危険に思われる。というのは，現在では，それに先行する段階があったのでは，と考えられているからである。いわいるクレイ・トークンというものがそれで，このクレイ・トークンは紀元前約3500年ころ，非常に多用されていたことが現在判明している。このトークンがさらに発展し，1つの象形は文字として楔形文字となり，シュメール人たちによって表意的に使われたこの「表記システム」における「文字」は，紀元前約2300年頃になるとセム系であるアッカド人たちによって，今度は表音的にも

使われ始め，また，アッカド人たちが領土を拡大したことにより，楔形文字という文字体系は国際性を帯びるようになったことが，いわゆる粘土板に刻まれた「文献資料」によって読み取ることができるのである。そして楔形文字とそのシステムは，非常に広大な地域を覆うこととなった。

「文字の使用・流入」と，それにともなう「記録」は，その地域の有史時代の幕開けであり，アナトリアもこの楔形文字によって有史時代へと突入する。それは，今から約4,000年前，すなわち紀元前2000年のころのことである。

第2節　カッパドキア文書とアッシリア商業植民地時代

　ヒッタイト王国時代は非常に有名であり，日本でも高い関心を得ていることから，アナトリアに詳しい人でも，この時代がアナトリアにおける最古の有史時代と思われがちであるが，実のところアナトリアには，ヒッタイト時代以前に，もう1つの時代区分が存在する。その時代こそが，英語では"Old Assyrian Trading Colony Period"，トルコ語では"Eski Asur Ticaret Kolonileri Devri"，日本語では「アッシリア商業植民地時代」と命名される時代である。

　関連文書群が発見された初期においては，紀元前約1920年頃から1750年ころまで続いたと考えられていたが，最近発見されたエポニム・リストにより，実際はもう少し古く，約紀元前2000年ころにはすでに始まっていたということが分かってきた。このエポニム・リストというのは，アッシリアにおいて任命された最高官リンムーの名前が書き記されたリストのことである。彼らの任期は1年であったので，このリストを数えることによって，時代編年を追うことができる。リストによれば約250年ほど古アッシリア時代がアナトリアにおいて展開されたことが覗える。さらにこの時代が終わり，1750年から約100年ほどの空白期間があり，その後ヒッタイト人によるヒッタイト古王国時代が始まったようである[1]。

　様々な考古学的発掘から，この時代に至るまで，すなわち前史時代においてもアナトリアでは，集落・村落の交易が盛んに行われていたことがわかっている。そして古アッシリア商業植民地時代になると，アナトリアの先住民族は都市国家を形成しており，1つの都市国家は王もしくは領主によって支配，管理されたことが知られている。また，楔形文書資料からは，当時アナトリアでは銅や銀，金の産出があったにもかかわらず，錫が生産されることはなかったことも読み取ることができる。すなわちより耐久性のある武器や農具などに使う青銅器を精錬するために必要なこの錫は，「国外」からの輸入に頼っていたのである。これに目をつけたのがアッシリアの商人たちだった。彼らは，アナトリアの諸侯が求める錫をイランのザグロス山脈から入手し，それをアナトリアに輸入し，その対価として主に銀を獲得するという商業スタイルを築き上げた。そしてその商業スタイルの円滑な運営のため，アナトリアにおいてネットワークを形成し，このネットワーク上において商業活動を行った。そしてアッシリア商人たちは，アナトリアにおける商売の「記録」を粘土版に刻み，こうしてアナトリアは有史時代へと突入することになる。

ここで，アナトリアが有史時代に入ったこの時代の文書の発見過程について少し説明したい。
　19世紀も終わろうとしていたちょうどその頃，イスタンブルの古物商に突然楔形文字の刻まれた粘土版が出回り始める。出処は四半世紀ほど分からなかったが，ついにチェコ人の言語学者でヒッタイト語の解読者の1人でもあるフローズニーがその場所を突きとめることに成功する。彼の調査によれば，これら粘土板はカイセリという街の近くの丘付近から盗掘されたらしく，盗掘者の手によって市場に提供されていたことがわかった。そして，彼はたった1シーズンではあるが，突きとめた場所において発掘作業を行うことに成功した。そして発掘の結果，約1,000枚ほどの粘土版を発見した。共和国建国初期だったからか，残念ながら彼の発掘は中断されてしまった。そしてトルコ人学者の手によって正式に発掘が再開されるのは1946年のことであった。以降，毎年続いた学術的発掘調査により，現在まで約2万5,000枚ほどの粘土版が発掘され，これらはアンカラにあるアナトリア文明博物館に所蔵されている。この文書群のことは，カイセリ市近郊にあるキュルテペという遺丘で発見されたことから，「キュルテペ文書」，もしくはこの地方の名称であるカッパドキアから「カッパドキア文書」と呼ばれている。
　これらの文書作成において使用された言語は，アッシリア語というアッカド語の北方方言である。また，時代的に古いものであることから，通常「古アッシリア語」と呼ばれ，他のアッシリア語とは区別がなされている。紀元前3,000年期から1,000年期にかけてのアッカド語には，地域的にいくつかの特徴があり，南部のものはバビロニア方言，北部のものはアッシリア語と呼ばれる。発見当初，粘土版の言語がアッシリア語であったことが判明すると，当時の学者はアッシリアの勢力がアナトリアまで及んでおり，アッシリア人たちの活動はアッシリア本国の保護下にあったと考えた。しかし解読が進んでいくに連れ，キュルテペの古代名は「カニシュ」であり，文書はアッシリア商人の商業活動に関するものであり，また，商人たちはアッシリアの庇護下において活動したのではなく，アナトリア諸侯との関係を築き上げ，彼らの都市に商人居留地を作り，経済活動を行っていたことが次第にわかりはじめた。そこでこれら商人居留区を便宜上「商業植民地」と呼び，この時代の呼称とされたのである。
　文書に書かれている内容は非常に多岐にわたっている。そして，当然のことながらほとんどが彼らの仕事，すなわち「商売」に関するものである。つまり，債務文書や発注書，会計書や売買文書，裁判にかかわるものや貸付の覚書，報告書などが大半である。また，アッシュールに残してきた妻からの手紙など，中には私的書簡も，数は非常に限られてはいるが，見つけることができる。したがってこの文書を解読することによって，当時のアナトリアにおける経済的様相，及び若干ではあるが社会情勢を伺うことが可能となる。
　文書の形式は内容によって様々ではあるが，例えば私的書簡などでは「某に伝えよ。某が次のように言う！」という定型句があることや，裁判の判決などに定型が見られることから，粘土板文書は商人たち自身によって書かれたのではなく，専門の書記官が書き記したことがわかる。また同一文書は謄本が作られているので，アッシリアに宛てた書簡のコピーがカニシュで見つかる

のである。謄本は公的文書だけではなく、私的書簡のものも作成されていた。

　残念ながら、これら文書解読の専門家は世界的にも数少なく、また、個々人が解読できる文書数は非常に限られていることから、カッパドキア文書は、未だ大半が未発表のままとなっている。ただし、学者間での情報交換などは活発に行われており、また現在も、未発表の文書の出版事業は続いている。文書は発掘された年によってナンバリングがされる。もちろんその年の発掘計画によって発掘現場は変わり、また、発掘したところ全てから文書が発掘されるわけではない。ただし、文書はひとかたまりとなって発見されるのが普通である。これは、発見場所が商人の倉庫である場合が多いことから、それらの文書はある一定の商人に属するものであると考えることができるのである。従って、最近の傾向としては、ある商人をピックアップし、彼に関連する文書をひとまとめとして出版することが多いようである。粘土板は文字通り、粘土が柔らかいうちに葦の茎を削ったペンで筆記され、乾燥させることによって作成された。当然ながら、あまり丈夫ではない。発掘時に、割れている状態や欠けている状態で見つかることも多い。出版される文書は通常、内容の重要度によって選択され、よって、完全な形で見つかったものが多いと言える。[2]

第3節　商業活動の基本

　さて、彼らの経済活動、すなわち物品の売買は一般に、古代の商取引であることから、原始的な形態、すなわち「物々交換」であるかのように考えられがちであるが、実際に文書を解読すると、非常に高度に発達した取引形態が描写されている。

　例えば「もの」を売るには、まず売る「もの」を準備する必要があるが、その商品を手に入れるためには、資金が必要となってくる。つまり売買における資本であるが、これらは共同出資という形がよく取られていたことが、文書から理解できる。資金の多くは金や銀で準備された。そして文書でよく確認できるものは、アッシュール市の有力者たちや商人たちが一定の金額を投資するという形で「文書上」において記録し、それを元手に事業に乗り出す、という形である。また、もっと小規模に、出資者から資金を提供してもらい商売を始める場合もある。また、売買が信用取引される場合もあり、したがって、債務文書等の文書には作成規範があり、債務が完了した場合は、債務文書を「殺す」という表現も使われる。いわゆる共同出資の形はいくつかの種類があるようである。[3]

　また、貸し付けた資金には当然のことながら利息が加算される。どのような形であれ、金銭的な貸出の場合、基本的には1カ月ごとにこの利息は加算されることになっていたようである。そして通常の貸付は銀によって行われた。すなわち、古アッシリア時代における通貨は「銀」である、といっても語弊はないかと思われる。単位は重さであり、重さにはマナ（約500グラム）やシェケル（約8グラム）などがある。債務文書には、1カ月ごとに銀1マナに対しxシェケル（文書によって利子の量は変わる）を加えること、支払期限の明記、文書作成期日が記載された。また、

その債務文書が「公的」であることを示すために，円筒印章が押された。すなわち，このような契約が契約となるために一定の書式があったのである。そしてキュルテペ文書には，資金などの貸付を主にやっていた商人も何人か確認されている。貸付の文書は簡単なものから複雑なものまで分類することができるが，大体において次のような形式である。すなわち「xグラムの銀をAはBに貸した。Cのハムシュトゥム官任命週よりD週までに返済する。もし返済しなかった場合，月にyグラムに対してzグラムを（債務分に）加えるものとする。証人E，F」という形となり，誰がいつ，どのくらいのものを借り（貸し），返済期限はいつで，利子はいくらか，そして，この債務に関する証人は誰であるのか，が必ず明記される。文書を公的にするために，更に円筒印章が使われる場合がある。

さて，彼らアッシリア商人たちのアナトリアにおける商業活動基盤を語る際において非常に重要となるのが，「波止場」の意味を持つカールムという「組織」の存在である。カールムは，当時のアナトリア商業網に位置する主要都市に「商人街」として建設された「区画」であり，ここで商人たちは主な取引を行い，必要とされる証文（粘土板）を作成し，必要とあらば裁判等の司法行為が行われており，時には資本提供を行う銀行としても機能していたことを文書から読み取ることができる。カールムの活動範囲は非常に広く，一概にまとめることは困難ではあるものの，アッシリア商人たちが異国の地における商業活動を円滑に行うことを補佐する機関であったと考えることができるであろう。

上にカールムは各主要都市に存在したといったが，現在までのところ約20ほどのカールムが文書の上では確認できる。もちろん当時のアナトリア情勢や経済の推移を考えれば同時期に20全てのカールムが存在したとは考えられないものの，少なくともこれらカールムは，この時代を通してアナトリアのほぼ全域に配置され，アナトリアの商業ネットワークが滞りなく機能するためには，なくてはならない存在だった。別の言い方をするならば，それはアッシリア人たちのアナトリアにおける交易活動の広がりと共に，整備されていった，1つのシステムであったという見方もできるであろう。またカールムを設置するほど大きくない都市にはワバルトゥムという，比較的小規模の組織も，文書上に確認することが出来るが，このワバルトゥムは，カールムに準ずる形で機能したことが文書から読み取れる。すなわち，この機関が処理しきれない問題などは，上位組織であるその地方に存在するカールムに判断を委ねる，といった階層システムがあったようである。またこれらカールムやワバルトゥムには「カールムの家」や「ワバルトゥムの家」と呼ばれる機関があり，商人たちの活動を支援していた。

アッシリア商人たちはアナトリア各地に点在するこれら商業拠点によって構成された1つのネットワーク上で活動していた。そして，このカールムのうち，アナトリア交易の中央センターとも呼べる最大のカールムが，先ほどのキュルテペにあるカールム・カニシュだったのである。このカニシュは，後の時代のネーシャとして，存在し続けることに成功した。都市は王によって支配されていたことが文献からは分かっており，実際遺丘には宮殿跡らしきものも確認できる。し

かし今までのところ，宮殿区域で発掘調査が実施されたことはなく，調査は主に商人たちが生活していた区域に限られている。また，残念なことに，アナトリアにおいて実際に発見され，発掘が行われているカールムは，現在までのところ上記のカールム・カニシュのみである。しかしながら，考古学的調査が更に進んでいる現在，新たなカールムが発見されるのは時間の問題であると言えよう。しかし，発見される文書数は，カールム・カニシュをこえることはないと推察される。

　アッシリア商人たちはアッシュール市において様々な形で集められた資本を利用し，アナトリアで売れるものを準備し，隊商の責任者を選定し，ロバや馬頭，時には護衛要員を雇い，アナトリアのカニシュに向かって出発する。アッシュール市からカニシュまでは直線距離でも約 1,000 km の道のりがあるが，現在までのところ，簡単な旅程記以外，旅行記的な文書は未だ発見されていない。また，いくつかあったと考えられるルートも確定していない。そのため，実際にアッシュールからカニシュに到着するまで，いったいどれくらいの期日が必要だったのかは，はっきりと分かっていない。また，直接カールム・カニシュを目指したのではなく，途中いくつかの都市に寄っていったことも予想される。

　中世の隊商は 1 日に約 25 km から 30 km ほど移動できたといわれ，このことから約 2 カ月から 3 カ月ほどかかったのではないかと，単純に計算することは可能である。ちなみにオスマン帝国時代，イスタンブルに住むムスリムがメッカ巡礼に費した日数は，直線距離で約 2,400 km，8 カ月ほどかかったと言われている。

第 4 節　古代アナトリアでのアッシリア商人たち

　アッシリア商人たちが，「錫」をアナトリアに輸入していたのは前述のとおりであるが，もちろん彼らが扱った「商品」は錫だけではない。例えば，錫の次に目立って取引されているのがアッカド産の布やクターヌムと呼ばれる織物である。また，装飾品，ラピスラズリなどの貴石類など，商品は非常に多岐にわたっていた。基本的に彼らの商業活動は，アナトリア諸侯が必要とするものを提供し，その代価として「銀」を受け取る，という取引形態であった。また，いくつかの文書では，銅による取引も確認されている。

　アッシリア商人たちがアナトリアにおける交易を通して手に入れた銀は，アッシリアやその南部のバビロニアに運ばれ，さらに商品を購入する「資本」として利用された。また当然，当時も銀の交換レートとして「通貨レート」のようなものが存在した。アナトリアにおいて，アッシリア商人たちは，メソポタミアより安価に銀を入手できたようである。したがってアッシリア商人たちにとって，この「為替市場」という点からも，アナトリアは非常に魅力的な市場だった。また，アッシリア商人たちは金も取り扱ったが，金は銀のような取引媒体としてではなく，どちらかというとそれ自体が購入されるべき商品であったようである。ただ，文書において金による取

引はほとんど確認されていない。それでも，いくつかの商品に限っては，金での売買を見て取ることができる。

　妻や家族を本国に残してカニシュにやってくる商人もいれば，時代が進むに連れて，活動の基盤をカニシュに移す商人も出たようである。そしてその結果，アナトリアの原住民と結婚する商人や，アナトリアの地で結婚した妻と離婚するアッシリア商人もいた。婚約や婚約破棄に関する文書もあり，また，アッシリア本国に残してきた結婚相手に対して，「早くこちらへ来てください。（中略）もしいらっしゃっていただけないようであれば，こちらでワフシュシャナにいるワフシュシャナ人の娘と結婚します。」という私的書簡も見つかっている。これらは，婚姻文書や離婚裁判記録書，私的書簡などで確認することができるのである。また，家を購入したり，使用人を雇ったり，食料を買ったり，他の都市にいる息子や配下の使用人に活動資金を送ったりしたのであるが，これらすべては，「文書」によって契約が結ばれていた。そして，結んだ契約に関して問題が発生すれば証人を立て，裁判をし，そして解決策としての判決，すなわち「カールムの決定」によって，アッシリア商人たちは異国の地で生活したのである。

第5節　古代アナトリアの状況

　当時のアナトリア半島は1人の王によって統括されてはおらず，いくつもの都市国家が存在していたことから，隣接する都市国家間にはやはり少なからず紛争があったことが文書から読み取ることができる。したがって情報収集はアッシリア商人たちにとって最重要項目であった。また，山賊などもいたことから，領内における交易活動に滞りがないよう，領主の保護を求める必要性も，あったようである。

　また，当然ではあるが，アナトリアで交易活動を行っているのはアッシリア商人たちだけではなかった。バビロニアやエブラからの商人たち，また，名前から判断するにフルリ人たちなどもアナトリアで活動してたことが，文書に記録されている。アッシリア商人たちはこうした状況に対処し，交易をうまく行うために，諸侯に様々な名目で多額の税を払い，その見返りとして「商人居留区」の設置とその保護を求め，カールム組織を充実させていったようである。また，関税の他にも輸入した物品の先行購入権を領主や宮廷組織に与えたりするなどして，地域勢力との関係を良好に保ち，交易をさらに拡大する努力を絶えず行い，商売敵を徐々に排斥していった。さらにアッシリア商人たちは諸侯といわゆる「条約」を結び，他の勢力の活動を抑えようとしたことも，近年見つかった文書から読み取ることができる。すなわち，彼らの活動は「契約」という決まり，いわば法律の上に成り立っていた，と言って間違いはないものと思われるのである。

　アッシリア商人たちが築き上げたシステムによって，彼らが行った商売の純利益率はかなり大きかったことが計算できるが，それでも正規の取引によって発生する手数料や関税は，商人にとってはかなりの負担だったようで，キュルテペ文書では「密輸」に関する書簡も多数見つかって

いる。アナトリアは山に区切られたたくさんの平地が存在し，そういったところに都市は存在したようである。しかし，都市間の隊商路は山を越え谷を越えていくものとなるため，実際のところかなりの「抜け道」があったことが容易に推察することが可能である。アッシリア商人たちは，さらなる利益を挙げるため，こういった道を使って密輸を行っていたが，もちろん領主もそれを警戒していたようである。密輸に対し，領主たちは国境に見張りを配置するなどして対応したことが，いくつかの文書で確認されている。面白いことに，これら密輸に関しても，アッシリア商人たちは文書を作成したのである。逆に言えば，密輸という「犯罪行為」に関してすら証文を作成したところに，アッシリア商人たちのアナトリアでの交易に対する考え方や商業的計画性を読み取ることができると言えるのではないだろうか。

第6節　行動の規範

　ここまで商人たちの活動様式について簡単に解説したが，関連文書を解読すると，彼らの行動には1つの規範が存在するように感じられる。行動規範，すなわち「法」の存在は，メソポタミアにおいては，かなり古い時代から存在していたことが知られる。ハンムラビ「法典」は，バビロニア帝国の王ハンムラビの治世（前1792-1750）において作られた碑文に刻まれている282の条文集であり，またいわゆるタリオ（同害復讐）の原則が有名である。かつては現存する世界最古の「法典」として知られていたが，現在においてはさらに古い時代に属する「法典」の存在も確認されている。

　専門書等ではこの法典という語を「　」でくくるのが習慣となっているが，これは，厳密に言えばこれらは1つの法典とは言えないからである。しかしながら，いろいろな職業や状況に関してそれぞれ行動規範を示していることから，少なくともそれぞれ1つの「条文」を社会的規則として取り扱っても問題はないと思われる。例えばこのハンムラビ「法典」にも，第100条から第107条の間においてタムカールムと呼ばれる商人たちに関する行動規範が示されている。ハンムラビ「法典」より古いものとしては，シュメールの都市国家ウルのウル第三王朝の王であるウル・ナンム（前2112-2095）のウル・ナンム「法典」，イシン王国のリピト・イシュタル（前1934-1924）によるリピト・イシュタル「法典」，そしてエシュヌンナ「法典」をあげることができる。

　さて，上記のいわゆる「法典」は，社会を構成する様々な「存在／行動」のある「存在／行動」に対する規範が明記されている。これらは，そういった対立関係から当時のアナトリアを観察すると，「アナトリア現地組織」と「アナトリア外から訪れる商人」たちという対立関係を想定することができる。したがって，そこに一定の行動規範が求められたと推察するのは，それほど難しいことではない。そして，実際にそれら行動規範を記した文書も見つかっている。

　1つはテル・レイランで見つかったテル・レイラン条約[4]であり，もう1つは2000年のキュルテペ・カニシュ発掘で発見された，文書ナンバー Kt.00/k 6 と Kt.00/k 10 の条約文書である。テ

ル・レイラン条約はアッシュールからカニシュに至る街道にあったアプム（Apum）という都市と首都アッシュールとの間で取り交わされた条約に関するものである。Kt.00/k 6 は，mer Aššur（アッシュールの子，つまりアッシリア人）と mer Kaniš という表現が確認されることから，カニシュとアッシュールの間で，Kt.00/k 10 は mer Aššur と mer Hahhim という表現が確認されることから，ハッフムとアッシュールの間で取り交わされた条約と見ることができる。[5)]

　これら 3 文書は残念ながら破損が激しく，条約の内容を詳しく追うことが不可能となっている。しかしながら，Kt.00/k 6 文書において読み出せる箇所においては，「貴方の都市，もしくは国において，アッシュール人の血が流されたのなら，もしくは見つからないのなら，血の代償として規定された額を我々に支払うこと，そして，彼は（犯人は）私達が殺すこと。（犯人）の代わりに別の者を引き渡さないこと」，「もし（1 人のカニシュ人が）アッシリア人の裁判に行くなら，それらの判決を公正に与えること」，「もし貴方の都市，もしくは国において織物をなくしたものがいるなら，あなたは（その織物を）探し出し，（持ち主に）返却すること。もし（なくなったものを）見つけることができなければ，紛失者に宣誓をさせてから，損失額を完全に支払うこと」，「1 人の商人，もしくは寡婦の家にカニシュ人や hāpirum（放浪者）が侵入することを許さないこと」，「もしあるアッシリア人があるカニシュ人に負債し，そして他の国に行ってしまったら，他の商人，全くの別人，彼らの兄弟などを，そのアッシリア人の代わりとして捕らえないこと。彼ら（債権者）は，確定している借金のために，債務者たちに裁判を開くこと」などの表記や，税の徴収に関する条文が注意を引く。

　また Kt.00/k 10 においては，「ハッフムの決定に（基づいて）判決を与えること」，「アッシリア人，その妻，奴隷，カールム・ハッフムに所属する誰かに対する判決を公正に与えること」，「異邦人や質の悪い hāpirum（放浪者）が（アッシリア人の持ち物である）船を沈めたり，積み荷の紛失の原因となるような命令を与えないこと」，「（もし）貴方の領地や貴方の国の川において，船が沈んだら，紛失した商品や（船の備品である）縄や杭に到るまで，全てを完全な形で支払うこと」などの条文が非常に重要である。これらの条文によって，商人たちの権利が条約によって護られていたことと，ハッフム国が少なくとも船による輸送が可能な大きな川の付近に存在したことが判明するのである。テル・レイラン条約においては，条約の冒頭部のみが判読できる状態であるが，そこには「アプムの国王」や mer Aššur という表現，神々に対する宣誓文が記載されている。

　テル・レイラン条約文には，宣誓の句として数々の神の名が挙げられている。Kt.00/k 6 文書の冒頭部にもやはり同様の記述が見られる。したがって Kt.00/k 10 は冒頭部が欠損しているものの，やはり同様に記述があったものと推測される。ハンムラビ「法典」の碑の頭頂部には，ハンムラビ王が正義の神であり太陽神でもあるシャマシュ神の前に手を合わせて直立している姿が描かれている。すなわち条約や行動規範の公正性は，いわゆる「神性」によってより確固たるものとされていたと考えることができる。そしてアッシリア人たちの神的よりどころは，彼らの国，

彼らの都市の名前でもあるアッシュール神であった。例えばある文書（TC I, 5）には次のようなことが書かれている。

　「ここ（アッシュール市）で，占い師の女性が古の魂に問いかけました。アッシュール神は貴方に警告を送っています。貴方はお金だけを愛し，人生を嫌っているのです。アッシュール市で貴方は満たされないのですか？この手紙を読んだら，すぐアッシュール神の目を見てください。そして人生を救ってください！」

また別の文書（Kt n/k 1336）にはこうある。

　「なぜ実家に対してこうもひどく振る舞うのですか。妹にもひどくあたっていますね。また，貴方はそこで1人目の夫も2人目の夫も死なせています。アッシュール神は貴方のこのような振る舞いに対し警告し続けています。早くこちらに戻りなさい。」

そして別の文書（MAH 16.209）では次のように書かれている。

　「ご存知でしょうか，人々（の心）は本当にひどくなりました。兄弟は兄弟を食おうとし，隣人は隣人を飲み込もうとしています。こちら（アッシュール）にもうお戻りくださいますよう。お仕事からはもうお逃げになってください。そして，小さな娘をアッシュール神の胸に抱かせましょう。」

また裁判文書などの公的書簡では，必ず「アッシュール神の剣の前において証言した。証人はX, Y, Zである」という一文が加えられる。これらは，彼らの活動の精神的源にアッシュールという神が存在したことを指し示すものであろう。

おわりに

　さて，時代を現代のトルコ共和国に移し変えて，いわゆる「商活動」を見てみよう。2つの時代を比較して感じられることは，基本的な条件はあまり変わっていない，ということではないだろうか。アナトリアに存在する都市は未だに細い幹線道路でのみ，つながれている。交通手段は自動車などが主であり，鉄道は，ほぼないに等しい。都市間には曠漠としたステップや山岳地帯が存在し，それらの都市を車が行き来し，つながれている。もちろん現代では物流速度は速くなり，その量も膨大なものになっているが，それでも都市と都市との間に広がる「分離感・隔離感」は，日本に比べて非常に強く感じられるのである。そして，それらの都市を確実に「結ぶ」のは，人間同士のつながりであり，歴史的に築き上げられた人的ネットワークなのである。

　ところで中央アナトリア地方に位置する都市カイセリであるが，現代トルコ語で Kayserili，すなわちカイセリ人・カイセリ出身者といえば，暗に「商売上手：値引き上手」という意味にもなることからも分かるように，現代においてもこの地は「商業」と結びついてイメージされる。また，経験的に言うことが許されるのなら，カイセリの人々は実際に値引き交渉に長けているようである。ただ注意したいのは，カイセリ出身の人すべてが，血統的に「トルコ人」とは限らない，ということであろう。

カイセリという1つの都市においても，様々な様相と，それぞれのネットワークが存在しているのである。そしてアナトリアのトルコ社会において，横のつながりは非常に大切となってくる。現代においても，血縁や民族的なつながり，宗教的なつながりが1つのネットワークを形成し，それを基軸として様々な活動が行われる。そしてそれは，古代のアッシリア商人たちが形成したシステムと非常に似通っていると言える。

トルコ共和国に進出する日本企業が成功するか否かは，変化の目覚しいアナトリアの様々な情勢に惑わされることなく，その根底に流れる水脈をいかに分析し，どのような行動をとるかに拠るところが非常に大きいのではないかと考えられる。

注

1) 古アッシリア時代の編年については Veenhof（2003）で詳細な議論がされている。
2) トルコ共和国のキュルテペ文書出版事業はトルコ歴史協会が行っており，Ankara Kültepe Tabletleri（AKT）シリーズとして刊行されている。2014年現在 VII-a 巻まで出版されている。
3) 共同出資やパートナーシップについては Larsen（1977）に詳しい論考がある。
4) テル・レイラン条約については Eidem（1991）を参考。
5) Kt.00/k 6 と Kt.00/k 10 は Günbattı（2005）に詳しい。

参 考 文 献

Bajramovic, Gojko (2011) *Historical Geography of Anatolia in the Old Assyrian Colony Period*, Copenhagen: Museum Tusculanum Press.

Balkan, K. (1955) *Kaniš kärum'unun Kronoroji Problemleri hakkında Müşahedeler*, Ankara: Türk Tarih Kurumu Yayınları.

Dercksen, J. G. (2996) *The Old Assyrian Copper Trade in Anatolia*, Leiden: E. J. Brill.

Eidem, J. (1991) "An Old Assyrian Treaty from Tell Leilan," in D. Charpin, & F. Joannès, eds., *Mélanges P. Garelli*, Paris: Ed. Recherche sur les civilisations, pp. 185-207.

Günbattı, C. (2005) *Kültepe de Bulunmuş İki Antlaşma Metni, Belleten*, Ankara: TTK Yayınları, pp. 759-779.

Klengel, H. (1979) *Handel und Händler im alten Orient*, Leipzig: Koehler und Amelang.（江上波夫・五味亨訳『古代オリエント商人の世界』山川出版社，1983 年。）

Larsen, M. T. (1976) *The Old Assyrian City-State and Its Colonies*, Chicago: The University of Chicago Press.

Larsen, M. T. (1977) "Partnerships in the Old Assyrian Trade," *Iraq*, Vol. 39, No. 1, pp. 119-145.

Oppenheim, A. L. (1977) *Ancient Mesopotamia*, Chicago: University of Chicago Press.

Orlin, L. L. (1970) *Assyrian Colonies in Cappadocia*, Berlin: Mouton de Gruyter.

Veenhof, Klaas R. (1972) *Aspects of Old Assyrian Trade and its Terminology*, Leiden: E. J. Brill.

Veenhof, Klaas R. (2003) *The Old Assyrian List of Year Eponyms from Karum Kanish and Its Chronological Implications*, Ankara: TTK Yayınları.

Veenhof, Klaas R. and Jesper Eidem (2008) "Mesopotamia: The Old Assyrian Period," *Orbis Biblicus et Orientalis* (*OBO*), 160/5, Göttingen: Academic Press Fribourg/Vandenhoeck & Ruprecht.
小林登志子（2005）『シュメル―人類最古の文明―』中央公論新社。
中田一郎（2001）『原典訳 ハンムラビ「法典」』リトン。

> コラム

データで見るトルコ経済
―マクロ経済・国際貿易・経済政策―

エルハン・チャンカル

(1) 経済指標とマクロ経済の状況

トルコ経済は，近年非常に注目すべき発展を遂げている。様々な機関が他のいくつかの国々と比較して示したトルコの近年における発展予想数値は表1の通りであった。

2012年，トルコ経済は2.2%成長した。IMFの予想によると，2013年においては約3.8%の成長が期待されていたが，実際に2013年トルコ経済は，4.2%成長した。

海外市場の動向も，トルコ経済に大きく影響を与える。アメリカのFRBにおける金融政策の方針の不透明感や，諸地域の緊張に伴う金融リスクの増加は，トルコ経済の成長にマイナスの影響を与えた。しかしながら雇用や工業生産の増加は成長率の予測に良いイメージを作り出した。

世界の貿易は近年，かなりの拡大を見て取ることができる。2014年の世界海外貿易総額は，IMFの資料によると4.9%，WTOの資料によると4.5%の増加が予想されている（表2）。また，世界的なレベルにおける危機脱却プロセスにおいて，雇用に対する対策を重視したことは，雇用にプラスの影響を与えた。

トルコがここ10年来慎重に実施してきた財政政策は，マクロ経済の安定の土台となっている。特に，世界的危機が最も強く感じられた2009年以外は，公的会計バランスには恒常的な改善が見られた。2013年において，公的債務動向は，堅実な構造を守る続けることができた。慎重に行われた公的債務運営政策，財政引き締め，そしてマクロ経済的指標におけるプラスへの流れは，引き続き公的債務の減少を促し，債務における実質費用は低レベルで推移し，債務残高の支払期

表1 各国の経済成長予測 （単位：%）

	年	トルコ	欧州	米国	ベルギー	ロシア	インド	中国
IMF	2013	3.8	−0.4	1.6	2.5	1.5	3.8	7.6
	2014	3.5	1.0	2.6	2.5	3.0	5.1	7.3
OECD	2013	3.6	−0.4	1.7	2.5	1.5	3.0	7.7
	2014	3.8	1.0	2.9	2.2	2.3	4.7	8.2
世界銀行	2013	4.3	−0.6	2.0	2.9	2.3	5.7	7.7
	2014	3.5	0.9	2.8	4.0	3.5	6.5	8.0
国連	2013	3.4	−0.4	1.9	3.0	2.9	5.5	7.8
	2014	3.8	1.1	2.6	4.2	3.5	6.1	7.7

（資料）IMF，OECD，世界銀行，国連。

表 2　海外貿易の成長予想　　　　　　　　（単位：％）

		輸出		輸入		世界の貿易量
		先進国	新興市場	先進国	新興市場	
IMF	2013 年	2.7	3.5	1.5	5.0	2.9
	2014 年	4.7	5.8	4.0	5.9	4.9
WTO	2013 年	1.5	3.6	−0.1	5.8	2.5
	2014 年	2.8	6.3	3.2	6.2	4.5

（資料）IMF, OECD, UN, WTO。

表 3　2014 年〜2016 年のトルコの経済目標

	2012 年	2013 年	2014 年	2015 年	2016 年
GDP（名目，10 億ドル）	786	823	867	928	996
1 人当たり GDP（ドル）	10,497	10,818	11,277	11,927	12,670
実質 GDP の成長（％）	2.2	3.6	4.0	5.0	5.0
失業率（％）	9.2	9.5	9.4	9.2	8.9
観光収入（10 億ドル）	25.7	29.0	31.0	32.0	34.5
経常収支（10 億ドル）	−47.8	−58.8	−55.5	−55.0	−55.0
経常収支／GDP（％）	−6.1	−7.1	−6.4	−5.9	−5.5

（資料）トルコ開発省「中期プログラム 2014-2016」（2013 年 10 月 8 日）。

限は延長され，債務残高内における利子と外債の比率は減少した。

　中期プログラム（表3）の目的は経常赤字を段階的に減らし，世界的動向の不透明性からの影響を最小限に抑え，成長率を向上することにある。

　トルコ中央銀行は，近年来行ってきた物価安定政策に加え，マクロ金融リスクにも注目しながら金融政策を行い続け，適宜この金融政策を変更しながら金融引締めの方法も採った。2013 年下期より世界で，また国内において発生した諸事件により，金融市場において波動的な下落が生じた。さらにトルコでは，投資可能であるという信用各付を獲得したことから，また，頂点に達した市場が修正を行ったことから，この波動的動向に影響を与えた。金融業においては，資産内容や財源構成，潜在利益性，十分な純資産額によって，強固かつ健全なポジションを保持し続けることができた。

　ユーロ圏における失業率は，2013 年前期において 12％ という高い数値であった。製造業は一時減退し，その後安定的な発展傾向を掴まえることができた。日本においては，2013 年前期に，政府と中央銀行が経済を積極的に支援する政策に移行した。トルコ中央銀行は継続するインフレーションに対抗するため，緊急金融拡大政策を採用した。2012 年においてトルコ経済は 2.2％ 成長し，2013 年第 1〜3 四半期において，この数値は 3.0％，4.5％，4.4％ となっている。

　図1は年度別の成長率を示している。

　トルコは，金融危機の影響を迅速に払拭することができた。トルコは，世界経済の不透明感から受けた影響の最も少ない国の 1 つにあげられる。2002 年から 2012 年間における年間成長率の平均は 5.2％ と高くなっている。また，2012 年における実質国内総生産の成長率は 2.2％ である。

図1 年度別経済成長率（2002年～2012年）

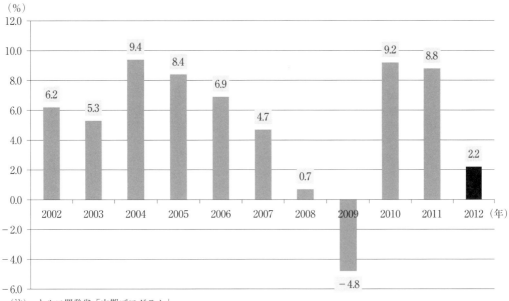

(注) トルコ開発省「中期プログラム」。
(資料) TURKSTAT。

図2 1人当たり国内総生産と1人当たり国民所得の伸び

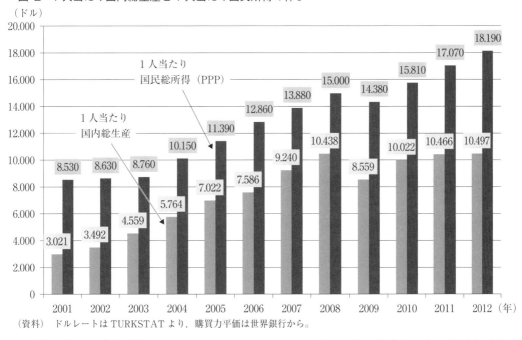

(資料) ドルレートはTURKSTATより，購買力平価は世界銀行から。

　1人あたりの国内総生産は3,492ドルから1万497ドルまで，約3倍向上した。購買力平価による1人あたりの国民総所得（PPP）は1万8,000ドルを超えた（図2）。
　2013年12月，生産能力利用度は76％に達した（図3）。ちなみに，工業生産指数も上昇傾向にある（図4）。工業生産指数は，2013年において前年比4.63％増加し，127.00（2010年＝100）

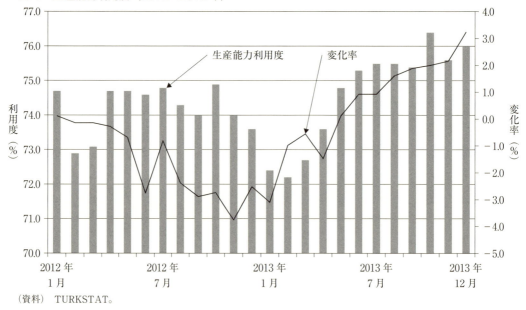

図 3　生産能力利用度（2012〜2013 年）

（資料）　TURKSTAT。

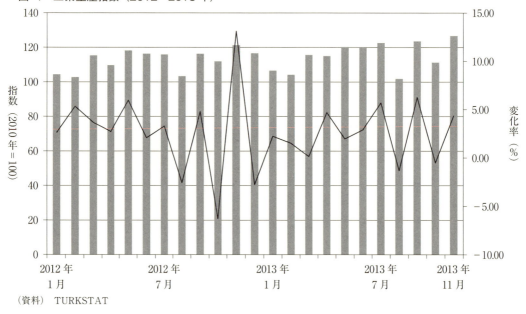

図 4　工業生産指数（2012〜2013 年）

（資料）　TURKSTAT

に到達した。

　消費者物価指数および生産者物価指数における 2013 年の年間インフレーション率は，それぞれ 7.40% および 6.97% と計算された（図 5）。

　前月比で，2013 年 12 月のトルコリラの価値は，消費者物価指数を基準とした実質実効為替レートによると 2.31% 下落し，生産者物価指数を基準とした場合は 1.39% の下落となった（図 6）。

図 5　インフレーション率の年間変化（2012〜2013 年）

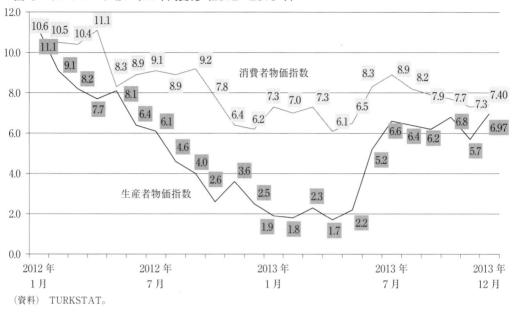

（資料）　TURKSTAT。

図 6　実質実効為替レートの年間変化（2012〜2013 年）

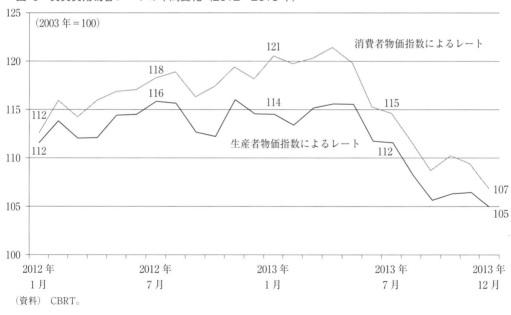

（資料）　CBRT。

　クレジット（特に消費者ローンなど）は，国内における需要の増加と並行して増加傾向にある。総信用残高は 2013 年の 11 月を基準とすると 1.97％ 増加した（図 7）。

　高い CDS 指数は高リスク度を示唆するものである。トルコの CDS 指数は中程度のリスク度を示している（図 8）。

　2013 年 11 月における銀行業の総資産は，2012 年の同月と比べ 23.7％ 増加し，1,653 兆トルコ

図 7　総信用残高と消費者信用残高

（資料）　BRSA。

図 8　CDS 指数（2014 年 1 月 13 日）

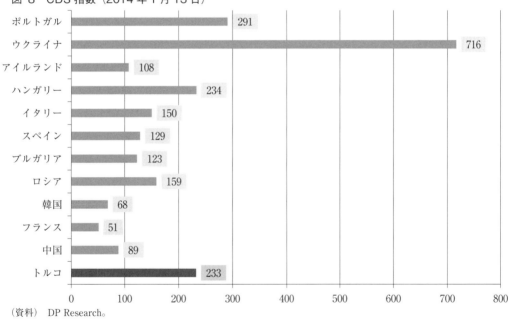

（資料）　DP Research。

リラまで増加した。トルコ銀行業における自己資本比率は，2013 年の 11 月において 15.6% である（表 4）。

　EU の定義に基づく一般政府財政赤字の対 GDP 比率は，トルコにおいて 2010 年度は 2.6% であり，トルコはマーストリヒト条約における 3% という条件を実現している。同時にトルコの数値は EU 諸国 22 カ国の平均（3.9%）を超えたものである（図 9）。2012 年のトルコにおける中央政府予算赤字対 GDP 率は，2.0% となっている。2013 年 1 月～11 月期において，中央政府予算の赤字は，2012 年における 133 億トルコリラに対して，12 億トルコリラとなっている。

　トルコの 2012 年における国債の対 GDP 比率は 36.2% である（図 10）。この比率は EU25 カ国

表 4　トルコの金融市場に関する諸指標

	2012 年 11 月	2013 年 11 月		2012 年 11 月	2013 年 11 月
銀行数	49	49	総資産（100 万トルコリラ）	1,335,794	1,653,621
国内支店数	10,929	11,842	総資本（100 万トルコリラ）	176,868	193,698
海外支店数	79	83	純損益（100 万トルコリラ）	21,786	23,269
国内雇用者数	200,541	212,855	（総）不良債権／現金比率（％）	2.97	2.77
			純損益／平均資本金比率（％）	14.60	13.36
			流動資産／総資産比率（％）	72.73	75.21
			自己資本比率（％）	17.39	15.6

（資料）　BRSA。

図 9　EU 定義による一般政府財政赤字の対国内総生産（GDP）比率

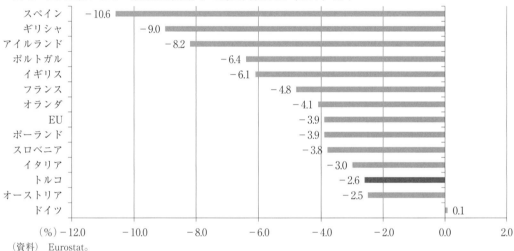

（資料）　Eurostat。

内においても低い水準となっており，また同時にマーストリヒト条約の条件である 60％ 以下の水準でもある。

　2013 年における失業率は 9.9％ であり，季節変動を除去した失業率は 10.2％ となっている（図 11）。2013 年 11 月には，季節変動を除去した失業率は，ヨーロッパ全域においては 12.1％，EU28 においては 10.9％ となっている。トルコは失業率において EU の 12 カ国より低い数値となっている。トルコは，ロシア，ドイツ，イギリス，フランスに続き，ヨーロッパ諸国で 5 番目に高い労働力をもつ国に位置している（世界銀行，2011 年）。

　トルコの人口は 7,560 万人であり，人口の半数は 30.1 歳以下である（年代別構成は図 12 参照）。人口増加率は，トルコにおいて 1.2％ であるが，EU 諸国では 0.3％ であり，ドイツでは 0.1％ となっている。

　トルコの国内市場動向を数字で挙げておくと以下のようになる。世帯における携帯電話保有率は 93.2％（2012 年），世帯におけるインターネット普及率は 47.2％（2012 年），組織におけるインターネット普及率は 92.5％（2012 年），世帯におけるデスクトップ型コンピュータ普及率は 31.8％（2012 年），世帯におけるノートブック型コンピュータ普及率は 27.1％（2012 年），世帯におけ

図10 各国の国債/GDP比率（2012年）

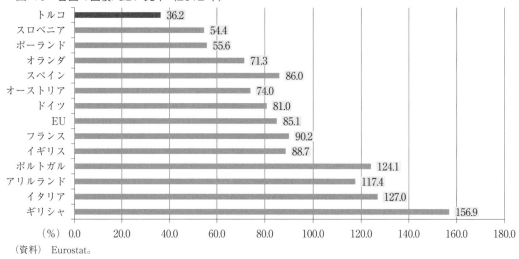

（資料）Eurostat。

図11 トルコの失業率（2012〜2013年）

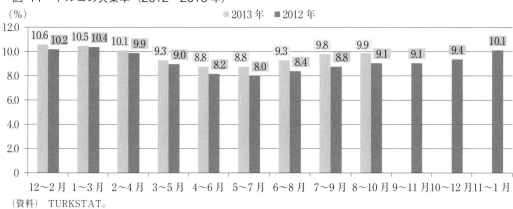

（資料）TURKSTAT。

図12 各国の人口の年代別構成

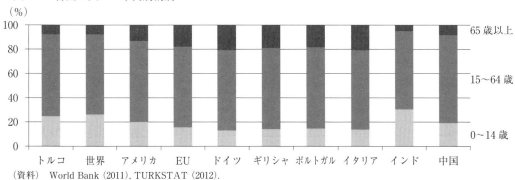

（資料）World Bank (2011), TURKSTAT (2012).

るデジタルカメラ普及率は27.1％（2012年），世帯におけるコンピュータ用プリンタ普及率は14.0％（2011年），5人に1人が自家用車保有（2011年）。

(2) 国際貿易の概況

国際貿易総額は年々増加傾向にあり，将来的な目標値も，トルコにおける国際貿易がさらに発展するであろうことを示している。輸出，輸入および貿易量を示す表5は，現実と想定値を確認するためにも非常に重要である。

2010年および2011年においては落ち込んだものの，2012年にはトルコが世界の貿易に占める割合は0.83％にまで上昇した（図13）。

2012年のGDPに対する国際貿易量の比率は49.5％である。2013年の1月～11月期と2012年の同時期を比較すると，輸出が0.8％落ち込み，輸入が5.4％増加したことがわかる（図14）。

2013年の11月と2012年の同月期を比較すると，輸出が3.6％増加して143億ドルに，輸入は2.2％増加して214億ドルに達したことがわかる（図15）。

表 5 トルコの物品貿易目標　　　　　　　　　　　　　　　　　　　（単位：10億ドル）

	2012年*	2013年**	2014年**	2015年**	2016年**	2023年**
輸出	152.5	153.5	166.5	184	202.5	500
輸入	236.5	251.5	262	282	305	625
貿易額	389	405	428.5	466	507.5	1,125
差引額	－84	－98	－95.5	－98	－102.5	－125
輸出対輸入（％）	64.5	61.0	63.5	65.2	66.4	80.0

（資料）　TURKSTAT。
（注）　＊は実績，＊＊は予想。トルコ開発省「中期プログラム 2014-2016」。

図 13　世界輸出量におけるトルコの割合

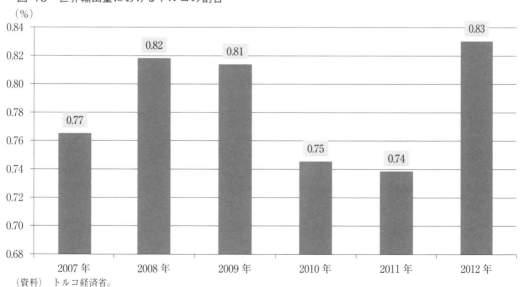

（資料）　トルコ経済省。

図 14 国際貿易額の対 GDP 比率

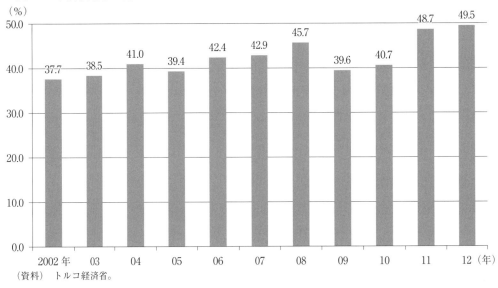

（資料）トルコ経済省。

図 15 輸出／輸入に関する月間データ

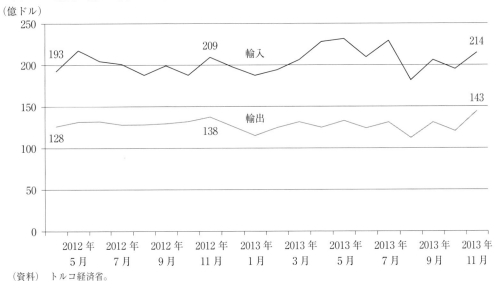

（資料）トルコ経済省。

　表 6 は財の種類別に見た輸出入の状況，表 7，8 はトルコの輸出入の主要な品目別の状況である。また，表 9 は，輸入の地域別比率に関するものである。

　図 16 は，主要な貿易取引相手国を輸出入別に示している。

　関税と貿易割当は，国際貿易に大きな影響を与える変数である。図 17 は，トルコにおける関税率と，他の国々の税率の比較を示している。

表 6 トルコの国際貿易の内訳 (単位:100万ドル, %)

	2011年	2012年	変化率	周期間（1月〜11月）2012	周期間（1月〜11月）2013	1月〜11月シェア	2012年→2013年変化率
輸入 計	134,907	152,462	13.0	139,855	138,708	123.3	−0.8
資本財	14,192	13,734	−3.2	12,441	14,129	12.6	13.6
中間財	67,942	82,656	21.7	76,413	68,655	61.0	−10.2
消費財	52,219	55,556	6.4	50,575	55,348	49.2	9.4
その他	555	516	−7.0	426	576	0.5	35.2
輸出 計	240,842	236,545	−1.8	216,715	228,508	121.8	5.4
資本財	37,271	33,925	−9.0	30,565	32,962	17.6	7.8
中間財	173,140	174,930	1.0	160,919	167,323	89.2	4.0
消費財	29,692	26,699	−10.1	24,318	27,603	14.7	13.5
その他	739	990	34.0	913	620	0.3	−32.1

表 7 トルコからの輸出主品目 (単位:100万ドル, %)

	輸出 2012	輸出 2013	輸入 2012	輸入 2013	差 2012	差 2013	変化率 2012/2013
乗り物（鉄道・路面電車を除く）・同部品・付属品	13,721	15,537	12,994	15,143	728	394	13.2
原子炉・関連機器	10,991	11,830	23,781	27,029	−12,790	−15,198	7.6
鉄鋼	10,471	9,078	18,145	16,887	−7,674	−7,809	−13.3
電気機器・同部品	8,542	8,643	14,906	16,112	−6,364	−7,469	1.2
アパレル製品・服飾付属品①	7,701	8,498	788	870	6,913	7,628	10.4
貴金属・宝石等	15,539	6,661	8,161	14,749	7,378	−8,087	−57.1
石油・石油製品	7,170	6,080	54,974	50,695	−47,805	−44,615	−15.2
鉄鋼製品	5,528	5,624	2,142	2,509	3,387	3,115	1.7
アパレル製品・服飾付属品②	4,958	5,264	1,406	1,729	3,552	3,536	6.2
プラスチック及びその製品	4,624	5,124	11,529	12,785	−6,906	−7,661	10.8
総 計	139,856	138,710	216,718	228,511	−76,861	−89,800	−0.8

（注）変化率は2013年の年間輸出変化を示している。アパレル製品・服飾付属品①はクローシェ／メリヤス編，②は非クローシェ／メリヤス編。

表 8 トルコの輸入主要品目 (単位:100万ドル, %)

	輸入 2012	輸入 2013	輸出 2012	輸出 2013	輸入−輸出 2012	輸入−輸出 2013	変化率 2012/2013
石油・石油製品	54,974	50,695	7,170	6,080	−47,805	−44,615	−7.8
原子炉・関連機器	23,781	27,029	10,991	11,830	−12,790	−15,198	13.7
鉄鋼	18,145	16,887	10,471	9,078	−7,674	−7,809	−6.9
電気機器・同部品	14,906	16,112	8,542	8,643	−6,364	−7,469	8.1
車両（鉄道等を除く）・同部品・付属品	12,994	15,143	13,721	15,537	728	394	16.5
貴金属・宝石等	8,161	14,749	15,539	6,661	7,378	−8,087	80.7
プラスチック及びその製品	11,529	12,785	4,624	5,124	−6,906	−7,661	10.9
有機化学品	4,667	4,869	597	523	−4,070	−4,346	4.3
光学・医療機器等とその部品等	3,652	4,101	499	597	−3,153	−3,504	12.3
医薬品	3,606	3,783	578	662	−3,028	−3,120	4.9
総 計	216,718	228,511	139,856	138,710	−76,861	−89,800	5.4

＊ 変化率は2013年の年間輸入変化を示している。
（資料）表6〜8ともTURKSTAT。

図 16　主要貿易取引相手国（2013 年 1 月～11 月）

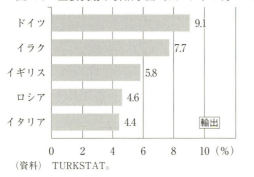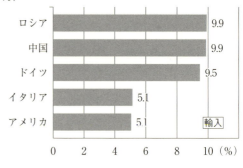

（資料）　TURKSTAT。

表 9　地域別輸入データ　　　　　　　　　　　　　　　　　　　　　　　　　　　　（単位：100 万ドル，％）

	11 月					1 月～11 月				
	2012	比率	2013	比率	変化率	2012	比率	2013	比率	変化率
A-EU（28）	8,171	39.0	8,135	38.0	−0.4	79,991	36.9	83,721	36.6	4.7
B-トルコの FZ	97	0.5	109	0.5	13.0	957	0.4	1,149	0.5	20.1
C-外国	12,680	60.5	13,159	61.5	3.8	135,770	62.6	143,640	62.9	5.8
1-他の欧州	2,980	14.2	3,507	16.4	17.7	34,058	15.7	37,345	16.3	9.7
2-アフリカ	557	2.7	498	2.3	−10.6	5,467	2.5	5,515	2.4	0.9
北アフリカ	336	1.6	281	1.3	−16.4	3,042	1.4	3,256	1.4	7.0
その他のアフリカ	221	1.1	217	1.0	−1.8	2,425	1.1	2,259	1.0	−6.8
3-アメリカ	1,555	7.4	1,417	6.6	−8.9	18,787	8.7	17,425	7.6	−7.2
北米	1,041	5.0	941	4.4	−9.6	14,094	6.5	12,767	5.6	−9.4
中米	121	0.6	137	0.6	13.2	964	0.4	1,270	0.6	31.8
南米	392	1.9	338	1.6	−13.8	3,729	1.7	3,389	1.5	−9.1
4-アジア	6,235	29.8	6,623	30.9	6.2	65,436	30.2	70,166	30.7	7.2
中近東	1,608	7.7	1,805	8.4	12.2	19,948	9.2	20,420	8.9	2.4
その他アジア	4,627	22.1	4,818	22.5	4.1	45,489	21.0	49,746	21.8	9.4
5-オーストラリアと 　　ニュージーランド	32	0.2	23	0.1	−27.0	806	0.4	1,106	0.5	37.2
6-その他の国・地域	1,320	6.3	1,091	5.1	−17.4	11,216	5.2	12,083	5.3	7.7
計	20,948	100	21,403	100	2.2	216,718	100	228,511	100	5.4

（資料）　TURKSTAT。

図 17　関税率（％）の比較

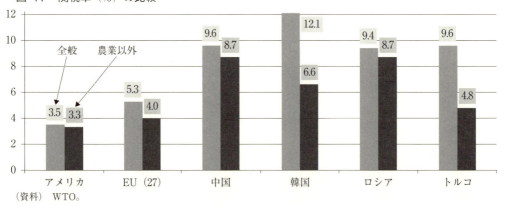

（資料）　WTO。

(3) サービス業

観光業——旅行者の増加に伴い，サービス業の質の向上を促す構造を作り上げ，マーケティング手段を多様化し，高収入層グループをターゲットとし，天然資源と持続可能性，そしてトルコに競争優位がある観光業種を堅持すること。

建設業，建築業，技術支援および請負サービス業——環境に十分配慮し，高付加価値であり，外貨獲得率が高く，高就業率をもたらし，高いサービス品質を犠牲にすることなく，質の高い人材と物的資源を利用し，最新テクノロジーと国際ルールに適応した，トルコの経済的かつ社会的需要に適した構造をつくり上げること。

図18 トルコの世界サービス業における輸出割合

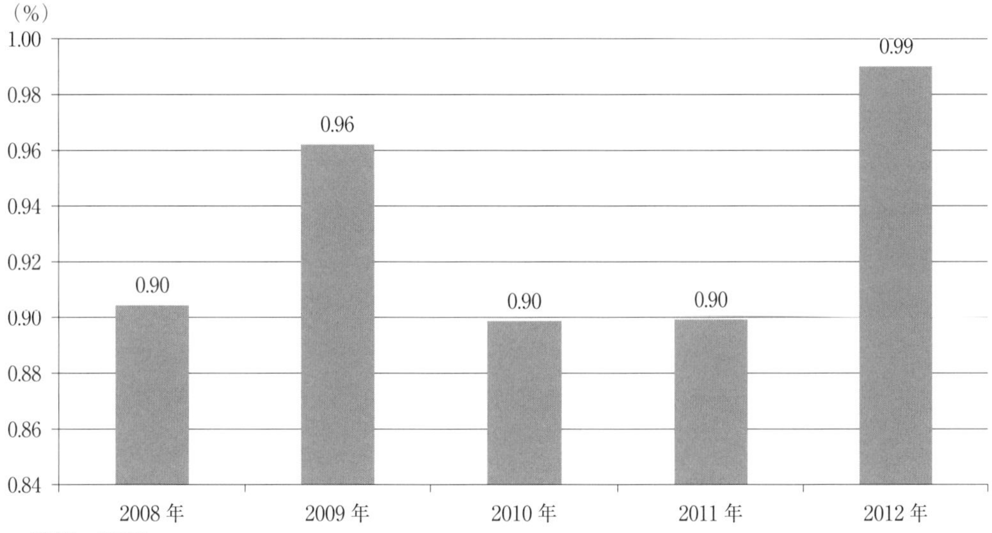

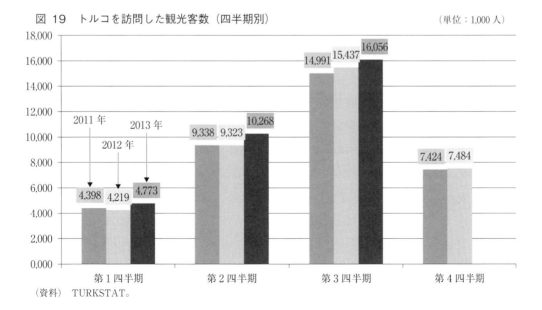

（資料）WTO。

図19 トルコを訪問した観光客数（四半期別）　　　（単位：1,000人）

（資料）TURKSTAT。

表 10 海外投資家の産業部門別分布

(単位:100万ドル)

	2012年	2013年
農業	41	36
工業	4,783	2,718
鉄鋼業	193	218
製造業	3,810	1,266
電気,ガス生産及び分配	780	1,232
サービス業	3,967	4,655
計	8,791	7,409

(資料) トルコ中央銀行国際収支統計。

商業サービス業——競争力があり収益性の高い商業活動を伸ばし,技術開発とイノベーションを常に援助すること。

2012年にトルコが世界のサービス業輸出に占める割合は0.99%である(図18)。図19は2012～2013年の観光業に関するデータである。

トルコは人気のある観光地として世界第6位に位置し,ヨーロッパ内では第4位に位置している。2012年においてトルコの観光客1人あたりの支出は2011年に比べ2.6%増加した。

ロジスティクスについて分析すると,トルコの主な利点として以下のようなものを挙げることができる。① ヨーロッパ最大のトラック輸送体制,② トラック4万5,000台および関連会社1,420社,③ 2012年に約110万飛行便数,④ 総輸送量240万トンおよび総客員1億3,000万人,⑤ 世界第25位の規模を持つ旅客機網,⑥ 48空港及び76港,⑦ 分離帯を持つ幹線道路の総延長距離1万5,000km,⑧ 高速鉄道プロジェクトの推進。

(4) 投資,外国資本および支援

海外の投資家にとってトルコが投資可能であるとする主な10項目を挙げてみよう。

① 強い経済的パフォーマンス,② 若く活動的な人口,③ 質の高い競争力のある労働力,④ 自由かつ創造的な投資環境,⑤ 基盤,⑥ 中心的な位置,⑦ エネルギーの欧州への回廊・中継地,⑧ 低い税率と整った支援制度,⑨ EUとの関税同盟及び開かれた経済,⑩ 国内市場の大きさ。

海外投資家がトルコで商活動を始めるにあたって必要とされる期間が最短になるように努力している。この点に関して,図20で他の国と比較しうる。トルコは海外の投資家が事業を開始するために必要とされる期間を最小限に抑えることに成功したことが,このデータからわかる。

図21によって,熟練労働力から見て評価すると,トルコが一部欧州諸国よりも発展していることが理解できる。

海外投資家はどの産業分野に進出しているか。その割合は表10によって見ることができる。これによると,サービス業に最も活発に投資されていること,それに製造業分野,そしてエネル

図 20 商活動を開始するために必要とされる時間

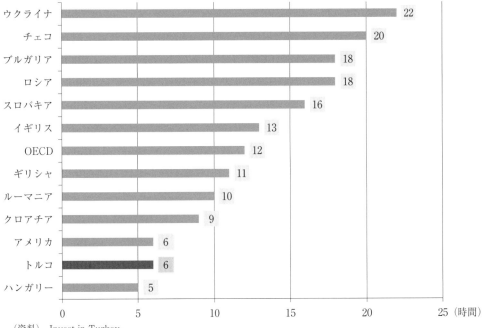

（資料）　Invest in Turkey.

図 21 熟練労働力の状況

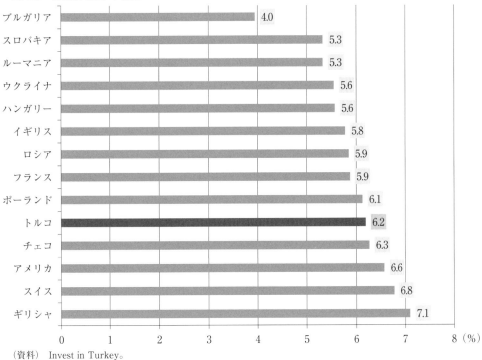

（資料）　Invest in Turkey.

ギー業界が続いていることがわかる。

トルコにおいて現在施行されている投資促進システムは，以下の4つのサブシステムによって構築されている。

① 一般投資促進システム，② 地域投資促進システム，③ 大規模プロジェクト投資促進システム，④ 戦略的投資システム。

(5) トルコにおける経済特区

経済特区の利用者にとって，利点は以下のとおりである。

① 生産者にとって税的利点，② 中・長期投資展望，③ 利益の流動性における適合性，④ 商業設備，⑤ 関税の免除，⑥ EUとの関税同盟枠内における物品の自由流通に関する許可書類の取得可能，⑦ 平等原理，⑧ 時間的制限の撤廃，⑨ 市場における需要と条件に対する適応柔軟性，⑩ 信頼度の高いインフレーション計算，⑪ 国内外市場への高いアクセス性，⑫ 公的手続きの軽減と動的経営，⑬ 戦略的利点，⑭ 経済的で適合性のある基盤，⑮ サプライチェーンの機会。

図22の地図は，トルコにおいて現在開設されている経済特区である。

2012年において，トルコの経済特区では5万5,938人が就業している。また同年，経済特区の総取引量は，前年比1.8%増加し231億ドル近くに達した（表11）。

(6) トルコの二国間・地域間及び多国間商業

トルコは，欧州，アジア，ユーラシア，中東，北アフリカ，サブサハラ・アフリカ，アメリカ諸国などと商業的な関係をもっている。またこれに加え，EU，経済協力機構（ECO），D8（イスラム途上国グループ），イスラム協力機構（İKÖ），経済商業協力委員会（İSEDAK）加盟諸国と地域的かつ多面的な商業的関係を持ち，かつ，世界貿易機関，OECD，そしてG20諸国とも多面的な商業関係をもっている。

2013年1月～11月期においてトルコはEFTA諸国に対する輸出が通年で33.7%減少している。同時期のトルコ系諸国への年間輸出量は18.4%増であり，これらトルコ系諸国は表13の中で最も早く拡大した輸出地域である。

トルコとEUの関係発展史は以下のような経過をたどっている。

  1963年9月2日 アンカラ協定
  1970年11月23日 追加プロトコールの調印
  1973年1月1日 追加プロトコールの発効
  1987年4月14日 正式な加盟申請
  1995年3月6日 関税同盟設立のための共同委員会決議
  1999年12月10～11日 ヘルシンキ欧州理事会にて加盟候補国承認
  2001年3月8日 EUによる初のトルコ加盟準備協定書を発行

図 22 トルコの経済特区

（資料）　トルコ経済省フリーゾーン局。

表 11　経済特区の取引額の推移　　　　　（単位：100万ドル）

	2008年	2009年	2010年	2011年	2012年
国内市場から経済特区へ	3,195	2,177	2,295	2,668	2,971
経済特区から国外へ	5,874	4,914	4,361	6,924	7,070
国外から経済特区へ	8,248	5,493	6,626	7,253	7,258
経済特区から国内市場へ	7,262	5,174	5,291	5,801	5,754
経済特区の総取引額	24,578	17,757	18,572	22,646	23,053

（資料）　トルコ経済省フリーゾーン局。

表 12　各経済特区（FZ）の特徴

イスタンブル・アタチュルク空港 FZ	サービス業とソフトウェア
アンタルヤ FZ	ヨット建造・医療機器
コザエリ FZ	造船
アヴルパ FZ	既製服
メルシン FZ	既製服
ブルサ FZ	自動車部品
イズミール FZ	皮革
トゥブタク・マム FZ	R&D 業務
アダナ・ユムルタリク FZ	船舶修繕・保守

（資料）　トルコ経済省フリーゾーン局。

2004 年 12 月 17 日　　ブリュッセル欧州理事会にて加盟交渉開始を決定

2005 年 10 月 3 日　　トルコと EU 間の交渉開始

2005 年 10 月 20 日　　審査手続きの開始

2006 年 10 月 13 日　　審査手続きの終了

EU 加盟プロセスにおいて議論された項目と活動項目は表 14 のとおりである。

表 15 は EU との調整プロセスにおいて検討された項目である。

図 23 で，トルコと EU 加盟国の間の貿易関係に関するデータを示す。

表 13　輸出の地域的分布　　　　　　　　　　　　　　　　　　　　　　　　（単位：100万ドル，％）

	2011年	2012年	変化率	シェア(2012)	2012年*	2013年*	変化率	シェア(2013年*)
CIS	13,377	15,075	12.7	9.9	13,861	15,533	12.1	11.2
EFTA	1,887	2,601	37.8	1.7	2,346	1,555	−33.7	1.1
経済協力機構	9,292	16,563	78.3	10.9	15,763	10,976	−30.4	7.9
イスラム会議機構	37,325	55,218	47.9	36.2	50,929	44,957	−11.7	32.4
黒海経済協力	17,768	18,791	5.8	12.3	17,317	18,690	7.9	13.5
FTA諸国**	13,602	14,576	7.2	9.6	13,896	13,516	−2.7	9.7
OECD	67,114	66,290	−1.2	43.5	60,634	62,834	3.6	45.3
トルコ系諸国	5,040	5,841	15.9	3.8	5,350	6,335	18.4	4.6
統計	134,907	152,462	13.0	100.0	139,856	138,710	−0.8	100.0

（資料）　TURKSTAT。
（注）　*1月～11月，**レバノンとコソヴォを除く。

表 14　EU 加盟交渉の現状

暫定的に停止	科学と研究（2006年7月12日）
交渉中	自由な資本の移動（2008年12月18日） 企業法（2008年6月12日） 知的・芸術的財産法（2008年6月12日） 情報社会とメディア（2008年12月18日） 食品安全，農作物と酪農保健（2010年6月30日） 課税（2009年6月30日） 統計（2007年6月26日） 経営及び工業政策（2007年2月28日） トランス欧州網（2007年12月19日） 環境（2009年12月21日） 健康対策（2007年12月19日） 金融管理（2007年7月26日） 地域政策と構造機関の連携
トルコが委員会に提出した譲歩項目	経済と金融政策 教育及び文化

（資料）　トルコ経済省。

　FTA関係は以下のとおりである。

　FTA調印国　　EFTA（ノルウェー，スイス，アイスランド，リヒテンシュタイン），イスラエル，マケドニア，ボスニア・ヘルツェゴヴィナ，パレスチナ，チュニジア，モロッコ，シリア**，エジプト，アルバニア，ジョージア，カラダー，セルビア，チリ，ヨルダン，韓国，モーリシャス，レバノン*，コソヴォ*（*：承認段階にあるもの，**：待機中のもの）。

　FTA諸国（交渉中のもの）　　ウクライナ，コロンビア，エクアドル，マレーシア，モルドヴァ，コンゴ，ガーナ，カメルーン，セイシェル，湾岸協力会議国，リビア，南米共同市場，フェロー諸島。

　FTA調印国との輸出入実績（表13）　　FTA調印国への輸出は2012年に7.2％増加した。FTA諸国への輸出は，総輸出量の9.6％となっている。トルコは2012年にこれらFTA調印国

表 15 EU との調整プロセスで検討された内容

欧州委員会で承認された審査報告書	物品の自由流通 サービス提供の自由 公的手続き 競争政策 金融サービス 農村開発 社会政策と雇用 関税同盟
欧州委員会で承認された準備審査報告書	労働力の自由流通 漁　業 交通政策 エネルギー 基本人権と自由 裁判，自由及び安全保障 外　交 安全保障と防衛政策 財政と予算

（資料）　トルコ経済省。

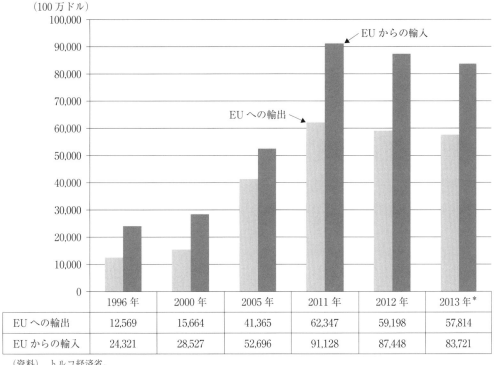

図 23　EU－トルコ間の貿易

（100万ドル）

	1996 年	2000 年	2005 年	2011 年	2012 年	2013 年*
EU への輸出	12,569	15,664	41,365	62,347	59,198	57,814
EU からの輸入	24,321	28,527	52,696	91,128	87,448	83,721

（資料）　トルコ経済省。

との間で 39 億ドルの貿易差額があり，15 億ドルの貿易赤字が記録されている。

　トルコの外国貿易関係機関を見ると，省庁に属する 181 の貿易関係部局が 105 の国の 154 地域にあり，8 つの事務所が業務に携わっている。

将来への方向性と潜在的プロジェクトとしては，次のような課題がある。輸出重視の生産戦略と利益獲得戦略。市場アクセス戦略。投資環境の改善。経済協定の調印。新世代の経済特区の開設。国外におけるサービス業とトルコ資本の国際投資。市場の監視と管理。国外において活動する組織の強化。

参考文献

BDDK（銀行調整監視機構）（2013）『トルコ銀行業インタラクティブ月報』2013年7月号。http://ebulten.bddk.org.tr/AylıkBulten/Basit.aspx

BDDK（銀行調整監視機構）（2013）『トルコ銀行業総鑑』2013年6月。

Eurostat Statistics Database. http://epp.eurostat.ec.europe.eu/portal/page/portal/statistics/search_database

IMF（International Monetary Fund）（2013）*World Economic Outlook Database*, October 2013. http://www.imf.org/external/pubs/ft/weo/2013/02/weodata/index.aspx

OECD（Organisation for Economic Co-operation and Development）（2013）*OECD Employment Outlook*, July 2013.

TCMB（トルコ中央銀行）（2013）『金融動向報告書』2013年5月。

TCMB（トルコ中央銀行）（2013）『市場指標』。

TÜİK（トルコ統計局）（2013）*İşgücü İstatistikleri*.

トルコ共和国財務庁，公的金融統計，対外債務統計。

トルコ共和国開発省，年次プログラム。

第3章

トルコの農業
―― 自然・資源から食品産業まで ――

ユスフ・エルソイ・ユルドゥルム

第1節　トルコの農業環境

　トルコは，その地理的位置から非常に特徴のある国である。陸部の国境線の長さは2,949 kmであり，海岸線の長さは7,816 kmとなっており，トルコの国境線の全長は1万765 kmもある。西はギリシアとブルガリア，東はグルジア，アルメニア，アゼルバイジャン／ナヒチェヴァン，イラン，南はイラクとシリアの国々と陸において国境を接している。2014年末の総人口は7,769万5,904人である。人口密度は1 km^2 あたり100人となっている。

　トルコの平均標高はかなり高く1,132 mとなっている。この高さはアジアの平均標高である1,050 mよりも高く，ヨーロッパの平均標高である330 mの3.5倍にもなる。標高は国土の西から東に向かって高くなる。首都アンカラの標高は，ウルス地点で875 mである。

　トルコの総面積は78万3,577 km^2 すなわち7,800万ヘクタールである。ダムや自然湖を除いた数値は76万9,600 km^2 となる。この国土の半分以上は山岳地帯である。これ以外は平野，台地，丘陵，なだらかな丘などからなる。19万km^2 は，沖積層に覆われた様々な高度の平地からなっている。台地は8万km^2 あり，平野と台地の総面積は27万km^2 であり，これはトルコの総面積の約3分の1ほどである。比較的利用が可能といえる10万km^2 の緩やかな丘陵地帯をも含めると，トルコは山岳地帯以外の37万km^2 が平地である。この内，農業に適した土地面積は28万km^2，すなわち280万ヘクタールである。

(1) 河川と湖沼

　トルコには，山岳地帯に存在する小さな湖も含め120以上の自然湖が存在する。最大かつ最深の湖は標高1,646 mにあるヴァン湖であり，湖面面積は3,712 km^2 である。第二の大きさを持つ湖は，内陸アナトリア地方にあるトゥズ湖である。深度をあまり持たないトゥズ湖は，標高925 mの地点にあり，総面積は1,500 km^2 である。自然湖以外に，トルコには706のダム湖が存在す

る。このうち一番広い面積を持つものはアタテュルク・ダムであり，面積は 817 km² である。

(2) 気　候

トルコにはステップ気候の特徴が見られる。しかしながら三方が海に囲まれていること，標高の高い山脈が海岸線に沿って伸びていること，標高差に急激な変化があること，そして海岸線への距離によって，季候がほんの短距離内の地点で変化する理由となっている。暑さ，降雨量，そして風などが，季候の特徴に伴って変化してくる。北部と南部の緯度の違いは6度もあり，気温の違いの重要な要因となる。このため，南部地方では，亜熱帯気候に似た地中海性気候の影響下にある。地中海性気候は夏期に乾燥して非常に暑く，冬は降雨があり暖い。北部の地方では，すべての季節に降雨がある黒海特有の気候となる。内陸部はステップ気候の特徴を持ち，山脈に囲まれていることから，降雨量は少ない。年間および昼夜間の気温差は大きい。内陸，及び東部アナトリア地方の冬は長くそして寒いが，沿岸部では短く暖かい。

トルコの，特に山岳地帯を持つ沿岸部では，降雨量が多い（1,000～2,500 mm/年）。沿岸部から内陸部に入るにつれ，降雨量は少なくなる。マルマラ地方とエーゲ海地方，東部アナトリア地方の高原地帯，山岳部において年間降雨量は 500～1,000 mm/年である。内陸アナトリア地方の多くの地域や，南東部アナトリア地方の降雨量は 300～500 mm/年である。トゥズ湖周辺はトルコでも最も降雨量が少ない場所である（250～300 mm/年）。

トルコは地理的原因から，四季がはっきりと認識できる国である。また，標高が海面より 5,000 m までの高さまで分布していることから，同一時期による天候条件も，地方によって異なってくることになる。

(3) 土壌資源

トルコの土壌資源に関するデータは表1に示されている通りである。既に述べたが，トルコの面積は約 7,835 万ヘクタールであり，この面積の約3分の1である 2,800 万ヘクタールで農業が行われている。ある研究によると，現在利用可能な水源および，技術的かつ実利的に灌漑可能な面積は 850 万ヘクタールと試算されている。2014 年末において，トルコの灌漑面積は約 600 万ヘクタールとなっている。

(4) 水資源

トルコの水資源に関するデータを表2に示す。この表で明らかになる点は，トルコの年間降雨量は約 643 mm であり，この量は，年間平均 5,010 億 m³ となる。この水量の約 2,740 億 m³ は，土壌，水面，及び植物からの蒸発によって大気に還元し，690 億 m³ 分は地下水となり，1,580 億 m³ は，流水となり，様々な大きさの河川となって海や閉鎖集水域である湖に流れ込む。地下水となる 690 億 m³ の水量のうち 280 億 m³ は，水源として再び表流水として流出する。また，近

表 1 トルコの土壌資源

農地面積	2,805 万ヘクタール
灌漑可能面積	2,575 万ヘクタール
乾燥農地	1,725 万ヘクタール
灌漑面積目標	850 万ヘクタール
灌漑地	590 万ヘクタール

（資料）国家水利庁（DSi）（2004）『50周年記念論集』。

表 2 トルコの水資源量

年間平均降雨量	643 mm/年
年間総降雨量	5,010 億 m^3
蒸発散量	2,740 億 m^3
地下涵養量	410 億 m^3
表流水	
年間表流量	1,860 億 m^3
利用可能表流水	980 億 m^3
地下水	
年間湧出水量	140 億 m^3
利用可能な総水量（正味）	1,120 億 m^3
開発状況	
トルコ水資源局の灌漑利用量	320 億 m^3
飲料水利用量	70 億 m^3
工業利用量	50 億 m^3
総利用量	440 億 m^3

（資料）表1と同じ。

隣国からこの国には，年間平均約70億 m^3 の水が流入する。従って，トルコにおいては総量として1,930億 m^3 の地上水量があると言える。

地下水として貯えられる410億 m^3 をも加算した場合，トルコの再利用可能な水資源は2,340億 m^3 と試算することができる。しかしながら，現在の技術的かつ実利的条件を踏まえると，様々な目的に消費可能な年間表流水量は国内の河川の950億 m^3，近隣国からこの国に流れこむ30億 m^3，合計年間980億 m^3 である。140億 m^3 と確認されている地下水を加算した場合，トルコの利用可能漂流水および地下水は，平均で計1,120億 m^3 であり，そのうち440億 m^3 が利用されている。

トルコ統計局は，2030年のトルコ総人口を1億人と予想している。この場合，2030年に1人が利用できる水の量は約1,120立方メートル／年となる。現状の成長速度や水資源利用における慣習の変化など様々な要因の影響を考慮に入れると，水資源に関して発生すると思われる障害を予測することが可能である。また，これらすべての予測は，現在利用可能な資源が20年後も全く破壊されることなく相続されるという仮定においてのみ現実的なものとなる。したがってトルコは，未来の世代に健康的かつ充分な水資源を遺すために，資源を保全し，節度のある利用が必要となるのである。

第2節　トルコの農業

(1) トルコ農業の特徴

食品産業や農業に適した地理的環境と気候とを有していることから，トルコはこの分野において世界的にも発展している国であると言える。トルコにおいて年々拡大している食品産業と農業は，この国の粗付加価値額（GVA）の約9%を占める一方，国民の総労働力の25%に職業を提

表 3 　農地及び森林地面積の変化（1988～2014 年）　　　　　　　　　　　　　　　　（単位：1,000ha）

年	農地	耕作地及び多年草地	耕作農地	穀物及びその他の農作物地		菜園	観葉植物[6]	多年性植物	恒久的農地				
				耕作地	休耕地				その他の果物，飲料用，香辛料植物	葡萄園	オリーブ樹木	牧草,放牧地[1]	森林[2]
1988	41,940	27,763	24,786	18,995	5,179	612	―	2,977	1,531	590	856	14,177	20,199
1989	42,074	27,897	24,880	19,036	5,234	610	―	3,017	1,563	597	857	14,177	20,199
1990	42,033	27,856	24,827	18,868	5,324	635	―	3,029	1,583	580	866	14,177	20,199
1991	40,032	27,654	24,631	18,776	5,203	652	―	3,023	1,560	586	877	12,378	20,199
1992	39,953	27,575	24,563	18,811	5,089	663	―	3,012	1,565	576	871	12,378	20,199
1993	39,913	27,535	24,481	18,940	4,887	654	―	3,054	1,615	567	872	12,378	20,199
1994	40,049	27,671	24,605	18,641	5,255	709	―	3,066	1,618	567	881	12,378	20,199
1995[3] [4]	39,212	26,834	24,314	18,252	5,124	938	―	2,520	1,399	565	556	12,378	20,199
1996	39,364	26,986	24,457	18,469	5,094	894	―	2,529	1,401	560	568	12,378	20,199
1997	39,241	26,863	24,239	18,431	4,917	891	―	2,624	1,422	545	658	12,378	20,703
1998	39,344	26,966	24,362	18,561	4,902	899	―	2,604	1,463	541	600	12,378	20,703
1999	39,179	26,801	24,213	18,260	5,039	914	―	2,588	1,458	535	595	12,378	20,703
2000	38,757	26,379	23,768	18,038	4,826	904	―	2,611	1,476	535	600	12,378	20,703
2001	40,967	26,350	23,740	17,917	4,914	909	―	2,610	1,485	525	600	14,617	20,703
2002	41,196	26,579	23,905	17,935	5,040	930	―	2,674	1,524	530	620	14,617	20,703
2003	40,644	26,027	23,310	17,408	4,991	911	―	2,717	1,562	530	625	14,617	20,703
2004	41,210	26,593	23,813	17,962	4,956	895	―	2,780	1,616	520	644	14,617	21,189
2005	41,223	26,606	23,775	18,005	4,876	894	―	2,831	1,653	516	662	14,617	21,189
2006	40,493	25,876	22,981	17,440	4,691	850	―	2,895	1,670	514	712	14,617	21,189
2007	39,505	24,888	21,979	16,945	4,219	815	―	2,909	1,671	485	753	14,617	21,189
2008	39,122	24,505	21,555	16,460	4,259	836	―	2,950	1,693	483	774	14,617	21,189
2009	38,911	24,294	21,351	16,217	4,323	811	―	2,943	1,686	479	778	14,617	21,390
2010	39,012	24,395	21,384	16,333	4,249	802	―	3,011	1,749	478	784	14,617	21,537
2011[5]	38,231	23,614	20,523	15,692	4,017	810	4	3,091	1,820	473	798	14,617	21,537
2012	38,399	23,782	20,581	15,463	4,286	827	5	3,201	1,925	462	814	14,617	21,678
2013	38,423	23,806	20,573	15,613	4,148	808	5	3,232	1,937	469	826	14,617	21,678
2014*	38,560	23,943	20,705	15,789	4,108	804	5	3,238	1,945	467	826	14,617	21,678

（注） 1) データは 1980，1991 および 2001 年度の一般農業調査によるものである。
　　　 2) 11% 以上の樹冠率を持つ通常森林地帯と樹冠率 10% 以下の未立木地を含む。データは森林水源管理省による。
　　　 3) 1995 年以降は果物とオリーブに庇われた面積のみが提示されており，混交する樹木面積は含まれていない。
　　　 4) 1995 年以降，欧州共同体生産物分類（CPA 2002）に基づいて分類してある。
　　　 5) 2011 年以降，複数種の耕作は含まれていない。
　　　 6) データは 2011 年以降集計され始めた。
　　　 ＊　暫定データである。

供している。この業界が健固である理由として，この国の若年層市場の規模や活発な資本の動き，好調な経済，潤沢な観光収入や気候の適合性などを挙げることができる。トルコの 7,600 万人の人口の収入レベルは上昇傾向にある。この状況は，トルコをこの地域において最大の市場とするとともに，若年世代の刻々と変化する消費習慣も，国内消費を増加させている。

　トルコにおける経済成長とともに，農業も非常に大きく成長した。農業は経済において最も重要な分野であり，サービス産業に次ぐ最も大きな就労を提供する業界である。2012 年において 620 億ドルの GDP を有するトルコは，農業生産においてヨーロッパで 1 番，世界で 7 番目に位置する。また，2013 年には農業の GDP は 1,159 億トルコリラに達し，総 GDP の 7.4% を占めた。2012 年と 2011 年のこの割合は，それぞれ 7.9% と 8% というレベルであった。トルコの農作物輸出量は 2013 年末において 1,774 億ドルにまで達しており（総農業生産額の 35%），輸出入比率

は農業において 104.9% となった。2011 年，2012 年，2013 年の農業生産はそれぞれ前年比 11.7％，7.8％，3.8％の割合で成長した。トルコは 186 カ国に 1,536 品目の農産物を輸出している。

　トルコにおいて，農業地（すなわち，耕作可能な農地と放牧地，牧草地の合計）が限界に達しているとの評価が度々なされる。土地の利用に関する統計も，この評価を裏付けている。2000 年に耕作実行農業地域 2,640 万ヘクタールを含む農地は合計 3,880 万ヘクタールであったが，2008 年にはこの数値はそれぞれ 2,450 万ヘクタール，3,910 万ヘクタールとなった。換言すれば，農地全体は 2000 年から 2008 年の間に 0.9％ 増加したにもかかわらず，農業地域は 7.2％ 減少したこととなる。これによると，期間の初めと終わりの間において，農業地域の減少は期間内の年間変動以外に大きな変化がなく，農業生産を目的とする土地は 2,500 万ヘクタールから 2,600 万ヘクタール程度であり，ここ 10 年間において大きく変化しなかったと言うことができる。2005 年以降確認される減少傾向は，1 つの事実としてみることが可能であるが，この期間における年間変動率の減少は，むしろ農地の減少を遅らせたことを示している。他方，同時期における干ばつ，洪水，国内外市場の連鎖的変動などの自然発生的条件や農業以外の産業や市場の要因による農地の減少への影響は非常に重要である。2009 年において農業生産が増加するであろうという期待とともに，否定的な影響が無くなったことは，農業地域が 2007 年以前のデータ値に近づき，さらに数年内にその数値を超えることを示している。

(2)　トルコの農業に影響を与える諸要因

　山岳地帯や隆起のある国土の環境は，農作地の分散化および小規模化をまねいた。このため小規模経営による農業活動が非常に多く見られる。農地から得られる収穫量増加のため，農耕地を休ませること（nadas という）が必要となる。

　トルコの農業に影響を与える要因は以下のとおりである。

① 　土壌の保全と改良：土壌を耕し，空気を吸わせ，石などを取り除き，湿地土壌を乾かし，野草を除去する作業。
② 　灌漑：農作業を可能とするためには土壌が水分を含んでいる必要がある。干ばつが見られる地域においても灌漑によって農作業は可能である。灌漑が行われた農地における生産量は年によって大きな変動は見られない。農作物の種類は増加する。
③ 　堆肥：土壌におけるミネラルバランスを守り，土壌を豊かにするために堆肥を施肥する。施肥が行われない土壌は休ませる。
④ 　種子改良：高い収穫をもたらす種子の利用は収穫量を増加させる。
⑤ 　機械化：農作業を短期間で終了することは，農地のより有益な利用につながる。
⑥ 　マーケティング：農作物生産者の作物の価値を高め，損害を防ぐために，国家はいくつかの種類の農作物に最低価格を設定し，支援的買付を行う。また農作物の備蓄のためにサイロやハンガー，倉庫などを建設する。

⑦　農業組織：農業調査研究所，国立生産農場，農業銀行，農産物公社（TMO），トルコ農業会議所など，それぞれトルコの様々な地域において農業制度や特徴を調査し，生産者と消費者を守り，農家に資金や苗木などを斡旋するなどの目的をもって設立された組織である。

トルコにおける食品業界は，大規模小売店舗によって提供される選択肢の多さからさらに需要の増加を示す消費者によって，近年着実な拡大を遂げている。利用可能な実質収入の増加は，消費傾向の変化や女性正規雇用者の増加，インスタント食品や冷凍食品などパッケージされた加工食品に対する需要の増加をもたらした。

トルコはヘーゼルナッツや乾燥あんず，種なし干しぶどう，乾燥いちじくなどの生産において，世界的なリーダーである。トルコは同時に，牛乳や乳製品の生産においても，当該地域において最も影響力の強い国である。これらに加え，ヨーロッパ全体における総植物種数1万1,500種に対し，トルコには合計で1万1,000種の植物種が繁殖していると推察されている。

トルコは，栄養摂取システムにおける重要な要素の1つであるパンをはじめ，小麦粉製品の分野においても最も大きな市場の1つになると共に，牛乳，ヨーグルト，チーズ，ケフィルやアイランなどの副次乳製品は，伝統的なトルコ料理文化のなくてはならない食材となっている。伝統的にトルコの乳製品市場において支配的な非包装製品は，広範な拡大に対し障害となってはいるものの，投資家にとって将来への可能性を示すものである。この潜在力は，地域的な基地として，また，サプライ・センターとして，トルコが世界の主導的なプレーヤーに対し，最も良い選択肢の1つとして存在する可能性をもたらした。トルコの食品産業は，近隣諸国に比べても非常に発達している。すなわち，ヨーロッパ，中東そしてアフリカ（EMEA諸国）地域における最も巨大な農産物輸出国の1つであるトルコの，この分野での貿易バランスは明らかにプラスである。増加する輸出によって，トルコの農業と食品産業は50億ドルの貿易黒字を生み出した。

トルコは潜在的な農業・食品産業への投資家たちに，一連の支援をも提供している。トルコ政府によって提供される支援システムには，的確な制度整備，課税システム，競争力を持つ安価な労働力，そして投資支援などで構築されている。

トルコは，特に果物や野菜の加工，飼料，畜産，養鶏，乳製品，健康食品，水産業や補助製品（特に低温流通体系，温室，灌漑，肥料）などの農業の下位部門においても，重要な投資機会を提供している。

トルコは，農業に関する目標として，2023年までに世界第5位圏内に入る大農業生産国となることを掲げている。トルコが2023年までに達成するとした大胆なビジョンには，以下のような目標が挙げられている。

①　農産業の国内総生産を1,500億ドルまで引き上げること。
②　農作物の輸出を400億ドルまで引き上げること。
③　農業生産において農業5大国のうちの一国になること。
④　灌漑農地面積を540万ヘクタールから850万ヘクタールまで拡大すること。

⑤ 漁業分野においてEUとの比較において第1位に躍進すること。

第3節　農業のトルコ経済における位置

(1) 基本指標と農業のシェア

　トルコの国土は全般的に山地が多い構造をもっている。トルコ国土の55.9%は，標高1,000 m以上の高地にあり，そのうちの62.5%は15%以上の傾斜度をもっている。海からの支配的な風によってもたらされる影響下にあるものの，北部及び南部に位置する山脈によって，トルコの季節的な特徴と地勢的特徴には強い関連性がある。トルコの国土構成とこれに関連する季節的な特徴は，異なる地理的地域が，内包的な微気候の成立を可能とする。トルコの総国土の25.5%は，第1種〜第3種までの上位3種の土壌によって成立している。この質の高い土壌において，農地の割合は約90%である。トルコの総面積7,790万ヘクタールのうち2,800万ヘクタールは農地として利用されている。

　全体での就労者の増加にもかかわらず，農業における就労は25.5%に減少している。農業によって獲得される収入は620億トルコリラに達しているが，国民所得における割合は低下した（表4）。

(2) 農業における就労

　トルコでは，2013年末において，就労者の約25%が農業に就労している。この83.8%は未登記である。農業に就労する15歳以上の労働力の大部分は，自営農もしくは自己就労として，もしくは家族経営において働いている。農業において働く女性のほぼ全体（96.2%）が未登記である（表5）。

(3) 農業における生産量

　トルコの農業に存在する全ての植物商品は，田畑で生産されるもの，農園で生産されるものの2種類に分けることができる。農園植物は，果物，野菜，そして観葉植物であるが，一方田畑での生産は，穀物から飼料用植物までの各種植物が田畑の植物として分類される。

　トルコの観葉植物以外の全植物生産量は，約1億500万トンである。この生産量の半数以上である6,000万トン分が田畑での生産によって収穫され，残りが野菜と果物である（表6）。一年生の作物からなる耕作農業においては，年による波があるものの，平均して年間6,000万トン程度の収穫がある。これに対し，果物も野菜も生産増加の傾向が確認できる。一般的に，新鮮なうちに消費され，新鮮なままで加工され，保存され，運送時にも細心の注意が必要となる果物や野菜などの作物は，一定区域による収穫量と品質の向上以外にも，収穫後の設備向上によって，国内消費のほか輸出においても増加傾向が見られ始めている。

表 4 基本指標（2002～2011 年）

基本指標	2002 年			2011 年		
	トルコ	農業	農業割合（%）	トルコ	農業	農業割合（%）
人口（100 万）	69.3	23.7	34.2	74.7	17.3	23.2
就労（100 万）	21.3	7.4	34.9	24.1	6.1	25.5
国民所得（10 億ドル）	230.5	23.7	10.3	772.3	62.7	8.1
1 人あたりの所得（ドル）	3.492	1.064	28.6	10.444	3.653	35.0
輸出（10 億ドル）	36.0	4.0	11.2	134.9	15.3	11.3
輸入（10 億ドル）	51.5	3.9	7.7	240.8	17.6	7.3

（資料） 食品, 農業・畜産省, 2013 年。

表 5 農業における就労（2008 年～2011 年, 15 歳以上）

(単位：1,000 人, %)

		2008 年	2009 年	2010 年	2011 年	未登記（%）
全体	時給, 月給, 日給就労者	12,937	12,770	13,762	14,876	
	雇用者もしくは自営	5,573	5,638	5,750	5,931	
	無賃金家庭内労働者	2,684	2,870	3,083	3,303	
	合計	21,194	21,227	22,594	24,110	42.1 35.6（男性） 57.8（女性）
農業	時給, 月給, 日給就労者	434	454	527	623	
	雇用者もしくは自営	2,316	2,371	2,513	2,653	
	無賃金家庭内労働者	2,266	2,416	2,643	2,866	
	合計	5,016	5,240	5,683	6,143	83.8 72.5（男性） 96.2（女性）
農業就労者割合（%）		23.7	24.6	25.2	25.5	

（資料） トルコ統計局, 労働力調査, 2013 年。

表 6 一般作物生産量

(単位：トン)

作物	2002 年	2010 年	2011 年	2012 年
田畑	58,119,719	60,663,948	61,711,796	58,791,495
果実（含オリーブ, ぶどう）	13,273,350	16,385,745	16,993,476	17,810,942
野菜	25,823,567	25,997,195	27,547,462	27,752,706
合計	97,216,636	103,046,888	106,252,734	104,355,143

（資料） 食品, 農業・畜産省, 2013 年。

約 1 億 500 万トンの総生産量の作物は, 2,000 万ヘクタールの農地において収穫されている。この 2,000 万ヘクタールの農地の 4% が野菜栽培に使われているが, 生産量の 27% は野菜が占めている。また 2,000 万ヘクタールの農地のうち 15% において栽培される果実は, 総生産量の 17% を占めている。野菜と果物の農作は集約農業ということができる。すなわち, 集中した労働力と高い耕作費用という特徴をもつ農業形態である。しかし, またこの形態は農地単位において高い収入をもたらす農業生産方式でもある。そのため, 生産から消費までの過程において設備

表 7　年間海外貿易における農業の割合（国際標準産業分類（USSS, Rev.3））

(単位：1,000 ドル)

	総輸入額	農業（％）	総輸出額	農業（％）
2003 年	69,339,692	2,537,855（3.7）	47,252,836	2,201,436（4.7）
2005 年	97,539,766	2,765,260（2.8）	73,476,408	3,468,315（4.7）
2007 年	139,576,174	2,934,996（2.1）	107,271,750	3,883,465（3.6）
2009 年	201,963,574	6,433,040（3.2）	102,142,613	4,536,473（4.4）
2011 年	185,544,332	6,490,029（3.5）	134,906,869	5,352,613（4.0）
2013 年	251,650,823	7,776,120（3.1）	151,812,239	5,912,976（3.9）
変化率（％）	263	206（-0.6）	221	169（-0.8）

（資料）　トルコ統計局（TUİK）。

表 8　年別農業生産額　　(単位：100 万トルコリラ，％)

	農業生産額	植物性生産割合	動物性生産額割合
2003 年	68.393	59	41
2005 年	88.365	58	42
2007 年	104.375	54	46
2009 年	123.024	55	45
2011 年	191.628	46	54
2013 年	200.767	44	56
変化率（％）	194	-16	16

（資料）　トルコ統計局（TUİK）。

が不足する場合は，収穫と品質とともに収入も減少する。

(4)　貿易と農業

　トルコは年間輸入，輸出とも，世界における割合が増加している。表7にトルコにおける海外貿易の農業の割合を示した。国際標準産業分類によると，トルコはここ10年間において，総輸入量が263％，農作物輸入が206％増加した。

　農業の輸入における割合は，2003年において3.7％だったのが，2013年には3.1％に減少している。一方，トルコの輸出は最近10年間において221％増加したが，農業関連の輸出は169％の増加となっている。しかし，農業の輸出における割合は2003年に4.7％だったのが，2013年には3.9％と減少している。農作物の輸出先は欧州諸国が最大で，トマトペースト，種々の缶詰，生野菜や果物，小麦製品などが，輸出における重要な商品である。

(5)　農業生産額

　農業における経済的変化を分析するために第一に重要となる指標が，農業生産額である。ここ10年間における農業生産額，植物性と動物性の生産割合は表8に見られるとおりである。この表によると，2003年から2013年にかけて，農業生産額は194％増加した。農業生産額内の植物性生産割合は59％から44％に減少し，代わって動物性生産額は41％から56％に増加した。農

業生産額における動物性生産額の増加は，畜産政策の変化によって直接的にもたらされたものである。

(6) トルコにおける農業政策の目的

トルコにおいて，農業生産の増加や生産者の収入の増加の目的を持って，数々の政策が生み出され適用されている。これら政策の基本目的は，以下のように列挙できる。

① 農業分野の潜在性の合理的利用。② 生産者の啓蒙。③ 計画生産。④ 食品安全の確保。⑤ 農業における近代化。⑥ 安定した生産品価格。⑦ 生産者収入の増加。⑧ 生産における自然環境条件からの影響の軽減。⑨ エコロジー・バランスの保持。⑩ 農業輸出の増加。⑪ 農村地域の開発発展。⑫ EU 政策との協調。⑬ 農業生産における経費の削減。

上記諸政策実現のために考案された支援制度は以下のとおりである。

① 農地改革。② 価格補助。③ 直接収入支援。④ 価格調整支援。⑤ 所得助成金制度。⑥ 生産援助。⑦ 生産制限。⑧ 貸付政策。⑨ 輸入政策。⑩ 輸出政策。⑪ 財政政策。⑫ 農業団体，農業組合。⑬ 教育，設備。⑭ 投資援助。⑮ 国有地における経営の自由化。

(7) トルコにおける農業の機会

トルコは発展しつつある国である。したがって投資に関して，様々な利点を有する。これら利点は以下のように並べることができるであろう。

① 天然資源が豊富である。② 農業生産における潜在性は，いまだ完全に使われているとはいえない。開発の必要性，余地が存在する。③ 広大な農地が存在する。④ 生物的多様性が豊かである。⑤ 農業生産に適する季節的環境がある。⑥ 農業基盤の産業が十分に発展していない。⑦ 様々な地域への貿易が可能なハブとなる位置にある。

(8) トルコの地域別生産品目

トルコは気候的にも，また他の潜在的特徴からも，様々な作物を比較的楽に生産することが可能である。国内において主に生産される品目を，地方別に紹介すると，一般的には，以下のようになる。

マルマラ地方において生産される作物

コムギ：トラキア地方エルゲネ地域において集中的に栽培されている。この地方の生産量は，内陸アナトリアに次いで第2位である。

ヒマワリ：種子から油を搾油するために栽培される。トルコにおける総生産量の80%がこの地域によってまかなわれている。エルゲネ，および南マルマラ地域において栽培が集中している。

テンサイ：トラキア，南マルマラ，そしてアダパザル平野において栽培される。

タバコ：この地方における生産量はトルコ第3位である。ブルサ，バルクエスィル，アダパザ

ルにおいて集中的に栽培されている。

トウモロコシ：生産量は，黒海地方に次いで第二位である。アダパザル，ブルサが主要栽培地域である。

コメ：メリチ平野において生産が集中している。エディルネ地方が生産第1位である。

ホップ：ビール生産において味と香りを加えるために使われる。ビレジキ地域において栽培される。

オリーブ：南マルマラ地域のゲムリクとムダンヤにおいて生産が集中している。この地域はエーゲ海地方に次いで第2位の生産量である。実が大きく高品質な食用オリーブが栽培されている。

クワノミ：この地方において，養蚕業に平行してクワノミの生産も重要品目となっている。ブルサ，バルクエスィル，ビレジク地域において集中的に生産されている。

果物：ブルサ地域において集中的に生産されている。特にモモ，サクランボ，イチゴ，クリ，ブドウなどが主品目である。

野菜：ブルサとアダパザル平野において集中的に生産されている。トマト，ジャガイモ，ニンニク，タマネギ，ナス，ズッキーニ，ピーマンなどが主品目である。

内陸アナトリア地方において生産される作物

内陸アナトリア地方は，アナトリアの中部に位置するトルコ7地方のうちの1つである。地勢的な理由からこの地方は「中部アナトリア」とも呼ばれる。内陸アナトリア地方の総面積は15万1,000 km^2 であり，これはトルコ総面積の21%を占めている。東部アナトリア地方に次いで2番目の広さを持つ地方である。南東アナトリア地方以外のすべての地方に隣接している。同時にトルコの「穀物庫」としても知られる。

ケシ：種子から油，未熟果からはモルヒネ生産に使われる生アヘンを採取することができる植物である。このため栽培は国の管理によって行われている。トルコにおける総生産の90%はエーゲ海地方において行われている。アフィヨンカラヒサル地域周辺に栽培が集中している。

穀物：この地方で生産される穀物は，国内総生産量の約10%の部分を占めている。穀物のうちオオムギとコムギが，アフィヨン，キュタヒヤ，デニズリ，ウシャクにおいて生産されている。

テンサイ：重要な産業用植物であるテンサイは，アフィヨン，キュタヒヤ，デニズリで生産されている。

ヒマワリ：海からの影響が少ない内陸アナトリア西地域の灌漑農地において栽培されている。

マメ類：ウシャクが，この地方のヒヨコマメ生産が多く行われている場所である。

エーゲ海地方の主な作物

タバコ：トルコのタバコ生産の50%がこの地域において行われている。海岸地域のほとんどの平野において栽培が行われており，世界各国に輸出もされている。この地方のタバコは，バクルチャイ平野で生産量が一番多い。

オリーブ：地中海性気候の特徴的な栽培品種であるオリーブは，エーゲ海地方において最も多

く生産される。トルコにおける総生産量の48%がエーゲ海地方によってもたらせている。エドレミト、アイヴァルク地域をはじめ、全ての海岸地方において、また、場所によっては100 kmほど内陸地においてオリーブが栽培されている。

ブドウ：トルコにおけるブドウの総生産量の40%を供給するこの地方は、トルコ第一のブドウ生産地でもある。乾燥させて輸出される種無しブドウの全てが、エーゲ海地方において生産されている。ゲディズ平野をはじめ、大メンデレス、小メンデレス平野において栽培されている。

イチジク：冬季、暖気を必要とし、地中海性気候に適したイチジクの82%がこの地方によって栽培されている。大メンデレス、小メンデレス、ゲディズの各平野においてイチジク栽培は集中している。乾燥させ、国外に輸出されるこのイチジクが最も多く生産されるのはアイドゥンである。

綿：地中海性気候に適していることから、沿岸地域にある平野において栽培されている。大メンデレスとゲディズの各平野において栽培が集中している。トルコにおける総生産量の42%を供給するエーゲ海地方は、綿花の栽培においても第1位である。

柑橘類：地中海性気候に適しており、冬季において暖気を必要とすることから、柑橘類も栽培は、イズミルの南の沿岸平野において行われている。トルコにおける生産量の10%がこの地方において供給されており、生産量は地中海地方に次いで第2位である。

コメ：沖積平野において栽培が行われている。

野菜：この地方は、野菜生産においても非常に重要である。トマト、ピーマン、ナス、ジャガイモ、キュウリ、セロリアック、西洋ネギが主な作物である。

果物：地方独特の果物生産があり、他の地方とは一線を画している。イチジク、柑橘類、ブドウ以外にも、リンゴやサクランボなどが重要品目である。

東部アナトリア地方の主な作物

綿：ウードゥル平野において栽培されている。

タバコ：ムシュ、ビトリス、マラティアにおいて栽培が行われている。

穀物類：コムギはマラティア、エラズー、エルズルムのパスィンラルおよびホラサンの各平野において栽培されている。コムギより暖かい気候を必要とするオオムギは北東部アナトリア台地において栽培されている。

テンサイ：灌漑農地において栽培されている。

野菜：キャベツとジャガイモがエルズルムのパスィンラルおよびホラサンの各平野において栽培されている。

果物：アンズはマラティアの灌漑農園において集中的に栽培されており、特にユーフラテス川とトフマ川流域に集中している。また、マラティア、エラズーおよびエルズィンジャンにおいてはクワノミの生産も行われている。河川流域にはリンゴ園が点在している。

黒海地方の主な作物

トウモロコシ：沿岸地域においてはコムギにかわって栽培されるようになった。地方住民の主食品目である。この地方は，トウモロコシ生産でも第一位である。しかしながら，生産されたトウモロコシの全てが地方内において消費されていることから，貿易商業的な価値はない。

タバコ：黒海地方はこの品目の生産においてエーゲ海地方に次いで第二位である。バフラ平野（サムスン）が最も多く栽培されている地域である。また，トカット，アマスヤ，デュズジェ平野（ボル），リゼ地域において栽培されている。

ヘーゼルナッツ：冬季，暖かい気候を必要とするヘーゼルナッツは，黒海気候に最も適した作物である。トルコの総生産量の84%が黒海地方において収穫されている。全黒海沿岸地域において，また，内陸地においてところどころ栽培され，オルドゥとギレスンにおいて最も多く栽培されている。

チャノキ：トラブゾンとリゼの間，東黒海沿岸地域において，海に面する山麓で栽培される。トルコ国内生産の全てが黒海地方において行われている。

コメ：大量の水を必要とする。河川流域地域の低地において栽培されている。トスヤ，ボヤバト，チャルシャンバの各平野が主な栽培地である。

テンサイ：降雨量の多い東部黒海地方沿岸部以外のすべての地域て栽培可能である。栽培地はカスタモヌ，チョルム，トカット，アマスヤ各県下において行われており，非常に広い地域にわたっている。

アマとアサ：湿度の高い気候において繁殖する植物であるアマは西黒海地方のカスタモヌとスィノプにおいて栽培される。アサは麻薬性があるため国の管理において栽培されている。

果物：アマスヤではリンゴが，カスタモヌではスモモが，リゼでは柑橘類が，中部黒海地域ではブドウが，西黒海地域ではクリの生産が広く行われている。

地中海地方の主な作物

冬季の温暖な気候から，柑橘類とバナナの生産が行われる。バナナの100%，柑橘類の88%がこの地方において栽培されている。また，トルコにおける綿の生産の35%，野菜の26%，ラッカセイの88%，アニスの65%，ゴマの80%がこの地方において供給されている。

コムギ：この地方のほぼ全域において栽培されている。チュクロヴァでは綿が栽培されていない農地においても栽培される。

コメ：ハタイのアミク平野，カフラマンマラシュ一帯，およびスィリフケ一帯において栽培される。

綿：チュクロヴァを筆頭に他の沿岸部の平野において栽培される。トルコの綿生産の約33%がこの地方によって供給されている。

タバコ：ギョルレル地域とハタイ周辺において栽培される。

バラ：特にウスパルタとブルドゥ一帯において栽培が行われている。

柑橘類：沿岸地域を通して，フィニケ，アンタルヤ，アランヤ，アナムル，スィリフケ，メルスィン，ドルトヨルにおいて栽培される。トルコの柑橘類総生産量の約89％がこの地方によって供給されている。

バナナ：アランヤ，アナムル一帯において栽培される。トルコで栽培されるバナナの全てはこの地方のものである。

ケシとテンサイ：特にギョルレル地域の特産品である。

オリーブとブドウ：沿岸一帯のほぼ全域において栽培される。しかしながら，地域住民は，利潤率の高い綿花栽培を重視していることから，この地方におけるオリーブ栽培やブドウ園はあまり発達していない。

南東部アナトリア地方の主な作物

コムギ：この地方の農地の半分以上においてコムギが栽培されている。最も広い栽培面積はシャンルウルファであり，ディヤルバクルがこれに続く。

オオムギ：この地方で栽培される穀物のうちコムギの次に重要なオオムギは，シャンルウルファ，スィールト，アドゥヤマンにおいて多く栽培されている。

綿：この地方で最も多く栽培される産業用植物のうちの1つである綿は，灌漑が行われているアクチャカレとガーズィアンテプにおいて栽培されている。

アカレンズマメ：干ばつに強いマメ類である。トルコの総生産量のほとんどすべてがこの地方によって供給されている。シャンルウルファとガーズィアンテプにおいて最も多く栽培されている。

ゴマ：栽培面積は少ない。しかし生産はこの地方において重要視されている。

イネ：スィヴェレキにおいて栽培されている。

ピスタチオ：地方を代表する品目である。生産の90％がこの地方で行われている。

ブドウ：特にガーズィアンテプ一帯ではブドウ園が発展している。栽培されたブドウは生で消費される他，ペクメズ（濃縮ブドウシロップ）やペスティル（固形ブドウペースト），酒造にも使われる。

オリーブ：地中海性気候の特徴が見られるガーズィアンテプのキリスとイスラヒイェ一帯において栽培されている。

タバコ：灌漑により栽培面積は広がりつつある。生産はアドゥヤマンとバトマンが有名である。

野菜：灌漑農地においてトマト，ピーマン，ナスなどの様々な野菜が栽培されている。

果物：この地方はスイカの栽培において有名である。特にディヤルバクル一帯では，20kgを超える大玉のスイカが栽培されている。

(9) トルコの農業とEU

EUの財政における基本方針と運営に関して決定された総括的な変更の結果，欧州2020戦略

のもと，様々な改革が行われた。特に共通農業政策（CAP）において，環境と気候変動が前面に打ち出された。国連食糧農業機関（FAO）によるグリーン・ボックス（Green Box）は，支払いにおける適正化と加盟国間の不均等な配分を排除する形で直接支払いレベルでの新たな調整，より有効な農村開発戦略の優先化など，多くの案件に対し革新を想定している。EU 諸国の市民の90％ は農業と農村開発政策が EU の将来にとって極めて重要であると考えている。この件に関する意見は，以下のようにまとめることができるであろう。

① 機能性をより重視する農業政策（他の EU 政策と適合性を持つ）。
② 環境的，経済的かつ社会的持続可能性をもつ食品安全の確保。
③ 市場介入ではなく，競争促進，また同時にリスクおよび危機管理機能の構築。
④ 農村地域における持続発展可能性の構築。
⑤ 必要とされる財源の十分な確保。
⑥ 共通農業政策が，新加盟国や小規模生産者や未開発地域に対して，その適用においてより公正な制度となること。
⑦ EU 内において生産される商品と輸入品の間において，より競争を促進する基盤の構築。
⑧ 共通農業政策が発展途上諸国の生産者に与える影響を最低限に抑えること。
⑨ 飢饉対応に関する地球規模でのより積極的な政策の構築と実施。

国連食糧農業機関の試算によると，2050 年において世界的な食料需要は 70％ 増加する。このことを踏まえつつ食料安全保障の確保が，新時代における優先事項となっている。また，これ以外にも，天然資源の持続可能性を基盤とし，高品質かつ安全な食料の供給を行う生産者の援助，農村地帯の就労レベルの向上，農村地帯人口の継続的安定を促すことを目的としている。環境に優しい生産技術が利用され，補助がより公平に分配され，競争性があり，革新的で，気候変動や環境に配慮する農村開発政策は，提示された戦略の目標に対して立案される政策の基本理念となっている。

経済的に他の産業と比較した場合，農業において活動する生産者の直面する収入と価格の変動，環境，家畜の健康，安定した生活と食品安全などの点において，ヨーロッパ市民の要求に適合する形で高い基準が提示されている。そのため，農家に対する収入補助，自然的障害を持つ地域における生産者への追加補助と世界市場における競争力の改善対策とともに，継続可能な条件下における食品生産は，確定された基本目的のなかでも第一義的な項目となっている。

第 2 項目として，自然資源の持続可能な管理と環境的な公的利益の観点に基づいて，近代的かつ革新的な農業生産技術の開発を目的としている。すなわち，いかに農業における共通政策の採択による公的利益が生産において重要な影響をもたらしたとしても，世界的な気候変動と環境問題に対する不安は膨れ上がる。このため，環境的使命が成功裏に実行されるためには，共通農業政策がさらに主導権を行使する必要があるという考えは，共通農業政策における改革の必要性を生み出す原因の 1 つであった。

これらとともに，2013 年以降，新たな共通農業政策の第 3 項目の目的として，バランスのとれた地域開発が確定された。高齢化する人口や就労機会の減退の結果，農村から都市への流民傾向の増加とこの延長線上にある農地放棄（land abandonment）は，農村地域が直面する最大の問題である。特に最後の 2 つの拡大プロセスとともに，農村地域の問題に対する対策が共通農業政策枠内において重要性を増加させた。バランスのとれた地域開発モデルは，農村地帯の経済的活動の多様化をもたらし，社会的，人口統計学的かつ経済的観点において，持続可能性を持つ「農村エリア」に発展させることを目標としている。

第 4 節　トルコ食品産業の競争力，輸出基準と問題点

トルコの食品産業における競争力，輸出において求められる基準，そして直面する諸問題に関連してイスタンブール商会議所は調査を行い 2006 年に報告書としてまとめた。この報告書において，食品産業に関し，以下のような記述がなされている。

競　争　力
① 　トルコ食品業界は国際市場において優位的な競争力をもっている。しかしながらこの優位的競争力は，資産管理能力（ブランド，R&D，新規開発，デザインなど）によるものというより，国家が保持する相対的状況（原料の低価格性，豊富さ，多様性や，労働力の豊かさと安さ，地理的環境など）に由来するものである。
② 　トルコ食品産業経営は，国際市場において，最大の競争相手として中国と欧州を視野に入れている。トルコの経営上の優位性としては，製造品質における成功と，安い原料価格，そして地理的優位性がある。また，不利な点としては，生産費用の高さと国家に対する否定的なイメージをあげることができる。
③ 　輸出経営において，将来的にさらに海外市場に進出し，販売量の増加が期待される。
④ 　経営母体に対し，輸出時に直面する障害を重要度によってどのようなものがあるか質問した際，最も大きな障害は経営母体自身の問題であるとの回答を得た。機械設備，ブランド化，管理，組織化，輸出経験など，経営者自身，そして彼らの能力に起因する要因により，経営者たちは輸出において困惑している。第 2 に，輸出手順に関する知識不足が挙げられている。

輸出における問題点
① 　世界貿易機関によれば，加盟国の貿易における非合理的な制度や技術的障害を排除するために調印された貿易の技術的障害に関する協定の存在を経営者の 40％ は認識しておらず，40％ は聞いたことはあるが内容までは熟知していない。残りの経営者は，この協定に関する知識はもっているものの，詳細的かつ包括的な知識を持っていない。
② 　発生した障害や問題が輸入国に起因することを知っていた経営者の 75％ は，問題自体が法的なものであるかどうかを調査している。問題が法的であることを確認した場合，20％

は輸出自体を諦め，75％は経営システムや製品を必要とされる基準に適合させることを選択している。そして法的根拠が存在しない問題に直面した経営者の20％は問題解決のためにトルコ共和国における関係機関に申請しているが，輸入相手国の関係機関に同様の申請を行った経営者はほんのわずかである。

③　輸出の際に直面する技術的障害に関し「貿易の技術的障害トルコ情報告知センター」に報告するかどうかという質問に関しては，上記の質問の回答と並行した形で，30％が報告すると答えたが，残りのほとんどは，直面した技術的障害を報告していない。報告しない経営者たちの理由としては，ほとんどが，このようなセンターの存在を知らないこと，もしくはセンターのことを知っていたとしても，どうすればいいのか分らないことに起因している。

④　トルコにおいて適用されている規約や基準の有効性に関して，経営者は国内外において十分であると答えている。したがって，トルコの輸出向食品の品質は十分であると考えている。この観点から，経営組織の80％は，輸出する食品において，特に問題に直面していないと述べている。

⑤　経営母体が直面する最も重要な5つの非関税障壁として，1) 環境保全と健康承認書，2) 非定期的かつ明快ではない追加支払い，3) 様々な理由や方法によって行われる禁止や制限，4) 内税や費用，5) 二重外貨精算の適用をあげている。

⑥　直面する非関税障壁を調査すると，障害の焦点が商品の特性に起因するものではなく，費用を肥大させ，国内生産を保護するためであることが観察できる。これはすなわち，トルコ食品が製品の品質基準としてそれほど問題になっておらず，したがって諸外国が行っている非合理的な対応を除外すれば，業界はさらに競争力を持つ状態になることを示唆している。

⑦　経営者が最も多く非関税障壁に直面するのがEU諸国である。最も少ないのはアメリカである。

⑧　企業の将来的な目標として，品質向上，新規投資，国内外市場の拡大，新製品の開発，ブランド化などがある。

⑨　業界における経営基盤は，将来的な展望を一般的に肯定的に見ている。

これらの結果を総括的に評価すれば，トルコの食品業界は，業界が持っている潜在的な大きな可能性をさらに大きな形で実現することができれば，どのようになるかを示唆している。これらのことが実現するためには，食品業界の基本的戦略の改革が必要となる。食品業界が国際市場において成功するための基本的要因は，基本価格の競争優位性と最大の輸出相手である欧州諸国に対して保持している相対的費用優位性に起因している。この費用上の利点は，実際の管理，組織化能力からではなく，低収入，安価な労働力，そして非登記性などに起因する。別の言い方をすれば，成功の基本的要因は，大部分が「優位的競争力」からではなく「相対的優位性」によるものである。

トルコにおいては既に，食品の輸出において短期的解決が求められ，その結果が短・中期的輸

出に対し付加価値をもたらすと考えられている。そのため，食品安全と品質管理制度の構築とそれらのルール化が必要である。この概念は先進国によって，それぞれが非関税障壁としてトルコに適用されている，という形ではなく，食品業界全体において生産理念として理解されることこそが，輸出における品質主体という戦略をもって，影響力を持つ地位を獲得し，結果的に「安いが品質も悪いというイメージ」という問題を排除することとなると思われる。

　メーカーは，貿易において技術的障害を解消するとともに，輸出経験とその能力を向上し，世界市場において競争相手よりも，もっと影響力のある地位獲得のために努力する必要がある。今日，世界貿易において論点となっている食品安全とその基準などの，非関税障壁が認知され，これら障壁に対する管理，ルール化，認定システムの構築は，さらに慎重な組織的基盤を必要とする。

　食品産業のトルコ経済における位置は，雇用の創出，輸出に占める割合，将来的重要性の増加などの理由から，戦略的業界という特性を担っている。それにもかかわらず，現在までのところ，業界の有する将来的な潜在的可能性を1つの国家戦略として評価し，どのような戦略を適用するかの模索を始めているとは言えない状況である。しかしながら，業界において実施される体系的な研究によって，既存パフォーマンスをいっそう向上させ，さらなる成功を獲得し，世界貿易において，業界の追従者ではなく，指導的な立場につくことは不可能ではないと思われる。上述のとおり，業界に関する調査において，トルコの競争力が，技術的もしくは人的要因に起因しておらず，自然環境的要因に起因していることが明らかである。業界がさらに競争力をもつ立場を得るためには，自然的要因と技術的・人的資源を統合させる必要があるのである。

第5節　農業および食品産業において活動する日系企業

　トルコに進出している日系企業のうち10社が農水産業と関係している。これら企業は「漁業，養殖業および養殖漁場経営と漁業関連サービス業」「食品，飲料製造」そして「農業，狩猟関連サービス活動」の3つのグループに存在する。

1. SAKATA TARIM

　観葉植物と野菜の種子販売において世界的規模を持つサカタは，トルコの現地企業との業務提携を通して20年以上にわたってトルコ市場で活躍している。商品の品質が農業生産者に信頼されているこの会社は，2012年にSAKATA TARIM社を設立した。新しいチーム編成により，市場におけるシェア拡大のため活発に活動している。

2. Sumi Agro Turkey Tarım İlaçları Sanayi ve Ticaret A. Ş. (SAT)

　住友商事の関連会社であるSumi Agro Turkey（SAT）は，2012年に設立された。1996年より2012年まで，現地提携業者とともに商品の販売に携わってきたこの会社は，さらに専門的な組織とともに設立したSumi Agro Turkey社として，2019年においてトルコの農薬市場の7％

のシェア獲得を目標に掲げている。

3. Tat Tohumculuk A.Ş

トルコの最大企業グループであるコチュ・ホールディングスの関連会社の1つであるTat Tohumculuk株式会社は，2013年12月に1,500万トルコリラで日本の企業のカゴメ株式会社に売却された。同社はトルコのケチャップ，トマトペースト市場の最大シェアを有している。

4. Hyponica－日本栽培技術

この技術会社はトルコの最大企業の1つであるDizaynグループと提携し，独自の技術の普及を目的に日夜努力している。世界で知られる最も優れた技術であるが，初期投資額が高額であるため，十分に普及しているとはいえない。

5. Dardanel Su Ürünleri Üretim A.Ş.

2001年に株式の30%が日本の東都水産に売却され，同社が行った460億ドルの投資でマグロの養殖を行い，日本に輸出している。同社は日本パートナーの日本市場における販売とマーケティング力で，ここ10年で急速な成長を遂げた。

6. Nissin Yıldız（Ülker & Japon Nissin Foods）

Nissin Yıldız（日清ユルドゥズ社）は，トルコの食品会社ユルドゥズ・ホールディングが，日本最大の即席めん生産を誇る日清食品ホールディングスと行った契約により，50%ずつのパートナーシップと約8,800万トルコリラの資本をもって，2012年10月8日に設立された。日清ユルドゥズ社は，Makarneksというブランドで即席スパゲッティーをトルコで初めて製造した会社であり，製造工場をサカリヤ県のヘンデッキに持っている。

7. Ajinomoto & Kemal Kükrer

日本の歴史ある食品会社である味の素株式会社は，トルコにおいてケマル・キュクレルのブランドで知られるキュクレ社（Kükre A.Ş.）の株式の50%を29億円で取得し，2013年末に買収した。味の素の発表によるとトルコにおける業務の拡大とともに，新しい食品分野に進出し，2018年に50億円（現状の2.5倍）の市場の獲得を目標としている。

8. Marubeni, Nisshin Seifun & Nuh'un Ankara Makarnası

日本の丸紅株式会社と日清製粉グループは，トルコ最大級のパスタ製造業者の1つであるNuh'un Ankara Makarnası（ノアのアンカラパスタ）社と，アンカラに1万8,000トンのパスタ生産を目標とする工場建設のために2014年1月に契約を結んだ。最初の3年間に3,500万ドルの投資が行われることが発表されている。

9. Ege-Tav & Japon NH Foods Ltd.

世界最大規模を持つ日本の食品会社の1つであるNH Foods社は，トルコ有数の養鶏会社Ege-Tav社の株式60%を2014年12月31日に7,200万ドルで取得し買収した。年間2,000万の孵化用有精卵を輸出する1977年に設立されたEge-Tav社は，アゼルバイジャン，グルジア，イラク，サウジアラビアをはじめとした地域に輸出を行う重要な企業の1つとして数えられ，350

人以上の社員を擁する。6,000平方メートルの敷地を持つ飼料工場において毎時20トンの飼料生産能力を持つこの会社は，また，全脂大豆生産も行っている。週140万個の鶏卵生産能力を持つ採卵施設を活用し業務を行っている。同社はバンドゥルマ，イズミルのアイランジュラル，そしてブジャに生産拠点を所有している。

おわりに

　近年急速に拡大する農業において，科学技術の利用が日々増加している。またEUの食品安全と環境保全を基本理念とする方針が，全関係者によって承認された。既存生産品の品質は，諸外国の品質基準を十分満たしている。田畑から食卓までを見通した行き届いた生産管理の概念が認識され，また同時に生産におけるそれぞれの段階が管理され始めている。農業への投入資源の大部分がトルコにおいて生産され始めており，特に種子，肥料や農薬などを生産する国内企業の数が増加している。種子改良に対する補助により，種子業界における国内投資家のシェアが急速に拡大している。海外投資家も，トルコにおいていくつかの製品を生産し始めた。有機栽培製品に対する関心も，日々増加している。三方が海に囲まれているトルコにおいて水産養殖は格段に発展した。加工農産物の品質とその基準も急速に向上している。加工および未加工農産物の分析を行う製品認証試験所の数も注目に値する増加を示している。しかしエコロジー的かつ科学技術的な優位性にもかかわらず，製品のマーケティングは，体系的に行われているとは言いがたい。この点はトルコの農業と食品産業における課題である。しかしながら，市場における障壁を持たない企業は，農業分野において行った投資を非常に短期間で回収することが可能である。

第4章

日系企業のトルコ進出
——存在感の薄い日系企業——

川邉　信雄

第1節　はじめに

　トルコは，人口が7,000万人を超え，急速な経済発展により1人当たりのGDPは1万ドルを超えるようになった。同時に，同国は教育水準や技術水準が高く，賃金が安いうえ，観光資源に恵まれている。また，昔から東西の結節点といわれるように，欧州，中東，ロシアや東欧，さらには中央アジアの市場を控えた重要な地政学的な位置にもある。こうしたことから，近年，生産，流通，販売，観光，金融，さらにはインフラ整備といった点から，日系企業にとって直接投資先として注目を浴びるようになっている。

　しかしながら，日系企業のトルコ進出に関する研究はあまり見当たらない[1]。EU地域統合の進展と在欧州日本企業の対欧州戦略の関係の中で，トルコが一部取り上げられているにすぎない。また，具体的な日系企業の活動については，トルコ・トヨタの研究がいくつかあるにすぎない[2]。

　そのため，本稿では，第二次大戦以降現在にいたるまでの日系企業のトルコへの進出過程を分析し，研究上の空白を埋めようとする。

　なぜ企業が国境を超えてその活動を拡大し多国籍化していくのかについては，欧米企業を中心に，1960年代以降いろいろな研究方法や理論が発展してきた。それらの理論を総合化して構築されたのが，ジョン・H. ダニングのOLI（Ownership, Location and Integration）パラダイムであった。これは多国籍企業が経営上の優位性を持ち，特定の資源を有する地域に，関税や輸入規制などの市場の失敗に対応したり，取引コストを節約したりするために海外に進出するというものである。まさに，なぜ特定の企業が，特定の場所に，特定のタイミングで進出するかを説明しようとするものである。

　ここで重要になるのは，以下の2点である。第1は，ある特定の国に進出する時の参入形態，つまりグリーンフィールドかM&Aか，単独出資か合弁か，合弁ならマジョリティ所有かマイノリティ所有かといったことである。また，業種によってはエリア・フランチャイズのような提

携も考えられる。第2は，海外に設立された現地法人・子会社に，本社の技術経営移転をいかに進めるかという問題である。

　日本企業も，基本的には独自の海外戦略のなかでトルコの市場性を考慮しながら利益機会を狙って進出を図ってきたことはいうまでもない。しかしながら，1945年の敗戦によって海外資産すべてを失った日本の企業の場合には，海外進出は国内の経済状況や政府の各種経済政策の影響を強く受けてきた。また，同時に，トルコの場合には対外政策は西欧，ロシアおよび中東欧，中東など周辺諸国との関係や国内の経済・対外政策といった複雑な要因によって立案されてきた。

　本稿では，こうしたさまざまの要因を考慮しながら，日本企業のトルコ進出の大きな変化を考慮して，日本企業が本格的な進出をする以前の第1期（1955年～1984年），本格的な進出する第2期（1985年～1992年），進出が活発化する第3期（1993～2007年），そして急速な日系企業の対トルコ投資がみられる第4期（2008年以降）の4つの時期に分けて議論する。

　したがって，本稿の構成はこの時期区分に基づいてなされている。第1節「はじめに」に続いて，第2節ではトルコにおける日系企業の現状について，業種別，地理別，進出目的別にみる。第3節では日系企業の進出がほとんど進まなかった1955年から1984年の時期についてみる。第4節では，トルコの自由化政策により日系企業が進出を開始する1984年から1992年までの期間を扱う。製造業ではいすゞやトヨタなど，自動車関連の企業の進出がみられるようになり，また，観光やインフラなどの企業の進出がみられるようになる過程を分析する。第5節は，対トルコ投資が活発化する1993年～2007年の時期についてみる。そして，急速な日系企業の対トルコ投資が進む2008年以降についても考察する。最後の第6節の「おわりに」では本稿の議論の内容を要約し，問題提起に合わせて，本研究の意義と課題についてまとめる。

　資料については，まず先行の学術書や論文がある（章末参考文献参照）。さらに，JETRO『貿易・投資白書』『欧州およびトルコの製造業実態調査』や東洋経済新報社『海外進出企業総覧』を利用している。個々の企業の進出の様子については『日本経済新聞』などの新聞記事，『日経ビジネス』『東洋経済』『ダイヤモンド』などの雑誌記事を参照した。

第2節　トルコにおける日系企業の現状

(1)　日系企業の対トルコ投資の推移

　2014年5月時点で，イスタンブル日本人会加盟企業は78社となっており，日本人会未加盟企業の進出が約60社あるといわれており，全体で150社以上の日系企業が活動している。とりわけ，2011年以降日本企業のトルコ進出が活発化しており，撤退事例は極めて少ないようである。[3] トルコ経済省の発表では，2013年末時点の日系企業は174社となっている。[4]

　表1に，1985年から現在に至る日本企業の直接投資の推移をまとめてある。1985年にやっと具体的な投資額が出てくる。その後1988年代後半に安定して投資が行われるようになっている。

表 1　日本企業の対トルコ直接投資推移（国際収支ベース，ネット，フロー）

(単位：100万ドル)

年度	投資額	年度	投資額	年度	投資額
1985	3	1995	102	2005	73
1986	2	1996	106	2006	7
1987	10	1997	17	2007	△26
1988	110	1998	5	2008	25
1989	40	1999	12	2009	92
1990	58	2000	133	2010	321
1991	30	2001	114	2011	31
1992	53	2002	24	2012	△29
1993	133	2003	8	2013	530（439）
1994	75	2004	3	2014	（212）

（注）　△は引揚超過を示す。
（出所）　JETRO『ジェトロ白書』各年度版。（　）はトルコ中央銀行データ。

1990年代には前半に投資が順調に推移するが，90年代後半になると日本企業の投資は停滞する。その後，2000年，2001年と一気に増加するが，その後は一進一退を繰り返す。2010年と2013年には急激に投資が進んでいるのが分かる。一方では，2007年及び2012年には引揚超過がみられる。

こうした推移を見ていえることは，トルコの経済の景気変動が激しく，それにともなって日本からの投資も変動していることである。また，トルコへの海外からの直接投資に占める日本の割合は，依然としてきわめて低いといえる。

さらに注目すべき点は，トルコ周辺に進出している日系企業からの投資が増えつつあることである。例えば，ダイキンはダイキンヨーロッパから，日立建設は日立建機中東からの直接投資である。さらに，富士フイルム（ドイツ），郵船ロジスティクス（オランダ），三菱電機（オランダ），日立製作所（英国），NTTデータ（ドイツ）などがある[5]。これらは，それぞれの国からの投資に分類され，日本からの投資に含まれない。

(2)　産業分野の分布

海外投融資情報財団調査部が，トルコ財務省のデータを使って業種別に大分類した資料によれば，農林漁業5社，鉱業・採石1社，製造業32社，電機・ガス・水2社，建設9社，卸売39社，小売り10社，自動車・オートバイ販売修理8社，運輸・保管2社，宿泊・飲食13社，情報通信10社，金融・保険2社，不動産1社，管理支援サービス1社，公務・国防・強制社会保障1社，教育5社，保健衛生及び社会事業1社，芸術・娯楽・レクリエーション1社，その他のサービス30社となっている。

製造業では，自動車が9社と最も多く，続いて化学製品5社，食料・飲料4社，紡織4社，第

一次金属・金属製品3社，機械器具3社，電機機械器具，通信装置，輸送用機械器具がそれぞれ1社となっている。製造業においては，自動車関連の存在が大きいのに対し，電気機械器具の進出があまりないのが特徴的である。[6]

(3) 地域的分布

　日系製造業は，イスタンブル周辺のマルマラ地域に集中している。地域的分布は，トルコ政府の外資政策と深く関連している。日系企業がトルコに進出した初期のころには，Cerkezkoy に YKK，Adapazari にトヨタ自動車，トヨタ紡織，Gebze にホンダ，いすゞ，トヨタ，三五，バンドー化学，日本セキソー，デンソーが進出している。その後，Kuzuluck, Gemlik に矢崎総業，Tuzla に帝国ピストンリング，アイシン精機，ヤマト，日東電工が進出している。続いて，Izmit にブリヂストン，Ismir に JTI，Akzo Nobel（関西ペイント）が進出している。最近では，イスタンブルを離れて進出する企業が見られ始めている。Hendek にダイキン，さらに首都アンカラ近郊の Cankiri に住友ゴムが進出している。

(4) 輸入販売代理店から販売会社の設立へ

　日本からの輸出においては，日本企業の販売会社を設立する動きが活発となっている。伝統的には，日本から輸出した商品は輸入販売代理店を通じたビジネスが行われていた。従来は欧州向けの輸出拠点の位置付けが強かったが，近年，内需拡大や設備投資需要の増加を背景に販売拠点も増加しつつある。現地販売代理店を買収して現地法人とする事例が多くみられる。

　現地販売代理店方式での参入については，強みもあるが同時に弱みもある。強みとしては，第一に在庫を確保することができる。第二に顧客へのファイナンスができる。第三は，変化の多い輸入手続きへの柔軟な対応ができる。例えば，関税以外の諸税として RUSF（3％から6％に引き上げられた）などがある。一方，弱みとしては第一にキャッシュ・フローが脆弱であることがあげられる。他社も多く扱う代理店の場合は価格によっては後回しとなることがある。マージンを高く設定する可能性がある。そして，代理店変更は訴訟もあり得ることである。とくに，代金回収においては問題がある。日本人駐在はおかず現地人スタッフだけの日系企業も多い。[7]

　以下，このような日系企業の現状がどのように形成されたのか，歴史的にみることにしよう。

第3節　日系企業による投資の始まり－1955～1984年－

(1) 商社による再進出

　第二次大戦後，日本の貿易や対外投資は占領軍によって管理されていた。1947年8月に制限付き民間貿易が認められたのに続いて，輸出貿易は1949年12月より，輸入貿易は翌1950年1月より再開されることになった。1950年8月には，日本商社の海外支店設置が原則的に許可さ

れている。そして，1952年4月にはサンフランシスコ講話条約が発効し，日本の国際社会への復帰が認められることになった。

トルコも戦勝国としてサンフランシスコ条約に署名し，日本とトルコは1952年7月に同条約が発効し国交を回復している。通商条約については，戦前のものを1953年3月に復活させている。日本とトルコとの貿易は主にバーター貿易が行われたが，1955年2月にはドル建て精算勘定方式に基づく通商協定の調印が行われた。

当時の日本にとって重要な問題は，外貨が不足していたことである。そのため，政府は厳しい為替管理を行っていた。一方では，経済の再建には資源の輸入が必要であり，そのためには外貨が必要であった。そこで，日本政府は外貨獲得のために，輸出促進政策を展開することになったのである。当初は過剰競争防止の建前から，過去にトルコと輸出入実績を有する企業に限り，輸出入が認められることとなった。

したがって，この時期にトルコに進出した日系商社は戦前からトルコと貿易を行っていたものである。日系商社は日本から繊維製品の輸出，そしてトルコから綿製品の輸入を目的としてイスタンブルに事務所を開設している。

1953年に江商がイスタンブル駐在員事務所を開設した（この事務所は1956年に廃止されている）。1972年9月に兼松江商がアンカラ駐在員事務所を開設し（1980年3月に廃止），1988年3月イスタンブルに兼松として駐在員事務所を開設している。1954年には三菱商事がイスタンブル駐在員事務所を開設した（1957年に同事務所は廃止されている）。1955年7月三井物産がイスタンブル事務所を開設している。さらに，1956年12月までには日商がアンカラに事務所を開設している。伊藤忠は，1954年にイスタンブルへ繊維担当者を派遣し，トルコ綿製品のバーターを取り扱っている。『伊藤忠100年史』は，当時のトルコの状況について，次のように述べている。

> 「イスタンブール　エハ，昭和29年ニ　繊維担当者ガ派遣サレ，トルコ綿化　対　綿製品ノ　バーター　ヲ　取り扱った。ソノ後　トルコ　デワ，EEC〈欧州共同市場〉エノ　準加盟，各国カラノ　経済援助ナドデ，国内産業ガ　シダイニ　開発サレテ　キタ，ソノタメ消費財ノ　輸出市場カラ，生産財ノ　市場ニ　カワリ，トルコ　ニ　対スル　関心ガ　タカマッテキタ．当社ワ［昭和］41年10月　アンカラ　ニ　事務所ヲ　開設シタ」[10]

東洋綿花の社史では，イスタンブルは，1949年末から1959年末までの間，駐在員事務所を置いたり長期出張員を派遣したりしたところとして，分類されている。[11]

当時のトルコは日系企業にとってはそれほど重要ではなかったし，トルコにとっても日本企業の重要性は薄かった。そのため，多くの商社はエジプトのカイロ，イラクのバグダッド，そしてレバノンのベイルートなどに事務所を構え，そこからトルコのビジネスを管轄していた。

1956年における日本企業のトルコ駐在員事務所は6社であり，本社派遣の日本人6名，現地採用人員は1人もいない状態であった。1956年の日本からの輸出額は63万ドルであり，一方輸入額は1,300万ドルで日本側の貿易赤字であった。[12]こうした結果，日本商社は1950年代末まで

には事務所の廃止に追いこまれたのである。再度進出するのは，1960年代に入ってからのことであった。

(2) 幻の認可案件

1970年代になってくると，日本の製造企業のトルコへの投資の動きが出始めてきた。トルコ政府は，外資受け入れに当たっては，1973年から実施している「第1次開発5カ年計画」とからませた外資政策を展開させている。つまり，投資奨励方針としては，① 同年より始まる第3次開発5カ年計画の目的に沿うこと，② 第2次5カ年計画において遅れたプロジェクトを全力を挙げて完成に導くこと，③ 投資は外貨収入の増加に寄与し，輸出の促進に貢献するものであること，④ 国内に存在する資源を最大限有効に活用すること，⑤ 国内各産業分野の効率的な関係を確保するために，ダム，電力施設，炭鉱，製鉄所，通信施設，その他の重要プロジェクトを促進することとなっている。

この時期の日系製造企業は，独自に進出する力を持たず，小島清の主張した，日系製造業，日系商社，そして現地企業との合弁である「3人4脚型」での進出であった[13]。1973年8月には，米国フォード自動車（トラクター），西独のGusta Walz & Co.（直流モーター）やAgria Werke GmbH（トラクター，トレーラーなど）とともに，日産自動車の現地企業との合弁事業（ピックアップトラックやバン）（日産40％，M商社40％，現地企業20％）に対して設立許可が下りている（『ジェトロ白書1974年版』204頁）。

もう1つの認可日本企業は，1978年7月に認可されたピストンリングを製造・販売するSegman Sanayii AGであり，資本金は5,000万トルコリラ（日系メーカー20％，商社10％，トルコ側パートナー70％出資）である。同社の計画ではピストンリング，シリンダーキャスケット，ピストン，空冷シリンダー，トランスミッションを製造することとなっていた。翌1979年5月には同社は，ピストンと同リング製造を年産600万個に縮小することで，1979年5月認可条件の変更許可を受けた。

この設立許可にいたるまでは，① 先行き不透明，② 生産機種の調整難，③ 厳しい外貨規制，さらには国産化率および輸出義務をめぐって長期にわたってペンディング状態が続いた。本事業に対しては，30％を輸出する義務が課されていた。

トルコ国内の輸送手段の大部分が自動車輸送に依存していることから，トラック，自動車部品への需要が期待できるだけに，日本関係のこの2つの合弁事業の早期操業開始が関係方面から望まれていた。しかしながら，これら2件の認可案件は，トルコ政府の外資運用が厳しかったことなどの理由から結局実現しなかったのである（同，1981年版，166頁）。

第4節　日系企業の対トルコ投資の本格化－1988～1992年－

(1) トルコにおける経済の安定化と外資政策の確立

1980年代になると，日系企業のトルコ進出の第一波ともいわれる状況が生じた。1983年まで皆無ともいえた日本からの投資は，1984年に入り投資案件が現われ始めた。

トルコではしばらく政党間の政争が続き経済が悪化していたが，1980年9月には，軍部によるクーデターが遂行され，軍事政権が誕生した。軍事政権は国際収支対策の一環としてトルコリラの切り下げと外資導入の積極化に取り組んでいった。

1983年11月に行われた民政移管への総選挙でオザル政権が誕生したが，新政権は発足直後の83年12月に大胆な経済自由化政策を発表した。外資の進出は雇用の創出，技術移転，輸出型産業の育成などの点でも貢献すると考えられた。骨子は，① 門戸開放経済へ移行し，競争の原理を導入するため輸入を自由化する，② 外国為替管理の緩和，③ 金融改革などである。さらに，政府は東西の接点としてのトルコの地理的環境を利用するため，1983年11月3日付官報で，地中海沿岸のアンタリアやメルシンにフリーゾーン（FZ）を設置すると発表している。輸出のための中継・加工基地を設置し，外国からの活発な投資を呼び込むことを目的としたものである。施設がほぼ完成した1986年から同地区への申請が開始された（『ジェトロ白書1985年版』205頁）。

1985年6月にはFZ設置法が制定され，同地区内に設立される法人には，設置後10年間所得税・法人税が免除され，FZ内で生産・加工した製品をトルコ国内で販売でき，10年間ストライキやロックアウトが禁止されるなどの保護政策が規定された。FZでは，送金，配当金などの面で，内資・外資が同等に扱われている。さらに，FZ法が国内法に優先することが明らかにされた。これは，トルコ政府がFZに外資を誘致し，輸出志向工業化を狙っていることの表れであった。さらに，1986年3月には外資法は一部改正され，これまでの外資に対する規制が大幅に緩和された（同1986年版，219-220頁）。

FZについては，メルシンとアンタルヤは1987年に運営がスタートし，1988年9月現在77社が営業を開始していた。アダナは農業地帯である東南アナトリアを後背地に持つことから農産物加工業などの立地に適するとされ，イズミールはハイテク産業誘致の方針で1988年11月に入居企業の公募が行われた。トルコ政府は，メルシンとアンタリアを倉庫・商業型加工区，アダナとイズミールを製造業型加工区と位置付け，日本企業に対して熱心に進出を呼びかけている。

1985年は，日本・トルコ間の投資関係が一挙に発展することになった年といえる。同年オザル首相が日本を訪問し，積極的な企業誘致を行った。経団連ミッションもトルコを訪問した。第二ボスポラス橋の工事を日本の企業連合が落札した。さらに，通産省の投資環境調査団の訪問を契機に，日系企業のトルコへの投資の関心が高まった。1986年4月，日本側で日本トルコ経済委員会が正式に発足し，1987年3月，第1回日本トルコ合同経済委員会がイスタンブルで開催

された。1986年5月から6月にかけてトルコで日本週間が開催された。その結果，経済再建の一環として外資導入政策が展開され，外資流入が復調となった（同1987年版，240頁）。

トルコの外資政策のなかでも注目を浴びたのが，1985年に発表されたトルコ側が債務負担なしにプロジェクトを完成できるBOT（Build, Operate and Transfer）方式である。これは，トルコが資金不足で投資できない案件に外国資本を導入し，開発から経営までの一定期間を外資に任せ，十分利益を上げたのちに，トルコ政府が同プロジェクトを買い取るというものである。当初は電力などエネルギー部門に限りこの方式を採用するとしていたが，公共交通機関建設ほか観光部門にも同方式を導入することを決定し，さらに製造業部門にも取り入れたい意向を示している。[14]

代表的なものとして，熊谷組が英国のサンバー開発会社，ブリティッシュ・コモンウエルス・シッピング社と合弁でチラン宮殿観光開発会社を設立し，10月にはチラン・パレスホテル建設を開始している。1987年10月には，ニホン・トルコ都市開発会社，丸紅，日本火災の共同で，総事業予定費9,000万ドルの最高級ホテル建設が開始されている。これは，日本企業連合によって建設・運営され，40年後にトルコ政府に全権利を移譲するものである（同1987年版，238頁；同1988年版，248頁）。

BOT案件では，1989年10月に電源開発グループ8社によるアリア地区の石炭火力発電所建設の受注が発表された。総工費は1,370億円，出力100万KW，1990年に着工し94年の完成を目指している。完成後15年間は日本企業が発電所を運営する予定である。電力をトルコ電力庁に売り，計画ではその料金収入で投下資本を回収したうえで，トルコ政府に発電所を引き渡す。BOT方式による本格的な発電プロジェクトのモデル・ケースとして注目された。

1988年8月には，米国ウエスチングハウス，日本の千代田化工建設，豪シーパックによるユムルタリク地区の大型石炭火力発電については，政府による保証，運営会社の設立などについてトルコ側と交渉に入り，1999年8月に受注が決定した。総工費は12億ドル，出力は1,400MWで，完成は4年半後を予定していた（同1989年版，244-245頁）。

(2) 多様な投資活動の展開

トルコ政府の積極的な政策展開により，日本からの投資も活発化すると同時に多様化してきた。1987年12月には出光石油開発がトルコで石油探査を開始することになった。

観光部門への投資も活発化して，1987年には，以前にはほとんど実績のなかった日本からの投資は4,090万ドルに達し，スイス，英国に次いで3位に躍進している（同1988年版，247頁）。

金融・保険部門では，三井銀行がトルコのエンカ・ホールディング社，米国アメリカン・ケミカルバンクと共同で，日本の銀行としては初めてトルコに合弁銀行ケミカル三井銀行を設立すると発表している。本店はイスタンブルに置き，1985年10月より営業を始めている。

さらに三井銀行は，1989年7月にトルコ共和国の政府機関，国家計画庁と情報交換協定を結んだと発表している。海外からの直接投資を許認可する国家計画庁と情報交換し，年間数千万ド

ルにおよぶ日系企業の投資を仲介，促進していった。[15]

　また三井銀行は，1989年12月にはケミカル三井銀行への出資比率をそれまでの25％から51％へと引き上げている。ケミカル銀行が海外戦略を転換し，出資比率の引き下げを求めてきたため，三井銀行が経営権を取得したものであり，行名もケミカル三井からトルコ三井銀行に変更している。日系企業のトルコへの進出が増えており，三井銀行は業務の拡大が期待できるとしていた。同行は，商業銀行として全銀行業務を行うが，とくに日本とトルコ，米国とトルコを中心とした貿易に関する金融業務に重点を置いた。地元企業向け融資のみならず，資本金運用を含む短期金融市場取引などに地道に取り組んでいった。しかし三井銀行は，親会社の合併で1999年11月には撤退している。[16]

　東京海上火災保険は，1988年6月トルコの保険会社シャルク・シゴルタ社の発行済み株式3万株（10％）を40億トルコリラで取得した。同社を通じて現地の日本企業の再保険を引き受ける提携関係を結んだのである。この動きは，表面的にはEU域内での営業強化には関係ないようにみえる。しかし欧州最大の保険会社，西独アリアンツがシャルクの大株主である点を考えると，日独の大手保険会社が急接近している図が浮かび上がるものであった。アリアンツは子会社を通じて33.6％のシャルク株を保有していたが，東京海上の株式取得と同時に3.3％を買い増した。シャルクを媒介とした同社の接近について，アリアンツのスポークスマンは，両社の協力関係をさらに進めるものとしている。すでにアリアンツは，イタリアで東京海上のエージェント業務を引き受けている。トルコでの提携は，今後のEU域内での連携プレーを予測させるものであった。1991年には，日系損保初の現地法人「トルコ・ニッポン・シゴルタ・アー・シェー」を設立している。ただ，その後のインフレで日系企業の進出も鈍り，業績拡大にはブレーキがかかった状況であった。[17]

　製造業では，ライセンス契約で現地企業と組立生産を行うケースが実施され，将来的には合弁事業に発展する可能性があった。1984年8月までには，ソニー，日立，東芝などはすでにテレビ，VTRなどの組立生産を行っている。1986年7月には音響メーカーのクラウンが同社の関連会社2社と，トルコのグナイエレクトロニクス社と合弁で，音響機器工場を設立している（同1985年版，207頁）。

　同じ時期に日系の自動車会社が同様の動きを示している。1983年いすゞ自動車，伊藤忠商事，そして現地財閥の1企業であるアナドール・オートモティブとの間に商用車をライセンス生産する契約書が調印され，84年8月に生産を開始した。さらにこのプロジェクトは，1985年10月に，いすゞ自動車が伊藤忠商事とともに，アナドール社に資本参加することが認可された。日本側の資本参加によって，現行の年間生産能力5,000台を7,000台に引き上げる計画を立てた（同1986年版，222頁）。

　1987年6月には，東海が使い捨てライターを製造するためにトルコに進出をした。1987年，東洋エンジニアリングがENKA TEKNIKに10％出資をしている（同，1988年版，247頁）。

第4節　日系企業の対トルコ投資の本格化　　99

ブジヂストンも，1988年8月に現地の財閥サバンジュ・グループとタイヤの合弁事業に合意し，同年11月にはラジアルタイヤを生産する合弁会社を設立している。これは，サバンジュ・グループ傘下のタイヤメーカー・ブリサ社の株式の36%をブリヂストンが6,000万ドルで取得したものである。トラック用ラジアルタイヤの国産化を狙ったサバンジュと，世界各地での分業体制網の拡充進めていたブリジストンの目的が一致した。増設した工場で1991年初めからブリヂストン・ブランドの製造を開始している[18]。

　1988年までには，商社が駐在員事務所から支店および現地法人に転換したり，既出企業が増資したりすることにより，投資額は拡大した。

　1987年6月には，菓子メーカーのタカラブネが国営ホテルにトルコで初めての日本食レストランをオープンした。

　また，三井物産が医療サービスの合弁会社を設立している（同，1996年版，256頁）。

　農産物加工業への進出もみられた。1986年10月には，カゴメがトルコのTAT食品と合弁で野菜の種苗会社を設立することを発表している。そして，カゴメは大財閥コチの食品子会社タット社に1987年に資本参加した。ケチャップなどの原材料，トマトペーストやピューレを安定的に確保するため，地味の肥えたトルコを選んだのである。タットもカゴメの製造技術を導入でき，また安定した販売先を獲得することができた[19]。

　インフラ部門では，1988年3月に，日本工営が東南アナトリア開発計画（GAP）に参加し，翌3月，GAPのマスタープランを受注している。GAPは，チグリス川・ユーフラテス川の豊かな水資源を利用し，開発の遅れているトルコ東南部地域に21のダム，17の発電所を建設し，160万ヘクタールを灌漑し，発電能力を飛躍的に高めるという内容の計画であり，トルコ共和国建国以来最大のプロジェクトと言われるものである。南東アナトリア地域はトルコ総面積の9.5%に当たり，開発拠点として6カ所が選定されている。各拠点は，開発戦略や優先プロジェクトがそれぞれ異なり，その後20年にわたって集中的に開発が行われるとされた。アドゥヤマ地区では，1992年の完成を目指してアタチュルク・ダムの建設が急ピッチで進められた。しかし，GAPは資金面に問題があり，同ダムの建設も大部分は赤字の政府予算から賄われた。このため，トルコ政府はGAPへの日本の資金協力を強く期待したのである（同，1990年版，256-257頁）。

　1989年9月末には日系企業数は25社へと堅調な伸びがみられた。

第5節　対トルコ投資の活発化－1993～2007年－

(1) トルコ政府による制度整備

　1991年には湾岸戦争が勃発したが，日系企業のトルコ投資意欲は比較的高いままであった。1992年2月には，日本・トルコ投資保証協定が第1回交渉からほぼ5年ぶりに調印された。同協定によって，①両国は投資の許可及びそれに関する事項につき最恵国待遇を与える，②投資

財産および収益に対する不断の保護，収容，国有化などの場合の条件，③ 両国間および自国と第三国との間の収益などの移転の自由の保障，④ 投資紛争の解決にはワシントン条約に従う，などが定められた（同，1993年版，357頁）。

また，この時期においても，欧州，ソ連，中東，北アフリカの中心に位置するトルコがその立地を生かすべく力を注いでいるのがFZである。地中海岸のメルシン，アンタルヤがすでに稼働中であったが，1991年にイスタンブルのアタチュルク空港FZ，エーゲ（イズミール）FZが稼働状態に入った。前者は保税倉庫のみであり，後者は軽工業・商業用のFZである。アダナ近郊のユムルタリFZの整備がすすめられていたが，これは重工業を中心とした工業FZが目指された。

1991年9月には黒海岸には初めてのトラブソンFZ建設が開始された。同FZは1992年末には完成し，倉庫・化学品タンク，食用油脂タンク，サイロなどを備え，ソ連の自由化とイランの復興を踏まえ，国境に面している利点を生かした物流の中継地点を目指した。またトルコ第7番目のフリーゾーンとして造成されたのが，トラキアFZであり，主として繊維産業などの軽工業用ゾーンである。

さらに，1995年にはイスタンブル・レザーFZ，中東・コーカサス市場を狙った商業中心地として開発された東アナトリアFZ（エルズルム），マーディンFZが加わった（同，1992年版，353頁；同，1996年版，344頁）。

制度面では，1991年1月から投資インセンティブ制度が改正された。主要な改正点は，① インセンティブ証明を取得する際の最低投資額を設定，② 資源利用促進基金からの払戻金の適用拡大，③ 一定額以上の投資に対する関税免除措置などであった。これらの狙いは，優先地域，優先業種への投資促進である。同年6月には為替管理の一層の自由化が行われ，「外国人によるトルコの銀行および両替業者からの無制限の外貨購入，外貨の海外送金の自由化」などが実施された。また，8月には89品目が対象となっていた輸出奨励金制度を1992年2月までに完全に撤廃することが決定された。同時に，これまで，外国投資の申請，労働許可の発給などを担当してきた国家計画庁（SPO）の外国投資局，インセンティブ投資局，フリーゾーン局の3局が財務貿易庁に移管されることが決定された（同，1992年版，353頁；同，1994年版，347-348頁）。

なお，1993年3月に日本・トルコ両国間で署名された租税条約については，日本側に続いて，トルコ側も1994年9月に批准が完了した。1995年1月には批准書が交換された。同条約により，二重課税を防止する制度が整い，投資環境が改善されると期待された（同，1995年版，351頁）。

さらに，1996年1月に，トルコはEUとの関税同盟に加盟し，相互に工業製品の関税と数量規制を撤廃した。トルコ政府は，関税同盟の効果として，中長期的視点から競争力を持つトルコ産業の育成によるトルコ経済の活性化，非効率な産業の再編をあげ，相対的に低廉な労働コストを利用したEU向け生産基地として外資を誘致し，雇用機会の創出や産業の多様化・高度化を図ることが期待された。

EUとの関税同盟締結を踏まえ，トルコ政府は制度をEUの共通政策に誘導することを目的に，

外国投資優遇策を改定した。改定内容は，インセンティブを与える地域区分を，従来の既開発地域，開発優先地域，一般地域の3区分から，一般地域をさらに工業地域と非工業地域に細分化している。この工業地域の法人税の控除額を引き上げることで一般地域での工業化の促進を狙ったのである。また，重要投資分野として教育，医療，国際運輸，観光用空港サービス設備，船舶の建造などをあげている（同，1996年版，343-344頁）。

　1997年6月に発足したユルマズ政権は，外国投資が伸び悩むなか，国内外からの投資促進に意欲的であった。同年8月には，投資優遇措置の拡充を図った。さらに，トルコ西部に比べ開発の遅れている南東部地域を開発するために進めている東南アナトリア開発計画（GAP）の対象地域への投資に対しても，電気料金の30%値下げ，所得税・法人税の免除，社会保険の一部政府負担などの優遇措置の導入を検討した。投資環境の改善のためにはこうした投資優遇措置の拡充に加え，高インフレの是正，内外企業が高い関心を見せる国営企業の民営化促進，知的所有権保護や不正競争防止，消費者保護に関する法整備などが必要で，政局の安定と持続的な経済政策の実施が求められた。1998年3月には，投資優遇措置のさらなる拡充を図った（同，1998年版，353頁）。

　1999年4月の総選挙で第一党となった民主左派党（DSP）は，民族主義者行動党（MHP）および祖国党（ANAP）との連立で，国会定数（550）の過半数を大きく上回る351議席を確保し，5月末に新政権をスタートさせた。エジェビット新政権は直ちに懸案の経済構造改革に着手し，一連の改革のなかでも，国際仲裁の受け入れが保証されたことは外国企業に対する投資環境整備という観点から大きな意味を持った（同，2000年版，349-350頁）。

(2) 製造業の積極的な進出

　外国企業の投資は，1990年代になると製造業に集中するようになった。トルコは1996年1月，EU関税同盟への加盟を契機として工業化を促進し，相互に工業製品の関税を廃止した。そのため，トルコとしては国際競争力を持つ産業を育成することが望まれた。この結果，日本からは，自動車関連産業への投資が活発化した。

　1989年8月，トヨタ自動車と三井物産がサバンジュ財閥と小型乗用車の合弁生産で合意している。この懸案は1990年4月に認可され，7月に現地法人が設立された。投資額は2億5,000万ドルに上った。1991年秋にアダパザル地区に約100万平方メートルの工場用地を取得し，1992年5月に工場建設に着工し，1994年10月に生産を開始している。同社は最新鋭の技術を導入し，年産10万台の生産を目標に，当面はトルコ国内市場向けに「カローラ」1.6Lと1.3Lの2種で年間2万台を生産するとされた。同社も，トルコ自体の成長性と周辺国家への輸出の可能性に目を付けたといえる。[20]

　トヨタは，2000年に英国，フランスとともにトルコを欧州市場向けの生産拠点とする戦略を打ち出している。これに伴い，2001年10月には，合弁相手のサバンジュ財閥から保有株式25%

を買い取って持ち株比率を90％（残り10％は三井物産が保有）まで引き上げ，現地製造会社を事実上完全子会社化した。同社は2002年2月から欧州向けを中心に，カローラ・セダンの輸出を開始している（同，2002年版，395頁）。

　トヨタの進出は，周辺の関連産業にも投資が広がることが期待された。例えば，トヨタへの部品供給として小糸製作所が現地自動車用照明器具メーカーのバイラクタルラールと技術提携しており，部品供給強化が図られた。一方，1993年2月末にはトルコ自動車部品工業会が日本にミッションを派遣し，同国への投資と技術協力を求めている（同，1994年版，351頁）。

　1992年4月に本田技研工業も，アナドール・エンドストリー社などとトルコ側51％，本田技研49％の出資で「アナドール・ホンダ社」を設立した。1994年4月には，アナドール・ホンダ社を資本金1兆トルコリラ（ホンダ50％）に増資している。1996年から乗用車工場を建設していた同社は，1997年11月15日に工場を完成し，同日仮操業を開始した。同工場では，「シビック」4ドア・セダンを生産した。生産規模は当面，年産3万台とされたが，最終的に10万台規模に拡大し，国産化率を70％とし，中央アジアや中東諸国への輸出も検討するとされていた。

　さらにホンダは，1995年3月に現地アナドール・グループとの合弁で，二輪車生産販売会社「ホンダ・アナドール」を資本金60万ドル（ホンダ51％）で設立し，同社は95年4月から本田の二輪車の輸入・販売を始めた。同社は，二輪車の生産工場も建設し，アナドール・グループが所有している既存設備を改良して1996年7月より操業を開始し，トルコ初の4ストローク125ccエンジンを搭載した「CGタイタン」を生産している。当初は年間2万台で生産し，いずれは5万台まで拡大するとされた。21世紀初頭にはトルコのオートバイ市場の40％を確保することが目標であった（同，1995年版，351頁；同，1997年版，348頁）。

　トヨタの戦略の転換やホンダの進出によって，部品メーカーの進出も活発化した。1994年4月，神東塗料は伊藤忠商事および現地大手塗料メーカーのCBSペインツ・アンド・ケミカルズ社と共同で，塗料の販売と技術サービスの合弁会社を設立したと発表した。新会社の社名は「CBS-SHINTOペイント・アンド・ケミカル」で，CBS社が50％，神東塗料が40％，伊藤忠商事が10％出資し，社長にはCBS社のギュナイ社長が就任した。トヨタ自動車，本田技研工業が乗用車の生産を開始する予定で，質の高い日本の塗料技術が求められていたことに対応するものであった。[21]

　1995年5月，矢崎総業が75％，サバンジュ・グループが25％を出資し，資本金1,600万ドルで「ヤザキSA」を設立し，ハーネスの生産工場建設に着手した。1996年7月に仮操業を始め，97年9月本操業を開始している。その後，生産ラインの完備とともに，トヨタ以外のメーカーにも販路を拡張し，輸出にも努力したいとされた。トルコ市場の有望性と欧州向け輸出拠点として注目したことが進出動機であった。また，マツダは従来大手自動車でディーラーのメルメルレル社を通じ販売を行ってきたが，1995年9月，メルメルレル社と伊藤忠商事が販売のための合弁企業「マツダ・モーター・チュルキエ」社を資本金300万ドル（出資比率両社50％）で設立し，

販売促進に乗り出した（同，1996 年版，347 頁）。

ニチメンは現地イーラス・グループ，韓国の起亜自動車との合弁で起亜・イーラス・モータース社を設立し，1997 年 4 月，98 年秋の完成を目指して工場の建設をスタートした。工場完成後，試験生産期間を経て，2001 年 8 月までに乗用車 10 万台，商用車 1 万台の生産を目指すとされた。当面は，国内市場を対象とし，生産能力の上昇とともに中央アジア，中東諸国への輸出も手掛けていく計画であった（同，1998 年版，357 頁）。

2000 年代に入っても，自動車関連企業の進出が相次いだ。2001 年 4 月には，豊田鉄工がイスタンブール東方のコジャエリにプレス部品の生産子会社を設立した。また，中央発條が，2002 年 4 月にトルコのロズマス社と合弁企業を設立し，コイルスプリング，スタビライザーなどの生産を開始した。2004 年に年間 9 億円の売上げを目指し，欧州自動車メーカーに強いロズマス社と，日系メーカー向けに強い中央発條が互いの販路を活用しあう。新会社「ロズマス・チューナー・スプリングス」（ゲブゼ市）の資本金は 1,200 万ドルで，両社の折半出資で，社長にはロズマス社のデュルマス・オズカンが就いた。従業員は約 60 人であった[22]。デンソーは 2002 年 7 月にカーエアコン，ヒーターなどを生産する新会社を設立し，2004 年 2 月からの生産開始を予定した。同社は並行してスターター，オルタネーターなどの販売を 2003 年 1 月に開始している（同，2003 年版，371 頁）。

すでにトルコに進出している自動車関連会社でも，生産基盤を強化する動きがみられた。矢崎総業の増資のほか，三五が排気系部品などを生産する工場をイスタンブール東の工業団地に建設している。2005 年 1 月には，積水工機製作所は金型の改造や調整，補修サービスを提供する海外拠点の開設を加速すると発表し，トルコにも拠点を設けた。同社はバンパーやインパネ用など大型の金型製造を得意とする企業である。需要地に生産拠点を設けることで，納期短縮を目指す自動車メーカーのニーズに応えようとした[23]。

TPR（帝国ピストンリング）は，完成車メーカーからの部品軽量化の要求に合わせ，2004 年 4 月にトルコで欧州市場向けの生産を始めるなどシリンダーライナーの量産を加速させている[24]。

2003 年 1 月には，ベルトメーカーのバンドー化学がトルコのコチカヤとの合弁で自動車用，産業機械用電動ベルトを生産する会社を設立し，2004 年 5 月から生産を開始した。また，帝国ピストンリングが，米国のフェデラルモーグル，トルコのデレリ・ホールディングとの合弁で，エンジン用シリンダーライナーを生産する会社を 2003 年 10 月に設立している（同，2004 年版，375 頁）。2004 年 1 月には遮音・制震材メーカーのセイキソーが消音型吸気ダクトなどの生産を開始，2005 年 4 月にはアイシン・ヨーロッパが，ドアフレーム，ドアロック，アウトサイドハンドルなど車体部品の生産を開始した。2005 年 1 月に自動車用加工テープ製造の大和インターナショナルが生産を開始した。

自動車・部品メーカーの生産拡大に伴う輸送需要の増加を受け，2004 年には郵船航空とタス・エクスプレス，2005 年 3 月にはドイツ日本通運がイスタンブールに駐在員事務所を開設して

いる。2006年1月には川崎汽船が，トルコのドルフィンと合弁でサービスを開始した（同，2005年版，379頁；同，2006年版，363頁）。

インフラ面においては，1990年8月には，イズミール近郊のアーリア地区の石炭火力発電所建設・運営登記が行われた。資本金は45億9,520万トルコリラで，電源開発，三菱商事，三菱重工など日本企業が火力発電所を建設・運営するものであったが，環境問題を理由として係争中となり，着工できない状況が続いた。その後，トルコ政府から工場用地を当初のイズミール近郊アーリア地区から地中海岸のユムルタルクFZに移すよう提案され振り出しに戻った（同，1992年版，356頁）。

他の製造業では，三井グループが現地のジョラコール・グループとコンテナ製造会社を設立した。イズミールに工場を建設，年産1万8,000ケースのコンテナを製造した。

このほか，日野自動車，森精機製作所が駐在員事務所を開設するなど新しい動きがみられるようになった。1997年10月高島屋日発工業と三井物産が，TAI（タカニチ・オートモーティブ・インテリア・トリムパーツ）社を設立した。資本金は1億円で100％日本出資である。出資比率は，高島屋日発工業90％，三井物産10％である。1998年1月から自動車のシート，ドア内装パネルの製造を開始している（同，1998年版，357頁）。

電機電子分野でも新たな動きがみられた。1998年3月，三洋電機はトルコの大手家電メーカー，ベステル社に家庭用冷蔵庫の開発，製造技術を供与する契約を結んだ（同，1999年版，350頁）。

またYKKは，1990年11月に同社100％出資の現地法人の投資認可を取得した。1992年8月には，YKKがチェルケズキョイ市にある約6万7,000平方メートルの敷地に工場を建設し，1993年7月から年産2,000万本のファスナー生産を開始した（同，1995年版，351頁）。

1992年11月には，伊藤忠商事が染料を中心とした化学品の輸出入の国内販売を行う現地法人を設立している。また，日本海事協会，日立建機，村田機械が駐在員事務所を設置したほか，数社に同様の動きがみられる（同，1994年版，351頁）。

(3) 非製造業分野への進出

この時期，非製造業分野への進出も活発化してきた。農業分野では，1993年5月に，イズミール近郊のトルバル地区で第一園芸と三井不動産の花卉園芸農場が完成し稼働し始めた。同社はカーネーション，バラなどを栽培し日本への輸出を目指した。

旅行やサービス業の動きもみられた。1990年9月には日本企業9社による日本食品販売・サービス会社（通称ジャパン・クラブ）が設立・登記され，10月にはイスタンブルに同社による本格的日本料理店が開店した（同，1991年版，310頁）。

その他，商社の現地法人化，日本からの旅行客を受け入れるための旅行代理店，トルコ産品輸出を目的とした貿易会社，家電会社のサービス会社などが設立されている。

1990年代に入ると，金融部門での投資が活発化し，邦銀や損保各社も相次いでトルコに進出

するようになった。これは，1990年8月に勃発して湾岸戦争の長期化によって，バーレーンの金融センターとしての立場が弱くなり，中東の新たな金融センターとしてのトルコのイスタンブルが注目され始めたことによる。またトルコ政府も1990年秋にオフショア市場構想を打ち出し，金融センターへの意欲を見せた。同時にトルコは欧州，アフリカ，中東の3大市場の真ん中に位置するため日本企業の進出もこのころから増加した。

1992年2月，富士銀行が全額出資する米国の大手金融業，ヘラー・グループ（本社シカゴ）は，世界銀行の姉妹機関である国際金融公社（IFC）と共同でトルコに合弁金融会社を設立した，と発表した。トルコの輸出産業を対象にファクタリング（売掛債権の買い取り）業務などを手掛ける計画で，地元の財閥グループも参加した。IFCは開発途上国への資金援助機関だが，湾岸戦争で疲弊したトルコ経済の立て直しにも貢献するプロジェクトであると判断して，邦銀金融機関としては初めて民間の合弁事業に参加を決めた。この合弁会社ヘラー・ファクタリングの本社はイスタンブルで，資本金は約300万で，ヘラー・グループの国際部門であるヘラー・インターナショナル・グループが40%，IFCが20%，トルコのチクロバ財閥が所有するインターバンク，ヤピ銀行の2行が20%ずつ出資した[25]。

保険会社も活発な動きを見せるようになった。1990年6月東京海上火災保険は日本の保険業界で初めて，トルコのイスタンブルに駐在員事務所を開設している。すでに資本提携している現地の有力保険会社，シャルク・シゴルタ社と組み，サービス体制を充実する。イスタンブル事務所開設で，同社の中東拠点は8カ所になった。

1990年1月，大正海上は欧州の全域に子会社を持つ大手保険会社ジェネラリ（本社イタリア・トリエステ）と営業・運用両面で提携することで合意し，同社がトルコに持つ子会社ジェネラリ・シゴルタ保険に資本参加するほか，ジェネラリ本社との間で研修員の相互派遣も始められた。欧州共同体（EC）の市場統合や東欧の民主化をにらみ，大正海上は欧州での本格的な営業展開を狙った。欧州全域に営業拠点を持ち東欧圏にも進出しているジェネラリとの提携を軸に営業基盤を拡大していく考えであった。トルコのジェネラリ・シゴルタへの出資比率は10%で，投資額は50万ドル（約7,000万円）で，非常勤役員も1人派遣する予定であった。トルコは地理的に東欧や中東との接点となっており，国内の保険市場そのものの拡大が将来見込めるため，両地域での営業活動の足掛かりにもなるとみられた[26]。1990年9月には，大正海上はイスタンブルに駐在員事務所を開設している。この他，日本火災，安田火災が相次いで駐在員事務所を開設した。

しかしながら，駐在員事務所では保険の元受営業ができないので，各社は現地の保険会社を通じて再保険で実質的に引き受けるフロンティングを展開した。先行きトルコ保険市場は一段と拡大するとの見方が多く，現地に合弁会社を設立するなど元受免許を取得できるよう検討を進めたいという損保会社もあった[27]。

新規投資としては，東京海上火災保険が1991年にシャルク生命保険会社の設立に参加，保険会社としてはトルコの生保会社に初めての進出となった。1991年には，日本火災海上保険が現

地のトルコ開発銀行などと日系損保初の合弁会社「トルコ・ニッポン・シゴルタ・アー・シェー」を設立し，トルコの保険業に参入した。[28]

ちなみに，1994年8月現在，トルコ国内で操業している日系企業は37社，投資額は1兆7375億トルコリラで，これはトルコで操業している外資企業による投資額の6.5％を占めるものであった。

1998年から99年の日系企業の動きとしては，三菱自動車，日本ビクター，シャープ，ブラザーミシンが駐在員事務所を開設したほか，1999年9月にはニッサン自動車部品センターが開所式を迎えている。1999年9月にはアナドル・イスズもトラック生産のための新工場を完成させた。このいすゞの軽トラック生産・販売に関しては，トルコは中国，米国に次ぐ3番目の市場であり，新工場完成で生産能力を年産1万2,000台から2万台へ引き上げることになった（同，2000年版，350頁）。

また，1994年以降，インフラ投資におけるBOT方式へのプロジェクトが増えた。1995年から96年にかけて日本企業のプロジェクトが目立った。1995年12月，三菱重工，三菱商事，伊藤忠がトルコのエンカ・グループと組んで，ブルサ・コンバインドサイクル発電所建設プロジェクトの受注に成功している。さらに，丸紅などによるマルマラエレーリ発電所プロジェクト，住友商事，三井物産などによるイズミット上水道建設プロジェクトなどがある（同，1997年版，348頁）。

1997年10月には，日本企業グループがトルコ企業，英国企業と国際コンソーシアムを組んで参加するイズミット湾横断橋プロジェクトについて仮契約に調印した。これはイスタンブルの南西部に位置するイズミット湾のダルジャとジェルセク・ブルヌ間に全長2,080mのつり橋を架設しようというもので，総資金は18億ドル，2002年の完成が目指された。完成後は，同コンソーシアムが設立する運営会社が27年間橋梁を管理運営した後，トルコ道路庁に引き渡す。日本からは石川島播磨重工業，伊藤忠商事，丸紅，三菱重工業，NKKの各社が参加している（同，1998年版，357頁）。

1998年1月には丸紅がフランス企業と組んで，エーゲ海沿いのディディム市での下水処理プラント建設を受注した。資金規模は60億円で，1999年末の完成を目指した。1998年8月には三菱重工業がドイツのバブコック，トルコのエンカ，テクフェン，トカールの各社と組んで，資金規模16億2,100万ドルに上るアフシン・エルビスタン火力発電所のバイニットの建設工事を受注している。トルコで大型建設案件が増加するなか，熊谷組は1998年6月，アンカラ営業所を開設している。同社では，今後，トルコでの大型土木工事を中心に受注獲得を狙い，将来的には中東や中央アジアなどへの進出を検討した（同，1999年版，350頁）。

その他のインフラ整備においては，1992年11月には，資本金50万ドル（うち，NTTインターナショナル51％，トルコ中央銀行年金基金45％）で設立されたNTTI-ビルヴァック・技術コンサルティングサービスは，NTTIの有する最先端の情報通信技術を活用してトルコ国内で銀行間の

各種決済システムのソフト開発，提供を行うものであった．

第6節　急速な日系企業の対トルコ投資－2008年以降－

(1) 投資市場としてのトルコの存在感の増大

2008年の「リーマンショック」からの回復が世界的に遅れ，欧州の債務危機などで世界経済が減速する中で，一部の新興国は好調を維持するようになった．なかでも，トルコはBRICsの後に続く国として注目を浴びるようになった．

所得水準は年々向上し，家計の可処分所得は年2万2,000トルコリラ（約97万円）と2006年に比べ約5割増である．業界団体によると，2012年も半期だけでショッピングセンターが25カ所開業する予定という．

活発な内需，さらには周辺の国々への進出拠点として，日系企業も相次いで進出するようになった．日本企業にとって，2009年以降投資先としてトルコの存在感が急速に増した．その理由は，第一に人口規模の大きさがある．人口規模が欧州の中でロシア，ドイツに次ぐ3位である．名目GDPは同9位で，市場として有望であるだけでなく，欧州，ロシア，北アフリカの中心に位置する地の利がある．

2012年にはイスタンブルに海外最大規模の「ハローキティ店舗」が開店している．同店の初年度売上高は600万ドル（約4億8,000万ドル）を見込んだ．小売サービス関係では，無印良品がフランチャイズ形式で，2008年10月にイスタンブル市内に店舗を開設しており，今後も販売動向次第で店舗数を拡大していく意向である．

2012年7月には同志社大学が日本ではじめてイスタンブルに事務所を開設し，トルコ人留学生の誘致に乗り出している．若年層の割合が高い「人口ボーナス」の時期に当たり，経済成長が見込めることが背景にある．[29]

2012年7月，全日本空輸は2014年に成田－イスタンブル線を就航することを発表した．全日空の中東への直行便就航はこれが初めてあった．トルコ経済の拡大で増える日本からのビジネス客に加え，欧州や中東など周辺国への乗り換え需要も取り込む．成田－イスタンブルの直行便は週7便の運航を計画し，年間10万人程度の利用を想定した．イスタンブルからの乗継ぎでは，「スターアライアンス」に加盟するトルコ航空との共同運航便を利用する．

トルコと日本を結ぶ直行便は，その当時は，トルコ航空のみが運航し，年間利用実績は約13人であった．第三国経由も含めると，日本からトルコへの乗客は観光客を中心に年間30万人程度に達していた．トルコに進出する日系企業は地場企業への出資も含めて約140社と拡大傾向にあり，全日空では両国間の航空需要は2倍に拡大するとみていた．[30]

トルコでは，この時期になってやっと交通や物流インフラの整備が始まった．大成建設がボスポラス海峡トンネルの建設を受注したほか，シルクロードの復活を狙う「カルス・トビリシ鉄

道」や第3ボスポラス橋など新たな大規模計画も立てられていた。

こうしたなか，ギュル大統領が国家元首として2008年6月訪日している。両国の経済関係を深めようと100人余りのトルコ経済人が同行した。

住友電工やアマダなど6，7社が相次ぎ現地法人を設立した。代理店との関係強化のほか，直販体制に移行する動きもあった。今後は販売網構築を目的として現地企業の買収が増えると予想された。

販売競争激化に備えて，マツダは現地企業との販売代理店契約を打ち切り，トルコでの販売を欧州本社直轄に切り替えた。競争激化に備えて，富士重工業は2008年4月，「スバル」の現地販売代理店を外した。直接販売に移行する企業もあり，旧代理店との係争につながるケースも出た（同，2007年版，359頁；2008年版，357頁）。

このほか，堺商事が2006年7月に化学品の販売強化に向け，イスタンブルに駐在員事務所を開設した。家電関連では，2007年1月にNECエレクトロニクスが，「トルコ・デジタルAV・アプリケーションセンター」をイズミールに設立し，5月にダイキン・ヨーロッパがイスタンブルに営業事務所を開設している。

自動車関連では，2007年9月に，関西ペイントがオランダのアクゾノーベルのトルコ子会社（自動車用塗料）の51％を買収し，経営権を取得している。デンソーは2007年7月，カーエアコン生産能力増強のため，24億円を投じてゲブゼ新工場の建設を開始した（同，2008年版，357頁）。

2008年4月に，工作機械メーカーのアマダが現地法人の形態を変更して有限会社を設立し，自社製品の販路拡大とアフターサービスの充実により，競合他社との差別化を図っている。日本ペイントは，2008年10月に自動車用およびプラスチック用塗料販売の強化を目的に，それぞれ現地法人を設立した。

三井物産は，自動車メーカー向けのレーザー溶接加工事業をスペイン企業のトルコ現地法人と合弁で開始した。また，三菱商事と三菱UFJリースのオートリース分野への出資も，今後の成長市場として注目される。

日本からの進出製造業の大半は，自動車・同部品メーカーであり，うちアセンブラーはEU，ロシア，ウクライナなど周辺諸国・地域への輸出・生産拠点としてトルコを位置付けている（同，2009年版，365頁）。各社は2008年の「リーマンショック」による経済危機による各国市場の縮小に伴い，急激な生産調整を余儀なくされており，設備投資の拡充は，今後の欧州市場などの需要動向を見極める展開となっている。

この時期に入ると，日系企業の動きとしては，トルコ国内での販売強化に向けた動きが顕著となってきている。ヤマハが自動二輪の直接販売に乗り出したほか，家電ではパナソニック，繊維機械関連でも刺繍機のバルダンが進出を果たした。また，2010年6月には，NECがMENA地域における事業体制を強化するため，新会社をイスタンブルに設立している。

製薬部門では，2008年に進出のアステラス製薬，第一三共に続き，2009年に10月に武田薬品

工業が販売の開始を発表している（同，2010年版，435頁）。医療分野では，2010年上期にテルモが駐在員事務所を設立し，富士フィルムは，欧州現地法人を通じて，2011年6月に，同社の内視鏡を取り扱っていた現地輸入販売代理店を買収している。味の素は，同年2月に販売法人の設立を決定している。2010年9月には日本通運が，また2011年6月には三菱樹脂が駐在員事務所を現地法人化した。造船分野では，IHIマリンが需要の高まりを受け，2011年5月にメンテナンスのサポートサービスを提供する支店を開設している。製造分野では，2011年前川製作所が工場設立に向けた準備を開始している（同，2011年版，414頁）。

IHIマリンユナイテッドが支店，阪和興業は駐在員事務所，味の素とスターツコーポレーションは現地法人をそれぞれ設立している。

また，資生堂は現地代理店と，東洋鋼鈑は現地製鉄企業と，それぞれ合弁会社を設立している。2012年5月末時点で，進出日系企業の数は約120社に達した（同，2012年版，421頁）。

この時期になると，いままで停滞していた製造拠点設立に向けた動きも活発になってきた。業種別にをみても，これまで主流だった自動車・同部品分野以外の分野に広がってきていることが特徴である。日系企業からの相談・照会に需要を見出す，法律事務所や会計事務所などの進出や進出検討が相次いでいることも特筆される（同，2012年版，421頁）。

製造業では，東洋鋼鈑，住友電気工業，OSG，住友ゴム工業，ホシザキ電機，大塚製薬などが相次いでトルコ企業との合弁事業を立ち上げた。三菱電機がトルコおよび周辺地域における事業拡大のために現地法人を設立した（同，2013年版，453頁）。

(2) 金融・保険部門への活発な進出

損保ジャパンは，フィバシゴルタ（損保保険11位）の株式99。07％を約274億円で取得し，子会社化した。同社は，新興国で重点地域と位置付けるトルコを始め，ブラジル，マレーシアでトップ5入りを目指し，自力だけでの成長は難しくM&Aも選択肢に入れる。新興国では，自動車保険などが伸びる可能性が高い[31]。

非製造業では，トルコは欧州，中東，さらにはアフリカに近い新興市場として注目を浴びるようになり，日系企業の活発な同国への進出がみられるため，拠点新設で顧客への情報提供の体制を整えようとしている。

なかでも，この時期には日本の3大メガバンクの進出が注目に値する。2011年3月，三菱東京UFJ銀行は，日本企業のトルコ進出を支援するため，トルコ政府と投資促進協定を結んでいる。イスタンブールにある駐在員事務所が取引先に現地企業や政策に関する情報を提供する。トルコを高成長と政情安定が期待できる地域とみて，他行に先駆けて日系企業の事業を後押しするものであった[32]。

三井住友銀行は，2012年2月にドバイ支店イスタンブル出張所を設け，トルコでの業務拡大を進めた。さらに同行は，2013年2月トルコの大手銀行ギャランティ銀行と業務提携すると発

表している。

　提携は協調融資や公共事業に民間の資金やノウハウを取り入れる官民パートナーシップ（PPP）など融資分野が中心となる。ギャランティ銀行が道路や発電所建設など現地の大型案件情報を発掘する。三井住友銀行は国際協力銀行やコファスなどアジアや欧米の公的金融機関から保障や保険を付けてもらい，融資の詳細な計画を作る。トルコに進出する日本企業や今後進出を検討する企業には，ギャランティ銀行を紹介する。日本企業は現地の大手銀行に口座を開設すれば，現地通貨建ての送金やLC（信用状）の買い取りといったサービスを受けられる。

　三井住友銀行は，トルコ再進出に合わせて，近隣のバーレーンやドーハの拠点機能を強化している。同行は，トルコを軸に周辺国拠点も活用し，欧州や中東でのビジネスを「面で」展開していく戦略を描いている。[33]

　三菱東京UFJ銀行は，1986年にイスタンブール駐在員事務所を設立後，現地に根を張ってきていた。設立当初は中近東総支配人の管轄下で貸出案件はバーレーン拠点と連携していた。2008年に欧州本部長の直轄拠点に変更，資金面の連携先も日系企業と取引が多いロンドン拠点に切り替えている。事業は企業向け融資が中心となっている。同行はトルコテレコムに対する6億ドル（480億円）の協調融資（シンジケート・ローン）の主幹事を複数の欧米大手行と共同で務めた。民間企業だけでなく国営企業などにも取引を広げ，基盤を固めようとしている。また，同行は首相府の投資促進機関と2011年3月に業務協定を締結し，投資セミナーの共催など情報提供を強化して取引先のトルコ進出を後押ししている。[34]

　同行は，結局2013年に現地法人を設立している。現地法人の資本金はリラ建てで3億ドル（約240億円）であり，現地採用を中心に50人規模の陣容を整える計画である。邦銀がトルコに現地法人を構えるのは，旧さくら銀行（現三井住友銀行）が1999年に現地法人を売却して以来，13年ぶりとなる。現在の3メガバンク体制では初めての現地法人となった。

　三菱東京UFJ銀行は現地法人を通じ，預金や融資，決済，為替予約などトルコ国内での金融ビジネスに参入する。当面は主に日系企業との取引を想定しており，顧客のニーズに合わせてトルコリラ，ドル，ユーロを活用する。2012年10月には，トルコ最大手のイシュバンクと幅広く業務提携することを決めた。この提携では，イシュバンクが預金やクレジットカードなど個人向けリテールのほか，リース業務を提供する。三菱東京UFJは貿易向け金融や協調融資など高度なノウハウを要する取引を受け持ち，相互に補完し合い。両行がトルコや周辺で企業のM&Aをつなぐのも狙いである。[35]

　2012年9月3日みずほコーポレート銀行は，トルコの大手銀行アクバンクと業務提携を結ぶと発表した。アクバンクは現地トルコ財閥系金融機関で，米ドル換算で総資産額約800億ドルを有し，905カ所の支店網を展開する現地最大規模の銀行である。この提携で，日本企業向けに現地通貨トルコリラを使った融資などを共同で手掛ける。みずほ銀行は，財閥系銀行と組むことで，日系企業の現地での販路や流通網の開拓を後押しする狙いがある。みずほは2012年2月に同国

に駐在員事務所を開設したばかりで，金融インフラは手薄であった。きめ細かい支店網を持つアクバンクと提携し，トルコリラ建ての送金事業や貿易決済，プロジェクト・ファイナンスなどの金融サービスを提供できるようにする。みずほは，同年6月にトルコ政府傘下の「投資促進機関」と日本企業のトルコ進出支援で協力することで合意している[36]。情報収集が目的の駐在員事務所は金融業務を行うことは許されず，従来はロンドンなど近隣拠点やトルコの地場銀行につないでいた[37]。

他のサービス産業では，郵船ロジスティクスの現地法人設立，日立データシステムズの支店設立などが見られた。また，不動産仲介・管理のスターツコーポレーションは，日系企業向けにオフィスや駐在員の住宅などの仲介業務を2012年1月に開始している。同社は，2013年7月に，トルコのイスタンブールで貸事務所「スターツ・イスタンブール・サービスオフィス」を開設したと発表した。約700平方メートルのフロアに25の貸事務所を作っている。1室は1～4人で使える。インターネット回線や机などを完備しているため，入居してすぐに業務を始めることができる。会議室やラウンジ，キッチンなど共用スペースも設置した。現地に進出する日系企業や欧米企業向けに提供する。3人のスタッフを配置し，日本語，英語，トルコ語の3カ国語で対応する。同社が海外で貸事務所を提供するのは，上海，ヤンゴンに続いて3カ所目となる。現地スタッフは事務所を管理するだけでなく，顧客となる企業の社員向けにイスタンブールでの住まい探しや，ホテルやレストランの予約などのサービスも提供し，手厚いサポート体制を敷くことで顧客の取り込みを目指す。イスタンブールに日本の不動産関連連企業が進出するのは珍しい。中東や中央アジア，欧州市場の開拓拠点として増える企業の進出に対処する[38]。

M&A型の投資も増加してきた。ダイキン工業によるエアフェル（空調機メーカー）買収以外にも，富士フィルムは欧州現地法人を通じて同社の内視鏡製品の代理店だったフィルメト社の全株式を取得している。日東電工は工業用テープ・メーカーのベント・バンチェリックを買収した。富士フィルムは2011年の買収に続き，フィルマット・ディス・ティジャーレットを買収し，コニカミノルタは現地代理店を買収した。また，三菱電機の現地法人が現地販売代理店を買収し，東芝メディカルシステムズが医療機器販売会社を買収してそれぞれ子会社化した。

日清食品がユルドゥズ・ホールディングス傘下のベリーニ・グダ・サナイアーシェの株式50％を買収した。NTTデータのドイツ子会社アイテリジェンスはヘルシスの株式60％を買収するなど欧州拠点を通じたトルコ事業展開の動きもある。

住友商事は農薬販売会社を設立したほか，JFE商事，理研ビタミン，ミルボンが駐在員事務所を，清水建設が支店を設立するなど進出の流れが続いている（同，2012年版，421頁；同，2013年版，453頁）。

2010年代に入ると，電機・電子関連企業の進出も活発化してきた。ホシザキ電機は，2012年11月，業務用冷蔵庫を含む業務用暖房機器の欧州・中東への製造・輸出拠点として，現地メーカー Inoksan 社と70％出資の合弁会社を設立している。

三菱電機は，2012年12月に現地法人を設立している。トルコではファクトリー・オートメーション（FA）事業（2013年10月にFAセンターを設立），空調冷熱事業，そして社会インフラ関連事業（人工衛星，昇降機，鉄道車両用電機品など）を展開し，2011年3月には国営衛星通信会社Turksatから通信衛星2機を5億7,100万ドルで受注している。

　東芝は，2010年に設立した現地法人を営業活動ができる新会社に改変し，2013年8月に現地法人を設立している。トルコ及び周辺諸国における電力システム事業（火力・水力・地熱・風力・太陽光発電等）の営業および調達拠点として事業活動を展開する予定である。

　日立国際電気は，中東における放送機器事業拡大のため，2013年6月に現地法人を設立している。電子・通信機器などの販売補修に加え，フリーゾーンにおいて開発や設計，製造を現地で行う地産地消型の事業展開を推進する[39]。

　NTTデータは，2012年7月，トルコのシステム会社であるElsys社の株式60%を取得することで合意したと発表している。国内市場におけるプレゼンスの向上と中堅企業向けSAPビジネスのボリューム拡大を図る（同，2013年版，453頁）。

(3) トルコ周辺市場の開拓

　2010年代に入ると，日系企業のなかには地政学的な立場を利用し，トルコ国内市場やEUのみならず，中東，北アフリカ，東欧などの周辺地域をカバーする拠点を増やす動きが見られるようになった。そのため，法律・会計事務所，コンサルタント会社，そして新聞社などサービス部門の企業も進出を加速している。

　こうした動きの背景には，トルコ企業が中央アジアやロシア，東欧に強いネットワークを持つことが挙げられる。米国のコカ・コーラはトルコのアナドル財閥と組み中央アジアなどに展開しており，トルコ経由でパキスタン企業を買収したりしている。現地資本のアルセリクやベステルといった家電企業はロシアやルーマニア，ドイツで工場建設や地場企業の買収に乗り出し，トルクセルという通信会社はカザフスタンに展開している。スーパーや流通，飲料，建設，金融といった分野での同様の進出が活発である。こうしたトルコ企業との連携は，地域になじみが薄い企業にとって利点が大きいと考えられる[40]。

　トルコ民族のルーツは古代の遊牧国家「突厥」に遡り，中央アジア・カフカスと特別な関係がある。中央アジア・カフカス8カ国のうち5カ国がトルコ語系の言語を使用する。アゼルバイジャンとトルコは「1民族，2国家」と政府首脳が公言するほど関係が深い。トルコは，2009年に「トルコ語系諸国協力会議」を設立し，定期的に主脳会議を開催している。日本企業はトルコを中東・アフリカへの投資の窓口として売り込んできたが，中央アジア市場開拓の拠点としても重要な地位を占めつつある[41]。

　言語と文化が近いため，トルコ企業はこの地域の現地政府に食い込みやすい。一方，日系企業の場合，日本人駐在員が家族を帯同して現地で生活するのは難しい。例えばトルクメニスタンの

在留邦人は 15 人程度にとどまっている。他方トルコ人は言語や食事などで違和感が少なく，現地で長期間生活できる[42]。トルコ企業は人脈を有し，労働者の確保でもノウハウを持っている。

中央アジア・カフカス地域の人口は，8 カ国合計で 8,400 万人と，トルコを上回る。トルコと経済的な結びつきが強く，トルコからこの地域への 2014 年の 1 月から 6 月の輸出額合計は約 41 億ドルである。トルコの国別輸出先で 3 番目に多い英国に迫る。

また，日本経済新聞社は，2012 年 4 月にイスタンブル支局を開設している。トルコの経済・産業取材を強化するとともに，中央アジア・南欧・中東の広域取材拠点としても活用する[43]。

自動車関連では，2012 年 10 月，住友ゴムが中東，北アフリカ，ロシアおよび欧州への供給拠点として，現地大手メーカーとタイヤ製造・販売の合弁会社を設立している。アンカラ近郊のチャンクル県で，2015 年 7 月に生産を開始する予定であった。総投資額は 400 億円と言われている。

2011 年 8 月ダイキン工業は，トルコの大手空調機メーカー Airfel 社の株式 100% を 1 億 8,000 万ユーロで取得した。国内空調事業で売上げ 400 億円を目指すとともに，トルコをハブ拠点として周辺国への事業推進も加速するというものである。2012 年の総売上は前年比 52% 増の 5 億 1,800 万リラ（約 260 億円）を達成している。このように，日本企業のトルコの現地法人が中央アジア・カフカス市場を開拓する事例も増え始めた。

日東電工は，2012 年 4 月，工業用テープメーカーのトルコ国内最大手の Bento Bantcilik 社および販売子会社を 1 億ドルで買収することを発表している。トルコを欧州管轄エリアの拠点地域として，東欧を中心とした欧州や MENA（Middle East＋North Africa）地域の隣接する新興国市場などでテープ事業の拡大を加速させる。

パナソニックは，2013 年 10 月大手配線器具メーカーの Viko 社の株式 90% を約 460 億円で取得することを発表した。トルコおよび周辺国市場において配線器具，低電圧電炉機器などの電設資材事業の本格展開を図る。

味の素は，2013 年 11 月，調味料などを販売する現地大手食品メーカーであるキュクレ社の株式 50% を 6,000 万リラ（約 29 億円）で取得すると発表している。トルコでの既存事業強化に加え，新しい食品領域での事業拡大を実現し，将来的には中東，中央アジア市場への展開強化を狙う。

東芝メディカルシステムズは，2013 年 1 月に医療機器販売会社 TMST 社を買収して現地法人を設立している。トルコを中心とした中近東地域における販売拡大を目指す。2013 年 4 月にはトルコ保健省より CT システム 50 台の大型案件を受注している。

日立物流は，2013 年 10 月，現地物流会社の Mars Logistics Group の株式 51% を取得することで合意したことを発表した。未進出であったトルコへ新たに進出するとともに，欧州域内の事業拡大や MENA 地域への事業展開を目指す。

三菱商事は，トルクメニスタンの国営化学公社トルクメンヒミヤが発注した大型の肥料プラントを約 13 億ドル（約 1,330 億円）で受注している。トルコの財閥チャルク・ホールディングと共同で，設計・調達・建設を手掛ける。生産開始は 2018 年の予定である。トルクメニスタン産の

天然ガスを原料とし，肥料となる尿素を生産する。日産約3,500トンの生産能力となる見通しで，すべて輸出する。チャルク傘下の建設会社ギャップ・インシャートが建設し，三菱重工が設計と機材調達を手掛ける[44]。

三菱電機はトルコを拠点に昇降機の営業を展開し，アゼルバイジャンの首都バクーの大型施設「炎のタワー」に納入した。

2014年8月，川崎重工業はトルコ建設大手，ルネサンス・ホールディングと共同で天然ガスを液体燃料にする「GTL（ガス・ツー・リキッド）」と呼ばれる大型プラントをトルクメニスタンの国営トルクメンガスから受注した。受注額は約15億ドル（約1,560億円）であった。国際協力銀行（JBIC）が事業資金の85％相当を融資し，2018年6月までの工事完成を目指すという。このプラントは，年間17億8,500万立方メートルの天然ガスを触媒や特殊な化学反応技術を使って処理し，「オクタン92」のガソリンを年間60万トン生産する。国際協力銀行が事業資金の85％相当を金融支援すると言う[45]。川重がプラント設計や資機材調達，プロジェクト管理を行い，ルネサンスが建設工事を請け負う。トルクメニスタンの天然ガス埋蔵量は世界4位で，日本の150年分の消費量に相当する。同国政府はガスを使った肥料や化学品生産などを経済成長の柱に据えており，資金力や技術力が豊富な日本企業などに製造プラントを発注している。

この他，ルネサンスは2013年9月に，三井造船と共同で化学公社トルクメンヒミヤから硫酸プラントを受注している。受注額は約2億ドルであった[46]。

伊藤忠商事と国際石油開発帝石が，アゼルバイジャンからトルコ南部に至るBTC原油パイプラインに出資している[47]。

カスピ海周辺の中央アジア・カフカス地域は，天然ガスや鉱物など資源マネーで潤い，アゼルバイジャン，カザフスタン，トルクメニスタン，ウズベキスタンは2013年に6〜10％前後の経済成長率を記録した。中央アジア・カフカスの天然ガスの確認埋蔵量を合計すると，中東のガス大国カタールの約8割に匹敵するといわれている。化学プラントなどで日本の技術と資金への期待が大きい。

第7節　おわりに

以上，1950年代から現在に至る日系企業の対トルコ投資を歴史的にみてきた。日本が1949年から50年にかけて民間貿易がおこなわれるようになると，戦前トルコとの貿易に関与していた総合商社が迅速に出張所などを設け，トルコは日本から繊維製品を輸入し，トルコから日本へは繊維原料が輸出された。しかし，貿易はそれほど活発化せず，閉鎖された事務所も多く，エジプトやレバノンの事務所からトルコ貿易が管轄された。

その後，日産やピストンリングのような日系製造企業の対トルコ投資が認可されるが，結局は実現されることはなく，日本からのトルコへの投資はほとんど見られなかった。

この状況が変化するのは1980年代に入ってからである。自動車組立メーカーや部品メーカーが進出をし始めるのである。また，金融，観光，インフラ関連の企業の進出もみられるようになった。この背景には，トルコ政府の外資政策への変化，FZの設置，BOTの導入による積極的な外資の導入，そしてECの関税同盟への参加があった。

　1990年代になると，トルコのEUの関税同盟への参加により，トルコ国内市場の開拓だけでなく，トルコをEU市場への生産・輸出拠点とする動きが強まってくる。そのため，日本企業の投資は増加した。典型は，トルコ・トヨタである。同社は，トルコの自動車会社のなかではもちろん，トルコのなかで最も輸出額の大きい企業となったのである。トヨタ，ホンダ，そしていすゞの生産高が増加するにつれて，日系自動車部品メーカーの多くがトルコ進出を図るようになった。

　さらに，ボスポラス海峡の海底トンネルなどインフラ整備のための投資も行われるようになった。

　2000年以降，トルコの経済成長と欧州，中央アジア・カフカス地域，中東，ロシアなどを結ぶ地政学的位置からトルコの重要性は急速に高まった。そのため，多くの日系企業がトルコに進出するようになった。製造業では引き続き，自動車部品関連企業の進出が目覚ましかった。

　多数の日本企業が進出することによって，それらの活動を支えるための日系サービス企業の進出が活発化しし，日本の3大メガバンクがトルコに進出するようになった。

　このように，歴史的に日系企業の対トルコ投資をみてくると，トルコの貿易・投資の特徴が明らかになる。

　第一の特徴としては，構造的貿易赤字の問題がある。経常赤字問題の原因としては，生産におけるエネルギーと中間財の輸入依存が高いことが挙げられる。

　第二の特徴は，貿易相手国の多様化が進行していることである。とくに，MENA市場が重要な役割を果たしていることが分かる。

　第三の特徴としては，経常赤字を穴埋めするような形で，海外からの投資資金に依存していることである。そのため，現在では急速に投資環境の整備を行っている。多くの外資企業は，トルコをEUのみならず，中東，北アフリカ，バルカン，中央アジアなど周辺国へのハブとするための動きが進行しつつあると言える。

　第四の特徴としては，2000年代に入り，日本企業が現地企業にM&Aを積極的にかけていることである。流通経路を握っている代理店を買収し，直販体制を作り出しているものがみられると同時に，現地の製造会社などに資本出資するケースも増えていることである。

　第五の特徴としては，トルコに拠点を置く日系企業には，「脱・欧州依存」の動きが広がる。トヨタやホンダなど自動車メーカーは，中東や旧ソ連圏の市場を開拓する。エアコン大手のダイキン工業はトルコを拠点に中央アジアに進出する。輸出額に占める欧州の割合は，2007年の6割から2011年には4割まで低下している。地理的な優位性を生かし潜在力のある周辺地域への

輸出拠点に脱皮できれば，トルコも息の長い成長が可能になると思われる。

　依然として残るトルコ経済の課題は，景気が拡大するとエネルギー輸入が増え経常赤字が拡大するという構造的な問題である。8.5％成長した2011年は輸入額が2003年の5倍近くまで増加し経済の足を引っ張ることになった。2011年の経常赤字は約770億ドルと国内総生産の約1割に達する。トルコ経済は，「薄氷の上を滑走するスピードスケーター」と呼ばれたほどである。輸出は欧州依存の軽減を目指すが，いかに新興国市場を取り込むかがカギを握る。トルコの経済における構造上の問題はしばらくは解決しそうにない。[48]

　トルコは欧州，バルカン諸国，中央アジア・カフカス地域，中東・北アフリカに接する地政学的な優位性が強調されてきた。事実この優位性を求めて，2010年以降多くの日本企業がトルコに投資を行っている。この優位性は，2003年のイラク戦争，2010年の中東の春ごろまでは発揮されそうであった。しかしながら，2014年のIS（「イスラム国」）の台頭やクリミア危機などによって，この地政学的な位置は大きなリスクともなりつつある。

　今後しばらくは，この地域の政治的な安定化がトルコへの日本企業の進出を左右する大きな要因であると考えられる。

注

1) 数少ない研究の1つに，川辺純子（2014）「トルコの経済発展と日本企業」『城西大学経営紀要』第11号，がある。同論文は，主にトルコ政府の経済政策と日本企業との関係を歴史的に分析しており，その中で日本企業の進出を扱っている。本稿もこの論文に負うところが大きい。
2) 徐寧教・新宅純二郎・朴英元・李澤建（2012）「トルコ自動車産業の現状と展望—トルコの日韓自動車企業—」『赤門マネジメント・レビュー』第11巻第8号；小林浩治（2006）「トルコの自動車産業とトヨタの事業進出」『赤門マネジメント・レビュー』第5巻第7号；折橋伸哉（2008）『海外拠点の創発的事業展開—トヨタのオーストラリア・タイ・トルコの事例研究—』白桃書房；高橋泰孝・芦澤成光（2009）『EU自動車メーカーの戦略』学文社。
3) ジェトロ・イスタンブール事務所（2014）「トルコ・ビジネス環境概観—最新の経済と市場の動向について—」。
4) 海外投融資情報財団調査部（2014）「高所得国入りめざすトルコ」『JOI』5月号，6頁。
5) 同上。
6) 同上の図表6による。
7) ジェトロ・イスタンブール事務所（2014）「トルコ・ビジネス環境概観—最新の経済と市場の動向について—」8月。
8) 兼松株式会社社史編纂室（1990）『KG100—兼松株式会社創業100周年記念誌—』兼松株式会社，340頁。
9) 三菱商事㈱会社（1986）『三菱商事社史（下巻）』195-196頁。
10) 『伊藤忠商事100年』（1969年）439頁。
11) 株式会社トーメン（1991）『羽ばたけ世界へ—トーメン70年のあゆみ—』127頁。

12) 川辺純子（2014）「トルコの経済発展と日本企業」7頁。
13) 小島清（1985）『日本の海外直接投資』文眞堂，22-23頁。
14) この時期には，トルコだけでなく他の国でもBOTが盛んになっている。以下参照。川辺信雄（1998）「アジアの経済発展と社会資本の形成－経営史からみたBOT－」『オペレーション・リサーチ』9月号。
15) 「三井銀行，トルコ計画庁と情報交換協定」『日本経済新聞』1989年7月12日。
16) 「三井銀，ケミカル三井銀への出資比率を引き上げ」『日経金融新聞』1989年12月29日。「トルコさくら銀行－アジアと欧州のかけ橋に（点検海外金融網）－」『日経金融新聞』1995年月1日。
17) 「対策に戸惑う日系金融機関（下）保険－拠点再編，提携も強化（EC92）－」『日経金融新聞』1988年11月11日。
18) 「トルコ特集－トルコ，開放政策で脚光，進出増える，中東の拠点に日本企業評価－」『日本経済新聞（夕刊）』1992年10月29日。
19) 同上。
20) 同上。
21) 「神東塗料がトルコ合弁，自動車用を供給，技術指導」『日経産業新聞』1994年4月19日。
22) 「中央発條とトルコ社合弁，バネ部品生産」『日経産業新聞』2002年3月12日。
23) 「金型の改造・補修サービス拠点，積水工機，海外に開設加速－日系自動車進出に追随－」『日経産業新聞』2005年1月13日。
24) 「シリンダーライナー，TPR，中国で量産－トヨタ向けなど，来年，月30万本－」『日経産業新聞』2005年3月2日。
25) 「邦銀イスタンブールに注目，損保各社も相次ぎ進出，ポスト・バーレーン」『日経金融新聞』1991年1月17日。
26) 「大正海上，欧州全域で事業展開－伊ジェネラリと提携，営業・運用，子会社に出資も－」『日本経済新聞』1990年1月5日。「イスタンブールに大正海上が事務所」『日経金融新聞』1990年9月18日。
27) 「邦銀イスタンブールに注目，損保各社も相次ぎ進出，ポスト・バーレーン」『日経金融新聞』1991年1月17日。
28) 「日本火災海上保険－アジアの営業網拡充急ぐ（海外現法点検）－」『日経金融新聞』1994年7月20日。
29) 「新興国景気の今（1）トルコ－高まる購買力，成長主導，経常赤字体質，改革急務－」『日本経済新聞』2012年8月15日。
30) 「全日空，トルコ就航，成田－イスタンブール，初の中東便」『日本経済新聞』2012年7月20日。
31) 「損保ジャパン日本興亜発足－二宮社長，『新興国，M&A視野』－」『日本経済新聞』2014年9月1日。
32) 「トルコと投資促進協定，三菱東京UFJ銀，企業進出を支援」『日本経済新聞』2011年3月26日。
33) 「みずほコーポ銀，ミャンマーなどに事務所」『日本経済新聞』2012年1月26日。「みずほコーポレート銀行，トルコ拠点，27日開設」『日本経済新聞（夕刊）』2012年2月23日。
34) 「トルコ特集－邦銀，案件を開拓，企業誘致など後押し－」『日本経済新聞』2012年4月23日。

35）「トルコ最大手銀と提携，三菱UFJ，リテール業務仲介（IMF世銀総会2012東京）」『日本経済新聞』2012年10月12日。
36）「みずほコーポ，トルコ大手銀と提携，日系企業向け融資」『日本経済新聞』2012年9月3日。
37）「三菱東京UFJ銀，トルコ現法，3メガで初，日系企業向け金融業務，邦銀の競争本格化」『日本経済新聞（夕刊）』2012年7月4日。
38）「スターツコーポレーション，イスタンブールに進出」『日本経済新聞』2012年1月17日。
39）「三菱電がトルコ社買収，FA機器の販売代理店」『日経産業新聞』2013年3月22日；「東芝，トルコに営業販売会社，電力システム受注強化」『日経産業新聞』2013年8月6日；「日立国際，トルコに現法，地デジ対応放送機器販売」『日経産業新聞』2013年6月14日。
40）「トルコ─ジェトロ・イスタンブール事務所長石原圭昭氏─（新興国Bizトレンド）」『日経産業新聞』2008年11月7日。
41）「中央アジア開拓，トルコ起点に，三菱商事，財閥と肥料プラント，日本勢，中ロ追い上げ」『日本経済新聞』2014年8月19日；「中央アジア開拓，トルコ起点に─中央アジア・カフカス，ソ連崩壊で独立，資源・成長力に注目─」『日本経済新聞』2014年8月19日。
42）「中央アジア，日・トルコで開拓，ルネサンス・川重，燃料設備─言語・文化，近さが強み，日本の技術と相互補完─」『日経産業新聞』2014年8月28日。
43）「本社，イスタンブール支局開設」『日本経済新聞』2012年3月21日。
44）ジェトロ・イスタンブール事務所「トルコ・ビジネス環境」2014年8月，42-44頁；「住友ゴム，トルコに工場，400億円投じタイヤ，欧州・中東への販売視野」『日本経済新聞』2012年9月14日；「日電工，トルコ社買収，工業用テープ，新興国で拡販」『日本経済新聞（夕刊）』2012年4月18日；「パナソニック，プラズマ撤退発表，リストラ費500億上積み，トルコ社買収」『日本経済新聞』2013年11月1日；「トルコで即席パスタ発売，日清食品，現地合弁を活用，15年にも年1億食目標」『日本経済新聞』2013年10月10日；「味の素，トルコ社株50％取得，中東開拓へ販路活用」『日本経済新聞』2013年11月6日；「東芝メディカル，トルコ医療機器販売会社を買収」『日経産業新聞』2013年1月29日；「日立物流，トルコの同業を買収，新興国で営業拡大」『日経産業新聞』2013年7月17日；三菱商事「中央アジア開拓，トルコ起点に，三菱商，財閥と肥料プラント」『日本経済新聞』2014年8月19日。
45）「中央アジア，日・トルコで開拓，ルネサンス・川重，燃料設備，トルクメン国営から1500億円」『日経産業新聞』2014年8月28日。
46）「天燃ガスの液体燃料化設備，川重，1500億円で受注，トルクメンで」『日本経済新聞』2014年8月27日；「中央アジア，日・トルコで開拓，ルネサンス・川重，燃料設備，トルクメン国営から1500億円」『日経産業新聞』2014年8月28日。
47）「中央アジア，日・トルコで開拓，ルネサンス・川重，燃料設備，トルクメン国営から1500億円」『日経産業新聞』2014年8月28日；「送ガス管『日本出資を』，アゼルバイジャン副首相，下旬訪日，南欧向け投資額2兆円」『日本経済新聞』2014年2月18日。
48）「新興国景気の今（1）トルコ─高まる購買力，成長主導，経常赤字体質，改革急務に─」『日本経済新聞』2012年8月15日。

第5章

グローバル化とローカル化のバランス
——トヨタ・モーター・マニュファクチャリング・トルコ社の事例——

池 田　芳 彦

第1節　は じ め に

　日本からの対トルコ投資，なかでも製造業分野への投資において大きな割合を占めるのは自動車関連部門である。トヨタ自動車，本田技研が乗用車を，そしていすゞがトラックとバスと，この3社がトルコにおいて生産販売活動を行っている。

　なかでも，トヨタは自動車の生産販売において世界1，2位を争う企業であり，世界中に生産販売拠点を有する日本を代表する多国籍企業でもある。同社のトルコ現地法人であるトヨタ・モーター・マニュファクチャリング・トルコ（Toyota Motor Manufacturing Turkey Inc.：TMMT，以下トヨタ・トルコ）は，トルコの自動車産業界においてもその存在感は極めて大きい。

　2013年においては，トヨタ・トルコは15万台の自動車生産能力を有し，10万台超の自動車を生産し，そのうちの85％をヨーロッパ中心に輸出し，トルコ最大の輸出企業にもなっている。また，トヨタの海外工場のなかでも，タイ，台湾の工場とならんで，トルコ工場はその品質・パフォーマンスにおいてもきわめてレベルの高いものとなっている。

　そのため，トヨタ自動車に対する研究もかなり多く進められてきているが（たとえば，藤本，1997），トヨタの海外展開，とりわけトルコ・トヨタについての研究も多く存在する。代表的な研究としては，折橋（2008），高橋・芦澤（2009），徐ほか（2012）がある。これらの研究では，トヨタのトルコ進出の経緯，ヨーロッパにおけるトヨタ・トルコの位置づけなどが議論されている（折橋，2008；高橋・芦澤，2009）。また，トルコに進出した韓国企業との比較や，他の国々にあるトヨタの工場との比較視点から研究されているものもある（徐ほか，2012）。さらに，同社の経営者としての経験からトヨタ・トルコについて述べたものとしては，小林浩治（2006）がある。トルコ・トヨタへのトヨタ生産方式（TPS）の導入や人材育成など，マネジメントの側面から議論されている。

　これまでの研究の多くは，トヨタ・トルコの，ある時点でのある側面についての研究が中心と

121

なっている。先行研究のなかで，進出時から現在にいたるまで，トヨタ・トルコについて，トルコ自動車産業における位置づけ，トヨタ自動車の世界戦略における役割，さらにはそれを実現するための「トヨタ・ウェイ」やTPSの導入，人や組織づくりの過程と成果を体系的に議論したものはない。

そこで，本稿ではトヨタ・トルコの事例を改めて分析することにより，トヨタ・トルコがなぜ，どのようにしてトルコの自動車産業において大きな役割を果たすようになったのか，そのためにはどのような組織や人づくりを行ってきたのかを考察する。同時に，トヨタは日本型経営の典型的な企業ともいわれているので，トルコでの日本型経営のあり方がトルコにおいていかなる意味を持つのかを明らかにする。

このような問題意識をもつ本稿の構成は以下の通りである。問題提起をおこなった第1節「はじめに」に続いて，第2節ではトルコの自動車産業の概要についてみる。続く第3節では，トヨタ・トルコの概要と沿革についてみる。第4節では，トヨタ・トルコの経営能力について議論を行う。まず，品質の高い同社の特徴，トヨタ・トルコのヨーロッパにおける位置づけ，人材の育成，生産ライン（組織）づくりについて考察する。最後の第5節「おわりに」では，本稿の議論をまとめ，トヨタ・トルコの経営の特徴を明らかにする。

本稿の研究にあたっては，資料として既存の学術書・論文，『日刊工業新聞』や『日本経済新聞』をふまえた上で，2012年9月にトヨタ・トルコを訪問し，生産現場を視察し，約2時間にわたるインタビューを行うことができたが，このインタビューに多くを依存している。

第2節　トルコの自動車産業

2011年5月，イエローキャブの愛称で有名なニューヨークのタクシーの次期主力車種として日産自動車のハイルーフ車であるNV200（日本名NV200バネット）が選定されたというニュースが日本で大きく報じられた。2013年から10年間にわたって日産が独占的にニューヨークでタクシー車両としてNV200を提供することになった。これまでは，ニューヨークのタクシーと言えば，正にアメリカ車をイメージさせるフォード社の大型セダンであるクラウン・ビクトリアが街角に溶け込んでいたわけだが，日本車の，それもスライドドアのワンボックス車に代わると言うことで当時は話題になった。

日本だけでなく世界中に配信された日産自動車のイエローキャブに関するニュースだが，日産のNV200に選定されるまでの過程はほとんど報道されていない。しかし，PR効果が絶大なニューヨークのイエローキャブであるがゆえに，当然ながら指名獲得競争では熾烈な指名争奪戦が繰り広げられた。アメリカ3大自動車メーカーも含めた世界中の自動車メーカーが名乗りを上げていた。

日産のNV200と最後まで選定過程で競い合っていたのは，実はGMやトヨタではない。最終

候補として日産NV200とともに残った車両に，フォードのトランジット・コネクトの他，トルコのカルサン（Karsan）V1[2]が入っていたという事実は意外と知られていない。

　もちろんこの事実だけで，トルコの自動車産業を評価して語るのは危険であるが，少なくともトルコの自動車産業が，耐久性のある品質の高い自動車を安定的に供給できる能力がある，とニューヨークのイエローキャブ選定作業チーム「タクシー・オブ・トゥモロー」は評価していたのである。

　トルコの自動車産業がこのような「自力」をもっている背景には，1970年代にトルコ政府が国策として自動車産業の育成に注力したことがある。いずれも小型車の製造では定評のあるフランスのルノー社とイタリアのフィアット社をトルコ北西部のブルサ（Bursa）に誘致し，その周辺に自動車部品メーカーなど自動車関連の企業を配することに成功した。現在，自動車関連企業が多く集まるブルサは，日本の豊田市のようないわゆる「自動車町」となっている。

　このように外資との合弁による生産やOEM生産の拠点として1970年代からルノー，フィアットに続き，米国のフォードが生産拠点を設立し，1990年代後半からはトヨタ，ホンダ，ヒュンダイなどのアジアの自動車メーカーも生産拠点として進出した。

　現在ではトルコ国内に10社以上の生産拠点が操業しているが，トルコ側100％出資の自動車メーカーは，現時点ではない。なお，韓国のヒュンダイが初めて海外に生産拠点を設立したのがトルコであり，現在は欧州向け輸出の生産拠点となっている。

　2011年にトルコの商工省は，関係閣僚と関連団体トップを集めて「自動車産業戦略会議」を開き，自動車産業の中期国家戦略を発表した。それによれば，トルコの自動車産業で2023年までに，年間200万台を生産して，そのうち75％にあたる150万台を輸出し，60万人の雇用創出を実現し，自動車生産台数で世界10位以内（2013年時点では17位），欧州（EU27＋EFTA諸国）で3位以内，研究開発（R&D）投資で欧州5位以内に入ることをめざすと発表した。最終的な目標として，トルコの純国産ブランドを世界市場で販売することだとしている。ニューヨークのイエローキャブの最終候補にトルコ製車種が残ったという事実からすると，必ずしも希望的目標というわけではないだろう。

　表1は，2013年における国別の自動車生産台数のランキングを示している。巨大市場を形成しつつある中国には世界の主要な自動車メーカーが複数の生産拠点を構えていることもあり，年間2200万台と2位の米国の2倍の台数を生産している。以下，3位が日本，4位がドイツ，5位の韓国と，自国に複数の自動車メーカーを有する国が順当に並ぶ。

　トルコは2013年の自動車生産台数では17位で，前年度5％増の113万台に達している。トルコの自動車生産台数は，中国，インド，タイに次ぐペースで伸びている[3]。うちトルコ国内で販売された自動車は85万3,000台である。トルコの自動車生産台数は，フランス（13位），イギリス（14位）よりも順位を下げるものの，イタリア（20位）を上回っているのである。現在，トルコは，よく発達した自動車産業の集積を有しており，トヨタ，フォード，ルノー，フィアット，ホ

表 1　自動車生産台数国別ランキング（2014年）　　　（単位：台）

1	中国	23,722,890	20	イタリア	697,864
2	アメリカ	11,660,699	21	アルゼンチン	617,329
3	日本	9,744,558	22	マレーシア	596,600
4	ドイツ	5,907,548	23	ポーランド	593,904
5	韓国	4,524,932	24	南アフリカ	566,083
6	インド	3,804,160	25	ベルギー	516,832
7	メキシコ	3,365,306	26	ルーマニア	391,422
8	ブラジル	3,146,118	27	台湾	379,233
9	スペイン	2,402,978	28	ウズベキスタン	245,660
10	カナダ	2,393,890	29	ハンガリー	227,030
11	ロシア	1,886,646	30	オーストリア	180,311
12	タイ	1,880,007	31	ポルトガル	161,509
13	フランス	1,817,000	32	オーストリア	154,340
14	イギリス	1,598,879	33	スウェーデン	154,173
15	インドネシア	1,298,523	34	スロベニア	118,591
16	チェコ	1,251,220	35	フィンランド	45,035
17	トルコ	1,170,445	36	オランダ	29,807
18	イラン	1,090,846	37	ウクライナ	28,751
19	スロバキア	993,000	38	エジプト	27,020
	世界合計			89,747,430	

（資料）　国際自動車工業会（Organisation Internationale des Constructeurs d'Automobiles: OICA）.

ンダ，およびヒュンダイなどが年間100万台ほどの自動車を産出している。

　自動車輸出額を国別でランキングしたものが表2である。2013年にドイツが2,370億ドルを輸出し第1位で，それに1,470億ドルを輸出した日本と1,300億ドルを輸出した米国が続く。

　トルコは165億ドルを輸出し第19位であった。トルコの自動車・同部品の輸出は，2004年に衣料を抜いて最大品目となり，輸出総額（2013年輸出額合計が1,517億ドル）の10%～14%を占めている。トルコで生産される自動車は，その7割が欧州を中心に輸出される。この欧州向け自動車輸出は過去10年，年平均20%超の勢いで伸びている。

　輸出入関係で見てみると，トルコの自動車貿易は2000年までは輸入超過であったが，2001年以降は輸出超過となり，トルコは自動車の純輸出国となっている。ただし，自動車部品は入超が続いており，自動車部品の多くを輸入に依存している状態となっていることが後述するトルコ自動車産業における課題の1つである。

　トルコの自動車産業は，外資の参入を中心にして，これまで順調な発展を遂げてきたかというと，必ずしもそうではない。

　たとえば，1996年1月，EU（欧州連合）との関税同盟が発効したことも，トルコ自動車産業にとって大きな影響をもたらした。この関税同盟の発効によって，EU内の輸出入の関税が原則ゼロとなり，自動車や自動車部品も例外ではなく対象となった。その結果，トルコ国内の製造業は欧州企業との厳しい競争に直面した。特に，自動車産業は欧州からの輸入車が大量に輸入される結果となり，1996年以降，トルコ国内の自動車生産は大きく落ち込むこととなる。

表 2　自動車輸出額国別ランキング：2013 年　　　（単位：100 万 US$）

1	ドイツ	236,975	21	オーストリア	13,459
2	日本	146,818	22	インド	12,871
3	アメリカ	129,132	23	ハンガリー	12,599
4	韓国	72,327	24	アルゼンチン	10,041
5	メキシコ	70,233	25	台湾	9,692
6	中国	66,179	26	ルーマニア	9,178
7	カナダ	58,433	27	アラブ首長国連邦	8,570
8	イギリス	48,942	28	南アフリカ	7,300
9	ベルギー	48,399	29	シンガポール	6,522
10	スペイン	48,352	30	ポルトガル	6,153
11	フランス	44,820	31	ロシア	5,331
12	イタリア	34,832	32	インドネシア	4,567
13	チェコ	29,370	33	スロベニア	3,272
14	タイ	25,952	34	オーストラリア	2,952
15	ポーランド	21,574	35	デンマーク	2,632
16	スロバキア	21,287	36	ウズベキスタン	2,340
17	オランダ	20,660	37	スイス	2,325
18	スウェーデン	17,050	38	セルビア	2,175
19	トルコ	16,532	39	ベラルーシ	2,142
20	ブラジル	13,575	40	香港	2,113
	世界合計			1,320,720	

（資料）　UNCTAD（United Nations Conference on Trade and Development）.

　しかし，後述するように自力のあるトルコの自動車産業は，トルコ国内市場での競争激化と，EU 向け自動車輸出の関税ゼロを契機として，国内市場重視からその原因となった欧州の自動車メーカーと欧州市場で真正面から競争するという方針に転換した。言わば，ホーム・ゲームが楽勝でなくなった状況を，アウェー・ゲームで勝つために集中することにしたのである。その過程で，生産体制の更新が行われ，結果的にトルコの自動車産業の自力をより強める結果につながったとも言える。

　EU 関税同盟発効後もトルコ自動車産業の試練は続き，EU 内の財務体質の弱い国を中心に金融危機が1990年代から発生した。トルコも 1994 年，2001 年に 2 度の大きな金融危機に見舞われ[4]，トルコリラが暴落する事態となった。これは，国内経済の混乱は政治的な混乱とも相俟って企業活動にも少なからず悪影響を与えたが，輸出企業にとってはトルコリラ暴落が輸出競争力を一時的に強めるという好ましい影響を与えたことも事実である。その後のトルコの自動車輸出のためのドライビング・フォースになったといえる。

　最後に，トルコの重要な輸出産業になった自動車産業であるが，それに至ったビジネス環境を要約してみる。

　まず，トルコ政府の果たしてきた役割を指摘しなければならない。トルコ経済の復興は輸入代替工業化でスタートするが，1964 年にローカルコンテンツを定めた「組立産業についての規制」（Regulations of the Assembly Industry）を発令し，トルコを自動車産業の国にするという対外的

な強いメッセージになった。その後、1984年の経済の自由化、とりわけ積極的な外資導入による外国自動車メーカーの進出を促し、輸出拠点となるような施策を強化した。このような輸出工業化の施策がなければ、今のトルコの自動車産業はなかったであろう。

第2に、自動車産業を下支えする裾野産業がトルコでは自動車産業と並行して発達してきたことが指摘できる。トルコの自動車産業の当初は、多くの自動車産業後発国と同様、輸入した自動車部品を組み立てるノックダウンからスタートした。トルコの自動車産業が発展した背景には、鉄鋼、化学、プラスチック、ガラス等の産業が成長してきたことにある。自動車産業の裾野となる関連産業の発達が、トルコの自動車産業にとって大きなプラス要因であった。同時に、欧米・アジアの主要な自動車メーカーの進出が相次ぎ、国内で競争的な状況を作っていることも指摘できる。

第3に、トルコの比較的順調な経済成長も指摘できよう。イスラム国家の中では、上手く外資導入による経済発展という新興国の成長パターンを活用できた国家である。順調な経済発展が国内の安定をもたらすと同時に国内市場の拡大にも寄与し、結果としてさらなる外資参入が加速するという好循環が続いた。

以上みてきたように、トルコの重要な輸出産業となっている自動車であるが、同時に懸念と課題も指摘できる。

まず、欧州への輸出依存度が極めて高いことが指摘できる。2013年の自動車輸出の80％弱、輸入の80％強がEU27カ国向けである（トルコ統計機構TURKSTATの資料）。トルコは、中東欧、中東など周辺地域の14カ国と自由貿易協定（FTA）を締結しているので、欧州以外の地域に自動車を輸出する環境は整っているにもかかわらず、自動車は欧州一極集中の貿易構造となっている。周辺地域の紛争が解決し、所得水準が上昇して自動車購買につながるような状況になれば、EU一極依存体質が多少は改善すると予想されるが、現状では実現していない。

第2に、自動車部品のローカルコンテンツが進んでいないことが指摘できる。前述の通り、完成車については輸出超過となったが、部品に関しては入超が続いている。これは後述するトルコ・トヨタでのインタビューでも明らかになるが、特にエンジンやトランスミッションなどいわゆる自動車の主要部品をトルコの生産拠点で内製するには至っていない現状がある。

第3に、トルコ国内の自動車市場への対応を指摘できる。トルコの1,000人当たりの自動車保有者は140人程度で、欧州先進国平均の500人と比べて少ない（トルコ自動車販売代理店協会ODD資料）。トルコの全世帯の75％が、自家用車を持っていないという統計もある。先に見たように順調な経済成長にともなって国内の大衆車市場の伸びしろは大きいにもかかわらず、国内の自動車市場は大きいとは言えない。市場のサイズだけでなく、市場のプレイヤーにも課題がある。自動車産業がすべて外資メーカーに依存しているという影響もあるだろうが、トルコ製自動車への内需掘り起こしが十分とは言えない。というのも、トルコの自動車販売台数の約6割は輸入車が占めている。輸入車販売の伸びは国産車のそれを上回る傾向が続いている。乗用車に限る

と，国内販売における輸入車比率はさらに上昇し約7割に達する（トルコ自動車工業会OSD資料）。

　第4に，トルコ政府の燃料政策がある。日本や米国ではガソリン，欧州では燃費の良い軽油，ブラジルなどエタノールを使う国もあるが，ガソリンと軽油が一般的な自動車燃料である。トルコ国内では，ガソリンと軽油の価格が日本の約2倍と高い。ガソリン価格が高いということもあり，2000年以降の10年間でLPG車の普及台数は22倍に増大した。トルコの自動車市場が特殊な市場になってしまい，輸出向けの自動車産業に悪影響が出ないか懸念される。

第3節　トヨタ・トルコの概要と沿革

(1) 概　要

　トルコ・トヨタの概要をまとめたものが表3である。現在，同社はサカリヤ県アダパザリの92万平方メートルの敷地に15万台の生産能力をもつ工場を有している。生産する車種は，「カローラ・ヴァーソ」「カローラ・セダン」「オーリス」の3モデルである。従業員は約3,300人で，うち日本人社員は20名である。社長には，現地トルコ人が就任している。トヨタ自動車グループにおけるトヨタ・トルコのポジションは，日本本社傘下の子会社ではなく，トヨタの欧州拠点であるトヨタ・モーター・ヨーロッパの子会社という位置付けになっている。

　1970年代および80年代のトルコ国内の自動車市場規模は，年間で10万台規模であった。1990年代に入りトルコ国内の自動車需要が急増したのを受け，トヨタ自動車は1990年にトルコの有力財閥の1つであるサバンジュ・グループとの合弁（トヨタ自動車40％出資）で法人を設立し，1992年から工場の建設に着手した。1994年9月にノックダウン方式でトルコ国内向けの小型車（7代目カローラ・セダン）の生産が開始された。

表3　トヨタ・トルコの概要

社名	Toyota Motor Manufacturing Turkey Inc.（略称：TMMT）
所在地	トルコ共和国サカリヤ県アダパザリ
設立	1990年7月，トヨタ・サバンジュ・モーター・マニュファクチャリング・ターキーとして設立 2000年10月，資本構成変更に伴い，TMMTに名称変更
生産開始年月	1994年9月
輸出開始年月	2002年2月
敷地面積	92万 m^2
事業内容	車両の生産
生産品目	「カローラ・ヴァーソ」「オーリス」「カローラ・セダン」
生産実績	9万2,000台（2011年1月～12月の合計）
従業員数	3,300人（内，日本人社員20名）（2013年）
社長	オルハン・オゼル
出資比率	トヨタ90％，三井物産10％

（資料）トヨタ・トルコ社提供資料から筆者作成。

現在では，年間15万台の生産能力を有している。2013年の生産実績は前年比33％増の10万2,260台で，トヨタ自動車の中では欧州第3位の生産拠点となっている。総生産台数の85％，つまりカローラが4万5,529台，カローラ・ヴァーソが3万6,259台，合計8万5,778台，金額にして150万米ドルが主に欧州に輸出され，トヨタ・トルコはトルコで最大の輸出企業になっている。

　トヨタ自動車のトルコにおける生産拠点は，イスタンブルから150キロ離れたサカリヤ県アダパザルにある。国策により日本の豊田市のような「自動車町」となったトルコ北西部のブルサではなく，アダパザリに生産拠点を設けた理由の1つは，既にトルコに進出し，ブルサに拠点を構えていたフィアットやルノーのビジネス・スタイルの影響を避けるためだったと言われている。[5]

(2) 沿　革

　表4に，トヨタ・トルコの沿革がまとめてある。

表4　トヨタ・トルコの沿革

年月	事項
1990年 7月	TOYOTA SA社設立（TMC40％出資）
1992年 5月	工場建設開始
1994年 9月	7thカローラ・セダン生産開始
1995年10月	7thカローラ・ワゴン生産開始
1996年11月	ISO9001取得
1998年 8月	8thカローラ・セダン生産開始
1999年 6月	ISO14001取得
2000年 6月	生産累計10万台達成
2000年10月	TOYOTA SA製販分社化，TMMT設立
2001年 9月	サバンジュ保有全株式買取
2002年 1月	9thカローラ・セダン生産開始
2002年 2月	カローラ・セダン欧州輸出開始
2002年 3月	資本再編（TMEM傘下へ）
2002年 8月	9thカローラ・ワゴン欧州輸出開始
2003年 3月	2直生産開始
2004年 2月	年間生産能力10万台から15万台へ
2004年 2月	カローラ・ヴァーソ生産輸出開始
2004年 5月	カローラ・ヴァーソ Euro-NCAPの5つ星取得
2005年12月	生産累計50万台達成
2007年 2月	オーリス生産・輸出開始
2009年 2月	NG Verso生産開始
2009年 3月	生産累計100万台達成
2013年 6月	11thカローラ・セダン生産開始

（資料）トヨタ自動車会社案内資料および同社ホームページから筆者作成。

トヨタ自動車にとって欧州で3番目となる生産拠点であるトヨタ・トルコのアダパザリ工場は，比較的小規模な拠点として出発している。これは，同時期に操業した英国のTMUK（トヨタ・モーター・マニュファクチャリング・UK）のバーナストン工場と比較すると分かる。トヨタ・トルコのアダパザル工場は敷地面積でバーナストン工場の約半分であり，建屋は10分の1程度の拠点としてスタートしたのである。

　最初のカローラ・セダンがラインオフしてから約1年後の1995年10月には，欧州では人気のあるワゴン・タイプのカローラの生産も始まった。

　2000年6月には累計生産台数が10万台を突破し，翌2001年9月に，サバンジュ財閥の保有する全株式を買取し子会社化する[6]。サバンジュ・グループは，トルコ国内におけるトヨタ車の販売には引き続き関わるが[7]，アダパザリ工場の運営は全てトヨタ自動車がおこなうという製販分離が実行された。

　トルコの生産拠点が子会社化されたのにともなって，トヨタ自動車はトヨタ・トルコをこれまでのトルコ国内市場向け生産拠点から，欧州向け輸出生産拠点へと明確な方針転換をはかった。2002年1月からは9代目カローラ・セダンの生産開始に併せて，これまで英国のディーサイド工場から供給を受けていたエンジンをトルコ製に切り替えた。2002年2月に欧州への輸出が開始され，これまでは日本生産車が輸出されていた欧州・中東の22カ国へ新型カローラ・セダンがトルコから輸出された。同年8月には新型カローラ・ワゴンの生産も始まり，結果的に2002年の総生産台数のうち80％以上が輸出されたように，トヨタ・トルコは欧州向け輸出生産拠点へと短期間で変容したのである。

　2003年3月からは，2直生産体制となる[8]。2004年2月には，1億8,000万ユーロの投資で，生産能力を年間10万台から15万台規模に増強している。

　同時に欧州専用車として開発された小型MPV「カローラ・ヴァーソ」の生産・輸出が始まる。その後も，2007年2月に「オーリス」，2013年6月に「11代カローラ・セダン」の生産が開始される。

　その間，累積生産台数も増大し，2005年12月に50万台，2009年3月に累計100万台を達成した。2013年には130万台となり，2002年以降の累計輸出額は190億米ドルに達している。欧州のトヨタの生産拠点の中では，生産台数では第3位の拠点となり，トルコ最大規模の自動車メーカーの1つになっている。

　2014年現在，「カローラ・セダン」と「カローラ・ヴァーソ」の2車種を生産し，アダパザリ工場で生産されるこれら車種の8割以上は，世界50カ国以上の国々へ輸出されている。これらの国には，欧州に加えて，中東，北アフリカ，中央アジアが含まれる。

　比較的小さな海外生産拠点としてスタートしたトヨタ・トルコであるが，トヨタ自動車の他の海外拠点と比較しても，進出後は困難な道のりであったと言える。最初のつまずきは，設立して1年が経たないうちに，パートナーであるサバンジュ財閥のサバンジュ氏本人が暗殺されるとい

う事件が起きたことである。

　2000年1月と2001年2月の1年間で2度にわたる金融危機に見舞われ，トルコリラは暴落し，市中の金利水準は高騰し，ハイパーインフレ状態に陥った。前述のように，2001年9月にトヨタ・トルコの出資関係が，合弁相手であるサバンジュ・グループの株式を買い取る形でトヨタ自動車の持ち株比率が40％から90％（残りの10％は三井物産保有）へと高まった。サバンジ・グループがトヨタ・トルコから資本を引き上げたと見るか，トヨタ自動車がサバンジ・グループの資本を買い取ったと見るかは，おそらくそのどちらも正しい。というのは，トルコ経済の混乱は，トヨタ・トルコの操業にも影響し，製造ラインが停止するという最悪の事態に陥ったからである。

(3) 世界で最も品質の良いトヨタ工場

　世界各地に50以上あるトヨタ自動車の生産拠点の中で，最も高い品質レベルを維持している拠点はどこかという質問に，人々はどう答えるであろうか。

　多くの人は海外の生産拠点ならばアラバマやケンタッキーなど10以上もの大規模な生産拠点のある北米拠点のいずれかであると答えるだろう。あるいは，2004年以降に生産を開始した中国やロシアの最新鋭の工場を想像するかもしれない。

　トヨタでは世界中の品質を同じ指標で定期的に監査している。監査の方法は，ラインオフしたばかりの完成車をランダムに抜き取った上で，その完成車を徹底的に検査して品質の不具合をチェックする。

　2003年10月にトヨタ・トルコのアダパザリ工場は監査結果で品質欠点ゼロとなり，世界トップ品質を実現する生産拠点となった。トヨタ・トルコがトップ品質であるとの評価は，単にラッキーな条件が重なっただけではないことは，その後3年連続して品質欠点ゼロを果たしていることからも分かる。この事実により，トヨタ・トルコのアダパザリ工場が「高品質」生産拠点であることが，トヨタ中に認知されることになった[9]。

　いうまでもなく，こうした最も高い品質の工場の実現には，トヨタ・ウェイの真摯かつ着実な導入によって可能となったという評価が一般的である。

　トヨタ自動車は2001年に「トヨタ・ウェイ2001」を策定した。これは，世界中に展開した海外事業にともなって，現地で採用した社員が増大し，世界中の社員の中でトヨタの企業理念をグローバルに共有する必要性が生じたためである。日本人社員ならば，以心伝心で伝わる企業理念を，明文化することで共有しやすくする目的がある。

　トヨタ・ウェイについて社内資料には，次のような説明がある。

　　「トヨタは創業以来，『よりよいモノづくり』を追求することを通じて，社会に貢献することを理念としてきました。その中で，トヨタ独自の経営上の信念や価値観がつくりあげられ，また経営管理や実務遂行上の手法が編み出され，トヨタの競争力の源泉として伝承されてきました。しかしながら，それはトヨタで今まで働いてきた我々の意識・認識の中にはあるも

のの，明示化・明文化されていないものも少なくありません。また，日頃疑いもなく使っている常識，手法もその理由を論理的かつ体系的に理解していない場合も少なからずあります。一方，このように暗黙のうちに存在している様々な信念・価値観・手法を維持・伝承・進化させていくことが，これからのグローバル・トヨタの発展にとって非常に重要になってきます。とりわけ，事業の地域的な広がり，事業領域の拡大にともなって，多様な価値観をもつ人達がトヨタのオペレーションに携わるようになっている中では，経営上の信念・価値観を共有することがグローバル・トヨタとしてのアイデンティティを確保していく上で必要不可欠となっています。」

2002年には，企業内大学であるトヨタ・インスティテュート[10]を設立し，海外の現地法人幹部社員を集めてトヨタ・ウェイをグローバルに共有する努力を続けている。

トヨタ・トルコでも他の海外拠点と同様にトヨタ・ウェイの浸透を図っている。トヨタ・トルコでは「トヨタ・ウェイの原則に基づいて，品質を作り上げる」ことをミッションに掲げている。具体的な内容は次の5つである。

1. 安全，環境，品質を最優先とする。
2. オープンで公正な経営。
3. 事業の全局面での「トヨタ・ウェイ」。
4. 従業員および取引先との信頼関係を維持する。
5. 仕事の達成はチームの力。

トヨタ・トルコには「TOYOTA WAY HALL」と名付けられた展示ブースがある。日本国内の拠点以外で，トヨタ・ウェイに焦点を当てた施設を有する拠点はトヨタ・トルコ以外にはないという。ここには，トヨタ自動車の歴史と並んで，ジャスト・イン・タイム（JIT）生産方式，カンバン方式，カイゼンなどトヨタ生産方式（TPS）が解説されている。これらの展示は，トヨタ・トルコの見学者向けでもあるが，最大の目的はトルコ人従業員にトヨタ・ウェイを理解させるためであるという。

第4節　トヨタ・トルコの経営力

(1) トヨタ・トルコのポジション

我々は2012年9月に，トヨタ・トルコのアダパザリ工場を訪問する機会を得た。まず，トヨタ・トルコ本社の会議室で，トルコにおける自動車産業とトルコ・トヨタの概略の説明を受けた。関心領域の異なる5名の研究者がそれぞれの研究課題に関して，トヨタ・トルコの日本人社員に質問した。以下の記述は，この1時間強のインタビューをもとにしている。ヒアリング調査の後には，製造現場を案内してもらった。

ヒアリング調査と工場視察を終えた際の率直な感想は，グローバル化とローカル化という，あ

表 5　トヨタ自動車の欧州生産拠点

国名	拠点名	事業内容
フランス	リュー・サンタマン工場/Sevel Nord（Societe Europeennede Vehicles Legersdu Nord）	PSA およびフィアットとの合弁 2013 年からトヨタ車も生産
フランス	ヴァランシエンヌ工場/トヨタ・モーター・マニュファクチャリング・フランス（TMMF）	ヤリス等
イギリス	トヨタ・モーター・マニュファクチャリング・UK（TMUK）	トヨタのイギリス事業会社
イギリス	バーナストン工場	ダイナ，コースター，オプティモ
イギリス	ディーサイド工場	1.6 & 1.8L ガソリンエンジン
ポルトガル	カエタノ工場/トヨタ・カエタノ・ポルトガル（TCAP）	ダイナ，コースター，オプティモ
トルコ	アダパザリ工場/トヨタ・モーター・マニュファクチャリング・トルコ（TMMT）	オーリス，カローラ・ヴァーソ
ポーランド	ヴァウブジフ工場/トヨタ・モーター・マニュファクチャリング・ポーランド（TMMP）	1.0L ガソリンエンジン，M/T，アルミ鋳造部品等
ポーランド	イェルチ・ラスコヴィツェ工場/トヨタ・モーター・インダストリーズ・ポーランド（TMIP）	1.4 & 2.0 & 2.2 ℓ ディーゼルエンジン
チェコ	コリン工場/トヨタ・プジョー・シトロエン・オートモビル・チェコ（TPCA）	アイゴ，プジョー 107，シトロエン C1

（資料）　トヨタ自動車ホームページ。

る意味で相反するベクトルをトヨタ流に極めて上手くコントロールしている海外拠点の1つであるという印象である。つまり，愚直なまでのグローバル・スタンダードとしてのトヨタイズムの徹底を推し進めていると同時に，人材をはじめとするローカル化の志向の同時達成をトヨタ・トルコはトヨタ自動車の海外拠点の中で実現している一典型であるという印象である。

　ここでは，ヒアリングにもとづいて，グローバルなトヨタにおけるトヨタ・トルコの位置づけを明らかにし，トヨタ・トルコのグローバルでローカルという意味でのグローカル[11]な側面に焦点を当てて見てみよう。

　トルコ国内市場向けの小規模なノックダウン工場から出発したトヨタ・トルコではあるが，現在はトルコ国内市場向けよりもトルコからの輸出の比重が増大している。このようなビジネスの変化の中で，トヨタ自動車のグローバル展開におけるトヨタ・トルコの位置づけも変わってきた。

　しばしば言われることであるが，ヨーロッパとアジアの交わるトルコはヨーロッパなのかアジアなのか。トヨタ・トルコはトヨタ自動車のグローバルな展開図の中では，ベルギーにあるトヨタ自動車のヨーロッパ法人でヨーロッパ全体を統括する業務を担うトヨタ・モーター・ヨーロッパのもとで事業展開をしているヨーロッパ拠点の1つである。トヨタ・モーター・ヨーロッパの統括するイギリス，フランス，ポーランド，ポルトガル，トルコの生産拠点の中で，トヨタ・トルコは現在，中央アジア，北アフリカ，および中央ヨーロッパ市場における最大の製造拠点となっている（表5参照）。

トヨタ・モーター・ヨーロッパのCEO兼会長Didier Leroy氏は，アダパザリ工場からの新型カローラのラインオフに際し，「トルコは，トヨタの輸出ハブである」と述べたことが伝えられている。また，同氏は「トルコは，東西間の戦略的架け橋というだけでなく，多くの利点をもたらし，ヨーロッパにおける運営に対する重要な生産ハブとしてトヨタの継続的な取り組みを確定させている」と言及している。

　新型カローラは，非常に競争率の高いヨーロッパ市場において，マーケット・シェアを開拓するためのトヨタの新しい戦略の土台として考慮されている。トヨタ・トルコは現在，新型カローラの製造およびヴァーソの改良を50カ国以上の輸出市場に向け年間18万台というレベルで行っているという。

　トヨタ自動車，とくに欧州の地域統括会社であるトヨタ・モーター・ヨーロッパがトヨタ・トルコに多大な期待を寄せていることは，2013年10月に生産能力の増強のために追加投資を決定したというニュースからも理解できる。追加投資発表の際にDidier Leroy CEOは「トルコ工場には競争力がある。だからこそ，近い将来，生産能力を引き上げることを決断した」とコメントしている。

　2014年の時点でヴァーソとカローラ・セダンの2モデルの生産を担っているトヨタ・トルコであるが，この2モデルともにヨーロッパやアフリカでマス市場を開拓できるトヨタ自動車の主力車種であることからも，トヨタ・トルコのポジションの高さが理解できる。

　この主力2モデルに加えて，さらに同社は，第三のモデルをアダパザリ工場の生産ラインに追加すると，2014年10月に発表している。[12]

　これによれば，2016年から，新型の小型クロスオーバー車[13]の生産を，年間10万台強のボリュームで開始する。この新型車は，2014年のパリ・モーターショーで初披露されたコンセプト・カーであるC-HRがベースのモデルで，これまでトヨタ自動車のラインアップにはなかった全くの新モデルである。SUV人気の高いヨーロッパであるが，今後高まると予想されるヨーロッパの燃費規制や高いガソリン価格に対応して，より小型のSUVをアダパザリ工場で生産し，トルコ国内で販売すると同時に，メインはヨーロッパ各国への輸出である。アジアへの輸出も可能性があるという。

　このモデルは市場の反応を見て，日本や中国での生産も視野に入れているとのコメントが出ている。また，生産立ち上げ時からハイブリッド車(HV)[14]と，ターボ・チャージャー付きガソリン車の2種類を生産するという。このことからも，この新モデルが狭い市場を狙ったローカル・モデルではなく，明らかにグローバル・モデルとしての位置づけであることが理解できる。トヨタ自動車が，新型グローバル・モデルの生産を国内拠点ではなく，トヨタ・トルコでおこなうという決定をみても，トヨタ・トルコのポジションの高さが伺えよう。

(2) 人材のグローカル化

　グローバル企業，特に日本企業の海外製造拠点にとって，人材の現地化は，川邉（2006）も指摘しているように極めて重要な課題である。日本のものづくりの優位性を保ちながら，それを日本人スタッフに頼ることなく現地人スタッフでいかに実現しているか，各社とも知恵を絞っている。

　日本企業に限らず，グローバル企業の海外拠点でのオペレーションで常に問題となることの1つが労務問題であろう。そして，異文化環境での労務問題をうまくコントロールする方法の1つが，ローカルなマネジメントを実践することである。しかしながら，グローバル企業の優位性は，マネジメントそのものにあることが多い。トヨタ自動車も，JITやカンバン方式など，いわば生産のマネジメントに優位性があり，このマネジメント優位性を効率よく海外に移転させるためには，日本本社から派遣されたマネジャーが管理することが容易な方法である。したがって，単純に現場の「長」をローカル・スタッフにするというわけにはいかない。

　そのためのトヨタ・トルコの「解」は，「トヨタの仕事の仕方を良く分かったローカル・マネジメントでやった方がよい」というものである。言葉で表現すると簡単であるが，実際にローカル・スタッフに「トヨタの仕事を良く分からせる」ことは簡単ではないことは容易に想像できる。トヨタ・トルコでは，これを2つの仕組みで実現している。1つはOJTで，もう1つが日本での研修である。

　2012年の訪問時に，20名の日本人社員がトヨタ・トルコに在籍しており，全員が現地採用ではなく日本からの駐在員（エクスパトリエイト）である。3,000人を超えるトヨタ・トルコ社員の内，日本人20名というのは決して少ない数ではないが，問題はトヨタ・トルコという組織における日本人スタッフの位置づけである。

　一部の例外を除くと，20名のほとんどが「コーディネーター」という組織上のポジションである。組織図上の「長」としては，トルコ人の部長や課長が存在し，日本人スタッフはその部長・課長と同格で，コーディネーターとして，「指示するのではなくアドバイスする」立場であるという。この仕組みはトヨタ・トルコの設立当初から方針として変わっておらず，トルコ人スタッフで適任者がいなければ日本人エクスパトリエイトが代わりとして担うが，そうでなければ，トルコ人スタッフを長として日本人スタッフはアドバイザーである。これはトヨタ・トルコの経理などマネジメント部門に限らず，生産部門の塗装や組み立てなどのラインでも同じ方針であるという。

　マネジメント・レベルのローカル人スタッフに，日本のトヨタから派遣された日本人エクスパトリエイトが助言することで，いわばマネジメントレベルでのOJTが実施されている。これを担っているのが前述の「コーディネーター」である。[15]

　「トヨタの仕事の仕方を良く分かったローカル・マネジメント」のためのもう1つの手段が日本での研修である。トヨタ・トルコでは，「積極的にTMCに送り出している」。TMCとはトヨ

タ自動車の用語で豊田市の本社を意味する。「TMCに（ローカルの）人材を送り込んで，（日本の）工場の現場で研修をさせて，その人がトルコに帰ってきて，今はマネジメントの過半数が日本で2年間の研修経験のあるスタッフ」になっている。トヨタ・トルコ内に前述したTOYOTA WAY HALLというトヨタ・ウェイを解説する常設ブースを設置しただけでは，「トヨタの仕事の仕方」を知ることはできたとしても，真の意味で分かったことにはならないことは想像に難くない。

　日本本社での研修を積極的に推進してきたことには，2つの背景があるという。

　1つは，トルコ人の多くが親日家で，研修のため日本で長期間滞在することに対する壁が低かったことがあげられる。過去の歴史において，日本とトルコの結びつきを強くさせるようないくつかの事件があったことが，現在のトルコ人の親日家の多さにつながっているとしばしば指摘される[16]。

　もう1つは，トヨタ・トルコの現地でのビジネスが必ずしも順調でなかったことと関連している。前述のように，トルコはこの20年間の間に数回の金融危機を経験している。ヨーロッパ市場向けの輸出拠点となってからは，欧州の経済危機もダイレクトにトヨタ・トルコのビジネスに影響を与えた。

　実は，アダパザル工場の視察時，製造ラインで非常にゆっくりと組み立て途中の車体が流れていることに我々は気付いた。訪問した2012年も，ヨーロッパ経済の落ち込みの影響から，アダパザル工場の製造ラインのタクトタイムは通常の半分以下に落とされて，生産調整がおこなわれている真最中であった。

　このような大幅な生産調整をアダパザル工場では過去に何度となく実施しており，ラインを停止して生産をストップすることもあったという。このような大幅な生産調整時に，欧米企業であるならば，ラインのワーカーを一時的に解雇するレイオフを実施するであろう。しかし，長期的な雇用関係を重視するという日本企業の特徴はトヨタ・トルコでも当てはまり，基本的にはレイオフをおこなわなかったという。レイオフをする代わりに「その時期に，大量にラインの人間を日本に送る」ということをやってきたのである。「半年なり，そこ（日本の工場）で成長した人間が，今，ラインのリーダーになって」いる。日本語もある程度は理解するトルコの人材が「トヨタ・トルコの強みになっている」と現地の日本人管理職は評価している。

　結論から言えば，日本で「2年以上の研修を経験しているマネジャー・クラスのローカル・スタッフが半数以上もトヨタ・トルコにはいる」という事実と，それをサポートする日本人コーディネーターの存在が，トヨタのマネジメント優位性をグローバルに活かしながら，人材を徹底的にローカル化するという方針を同時に達成するのがトヨタ・トルコの仕組みである。

　トヨタ・トルコの人事制度にもグローカルが見て取れる。トヨタ・トルコの人事評価システムも含めて人事制度は，地域統括会社であるトヨタ・モーター・ヨーロッパで設計したものを利用している。人事制度で「トルコで特殊なというところは基本的にない。」その意味で，トヨタ・

トルコの人事制度はグローバルである。

　どの海外拠点でもそうであるが，人事マネジメントを完全に世界共通にはできない。トヨタ・トルコの場合は「人事系の難しさがあるとすると，やはり宗教関係」である。イスラム教信者の比率が高いトルコであるが，1日に複数回ある礼拝やラマダン[17]などに，トヨタ・トルコとして「宗教をリスペクトする」対応に心掛けている。

　具体的には，ラマダンが夏の時期に重なった場合は「稼働時間を多少調整してワーカーの負担を少しでも減らす」といった配慮をしている。

(3) 生産ラインのグローカル化

　トヨタ自動車の優位性は，もちろん最終的には自動車そのものに帰結する訳だが，多くの人々が認めるようにいわゆるトヨタ生産システムに優位性の源泉がある。したがって，海外の拠点でトヨタ・ブランドの自動車を生産すれば，自動的にトヨタとしての優位性が発揮されるというのではなく，それぞれの海外拠点でトヨタの生産システムを効果的に移管させ稼働させる必要がある。

　したがって，トヨタ・トルコのアダパザル工場でも基本的な生産システムは日本拠点，より正確に表現すればTMCのコントロール下にあるベルギーのトヨタ地域本社によって，トルコをはじめ欧州の各生産拠点でトヨタ生産システムの移管と稼働がコントロールされている。

　もちろん，日本の製造拠点の完全なコピーではないことは，トヨタ自動車に限らず他の企業でも同様で，自動車以外の業種でも，日本以外の国籍の企業でも同様である。例えば，アダパザリ工場でも，現地で調達が困難な部品を一部内製に切り替えたり，モジュール[18]として納入させるのではなく，部品をライン上で組み立てる仕様に変更したりといった現地対応を行っている。これはトルコ・トヨタの戦略的な対応と言うよりは，むしろトルコの産業インフラに対応する上で避けられないローカル化である。

　このような不可避的なローカル化を除けば，基本的には正しくトヨタ生産システムがトルコ・トヨタでも実施されているのであるが，トヨタ自動車の海外拠点の中で高い品質レベル拠点であると評価されるアダパザリ工場を象徴する話として金型の例を紹介したい。

　ヒアリングをおこなった2012年時点で，フランス，イギリス，ポルトガル，チェコ，トルコのトヨタ自動車の欧州生産拠点で，トルコだけが金型を一部内製しているとのことである。[19]

　組立技術者に比べて，一般に金型の技術者の育成には時間と労力が必要だと言われる。多くの製造企業では，金型など高度な技術を要する生産プロセスは海外拠点には無理に移管せず，既存の生産拠点から金型を持ち込むか，製造したパーツを使用するといった対応を一般にしている。アダパザル工場でも，当初は，すべての金型を日本から持ち込んでいた。ところが，ある時期から一部を内製化するようになったという。

　重要な点は，この金型の内製化への誘導が日本主導ではなく「自然発生的」に始まったという

点である。内製化の経緯については当時の事情を知る担当者がインタビュー時にいなかったために，インタビューを通じて明確にはできなかったが，アダパザリ工場は「自主性が強い」ので，日本での研修を終了した技術者たちが「自分たちでも型造形をやる」ということでスタートしたとのことである。

カイゼンなどトヨタの生産現場では非常に重視される活動も，実は従業員の強い自主性を土台としていることは周知のとおりである。単に従業員への報奨制度だけでは，カイゼンをはじめとするトヨタ生産システムは機能しない。このような意味で，トルコ・トヨタは極めて効果的に生産システムの移管と稼働を実現していると言えよう。

第5節　おわりに

本稿では，トヨタ・トルコを取り上げて，トルコにおける日系企業の活動の1つの事例としてその特徴を明らかにしてきた。

トルコでは，1980年代から国策として自動車産業の育成に力をいれてきた。早い時期にトルコに進出したのは，ヨーロッパの自動車企業であり，自動車産業としての集積も形成された。ニューヨークのタクシーの候補としてトルコ車があがったことなど，トルコの自動車産業の集積を物語るものである。

こうした過程で，世界的な競争力を身につけたトヨタ自動車をはじめとする日本の自動車企業もトルコ進出を果たすようになった。トヨタ・トルコは，既存の自動車企業のカルチャーに影響を受けず事業を展開できるように，すでに自動車産業の集積のあったブルサではなく，イズミット郊外のアダパザリに生産拠点を設けた。そして同社は，トヨタ自動車，サバンジュ財閥，三井物産と完成車の輸入販売のための合弁会社としてスタートした。さらに，サバンジュ総帥の暗殺などがあり，トヨタ・トルコはトヨタ自動車90％，三井物産10％と日本側100％所有となり，独自の発展を遂げることになったのである。

当初は，トルコ市場の拡大を目指して国内での生産販売を目的としていた。しかしながら，2006年にトルコがEUの関税同盟に参加すると，ヨーロッパからの輸入自動車の攻勢を受けるようになった。逆に，トルコリラの下落などによりトルコで生産された自動車のヨーロッパ向けも有利になってきた。しかしながら，ヨーロッパなどの外国市場で競争力をもつためには，世界的な品質と効率を実現することが不可避であった。

トヨタ・トルコでは，トヨタ・ウェイの導入を徹底的におこないTPSを着実に導入していった。その結果，トヨタの世界工場のなかでも品質で上位3社グループに入るまでになった。また，トヨタ・トルコはトルコ最大の輸出企業にもなったのである。

本稿では，トヨタ・ウェイの導入によって，こうした高品質・高効率がどのように実現されたのかを，トヨタ・トルコの工場を訪問し，工場見学や聞き取りなどを行い，調査分析を行った。

その中心となるのが，人材のグローカル化と生産ラインのグローカル化であった。

　最後に，それを実現した背景にあるいくつかの要因をまとめてみよう。

　第1に，前述したTMCへの研修があろう。トルコの金融危機や欧州の景気冷え込みなどで製造ラインを停止するといった事態に見舞われた際に，レイオフを実施するのではなく，その機会を利用して積極的にトルコ人従業員をTMCに送り出してきた。その結果，マネジャー・クラスの約半数が2年以上，日本での研修を経験していることになった。トヨタ・ウェイを実現するためには「OJT的なところがかなり必要」という指摘があるように，TMCでのOJTがトヨタ・トルコの「トヨタらしさ」に現れていると言えよう。

　第2に，トヨタ・トルコの立地も影響している。トヨタ自動車よりも先に進出した欧州の自動車メーカーは，国策で自動車産業の産業インフラが整備されたブルサに拠点を構えた。それに対して，トヨタ自動車は敢えてブルサではなくアダパザルに進出した。長期雇用を慣行とする日系企業にとって，現地従業員のジョブ・ホッピングには苦慮するが，トヨタ自動車が仮にブルサに進出していたとすれば，ルノーやフィアットと人材獲得競争に明け暮れていたかも知れない。アダパザルに立地したことは，現地従業員との関係性構築に役立ったかも知れない。また，トルコ国民が一般に日本に対して比較的好印象を持っていることも有利に作用しているであろう。

　第3に，トヨタ自動車の人材の異文化適応能力の高さを指摘できる。1980年代から始まった本格的な海外進出は2000年からは加速度をまして今日に至っている。この約35年間に，多くの日本人社員がグローバル人材となってきた。ヒアリング当時に20名が在籍していたトヨタ・トルコの日本人社員の多くが，複数の海外拠点を経験している。[20] 北米，欧州，アジアと異質なビジネス環境で仕事をした経験が，現地人従業員と上手く協働していく術を身につけているように感じる。このようなグローバル人材が海外の拠点で果たす役割は大きいであろう。

　このように見てくると，トヨタ自動車のもつ優位性をうまく現地の状況に合わせながらグローバルに移転，稼働できた生産拠点の1つであると思われる。

　トヨタ・ウェイやTPSは「精神革命」といわれる。そのもつ基本価値，理念の実現は徹底して図られる。しかし，一方ではその実現の方法はそれぞれの工場や現地法人の置かれた状況によって異なるものである。この2つの方向性が，トヨタ自動車全体での理念や価値の実現を図るとグローバル化を進め，同時にそれぞれの事業単位の活動のローカル化をすすめることになる。

　トルコ・トヨタの今日までの道のりは，決して楽ではなかったと言える。度重なる試練を乗り越えて，このグローバル化の動きとローカル化の動きのバランスを取りながら実現し，トヨタ自動車の中でも高品質を達成する海外製造拠点になったといえる。短時間のヒアリング調査であったが，その背景と根拠を垣間見ることができた。

注
1) トヨタ，本田技研，いすゞの他に三菱自動車と三菱ふそうがトルコの自動車産業に参入している。

ただし，日本の自動車メーカーの中で最も早くトルコに進出した三菱自動車と三菱ふそうは自社拠点の設立ではなく，テム・サ社（サバンジュ財閥傘下のバス，トラックのコーチ・ビルダー）とのライセンス生産契約である。

2) カルサン社（Karsan）はトルコの商用車メーカーで，PSA プジョー・シトロエン，ルノー・トラック，フィアット，ヒュンダイなどの車両を委託生産する企業である。イエローキャブの次期車種選定公募「タクシー・オブ・トゥモロー」が発表された時点では自社設計の車両は生産していなかったが，トルコの自動車技術開発会社ヘキサゴンと共同でタクシー専用車の研究開発を始め，そのプロトタイプであるV1が最終選考に残った。最終選考で残った他の2車種（日産とフォード）が量産車をベースにしていることからすると，プロトタイプで最終選考までこぎ着けたこと自体が異例である。

3) 世界の自動車生産台数が過去最大となった 2007 年から 10 年間の上位 20 カ国の平均伸び率が 10% 以上であるのは，中国（18.8%），インド（14.2%），タイ（13.6%），トルコ（12.3%）のみである（国際自動車工業会（OICA）資料）。欧州域内にトルコと同程度の自動車生産規模を有する国はポーランドとチェコがあるが，両国ともトルコの伸び率には及ばない。

4) トルコは関税同盟の発効する以前の 1970 年代，80 年代にも経済的な混迷期があり，1978 年，1984 年と 1987 年の 3 回，財政破綻し対外債務に対してデフォルト状態に陥った経験がある。

5) 小林浩治（2006），485 頁。

6) サバンジュ・グループ 50%，トヨタ自動車 40%，三井物産 10% の持ち株比率で，トヨタ自動車はサバンジュ・グループの保有する全株式を買収し，結果的にトヨタ自動車 90%，三井物産 10% になり，ほぼ独資に近い現地法人となった。

7) 2015 年以降，サバンジュ・グループは販売からも手を引き，保有する株式をアラブ資本に売却する予定という。

8) 1 直は午前 7 時から午後 5 時まで，2 直が午後 5 時から翌朝 3 時 15 分までである。拘束時間は 10 時間であるが，この間に休息や食事時間が含まれる。

9) 高橋・芦澤（2009），83-185 頁。

10) トヨタ・インスティテュートの学長は歴代の社長が務めることになっている。静岡県浜松市三ヶ日に，ホテル並みの宿泊施設をもつ研修施設の他，レストラン，プールを備えた企業内大学である。なお，事務局は本社（豊田市）にある。

11) 根本孝編著（2004）。

12) 『日刊工業新聞』（2014 年 10 月 2 日付）によれば，新型車の生産開始にともなう追加投資額は 200 億円にのぼるという。

13) この新型車は世界中の多くの市場で成功している同社の小型 SUV「RAV 4」をダウンサイジングしたモデルで，2015 年投入の「HV プリウス」のプラットフォームを使う。なお，開発には，トヨタ自動車の新しい設計スキームである「トヨタ・ニュー・グローバル・アーキテクチャー」（TNGA）の適用第 1 号であると言われる。

14) 『日本経済新聞』（2014 年 10 月 14 日付）によれば，同車の HV システムは日本などで 2015 年後半に発売予定の新型「プリウス」に採用する環境性能の高い最新 HV システムとなる予定という。

15) タイでは，タイ政府の現地人の積極的な幹部への登用の働き替えに応じて，1987 年 10 月の組織

改革において，日本人をラインの部長から外してアドバイザーとし，現地人を部長，さらには役員に積極的に登用するようになっている（川邉信雄，2011，79-80頁）。

16) たとえば，1890年のエルトゥールル号遭難事件や，1988年に完成した第2ボスポラス橋など。前者は日本とトルコとの友好関係の始まりとして語られることが多い。1890年（明治23年）9月16日夜半，オスマン帝国の軍艦エルトゥールル号が，横浜港からの帰路，現在の和歌山県串本町沖の樫野埼東方海上で遭難し約600名の犠牲者を出した。60名近い生存者を地元の漁民らが手厚く救援すると同時に日本全国で義援金活動が行われた。後者は，日本の政府開発援助で石川島播磨重工（現 IHI）や三菱重工業など日本政府と日本企業によって建設された吊り橋で，多くのトルコ人が日本によって作られたと認識していると言われる。

17) ラマダンとは，ヒジュラ暦の第9月のことで，この月の日の出から日没までのあいだ，イスラム教徒の義務の1つ「断食（サウム）」として，飲食を絶つことが行われる。生産現場で働くワーカー・クラスの何割かがラマダンで断食を行うので，生産能力はその期間は若干低下するとのこと。

18) モジュールとは，設計上の概念で，いくつかの部品的機能を集め，まとまりのある機能を持った1つの部品セットのこと。

19) ただし，きわめて高い精度の要求される金型は今でも日本に依存している。

20) トルコ・トヨタの日本人社員の1人は「日本の若手（社員）よりは，トルコ人，フランス人，イギリス人，アメリカ人といった昔の職場の仲間と話すほうが多いことがある」とコメントするほどである。

参考文献

石井真一（2013）「トヨタ自動車における輸出と海外生産の展開」『経営研究』（大阪市立大学），第64巻1号。

井上久男（2007）『トヨタ愚直なる人づくり―知られざる究極の「強み」を探る―』ダイヤモンド社。

折橋伸哉（2008）『海外拠点の創発的事業展開―トヨタのオーストラリア・タイ・トルコの事例研究―』白桃書房。

川邉信雄（2006）「タイの自動車産業自立化における日系企業の役割―タイ・トヨタの事例研究―」『産業経営』（早稲田大学産業経営研究所），第40号。

川邉信雄（2011）『タイトヨタの経営史―海外子会社の自立と途上国産業の自立―』有斐閣。

公文溥（2006）「トヨタ自動車の欧州生産事業」『経済志林』第74巻1・2号。

小林浩治（2006）「トルコの自動車産業とトヨタの事業進出」『赤門マネジメント・レビュー』第5巻7号。

徐寧教・新宅純二郎・朴英元・李澤建（2012）「トルコ自動車産業の現状と展望―トルコの日韓自動車企業から―」『赤門マネジメント・レビュー』第11巻8号。

根本孝編著（2004）『グローカル経営―国際経営の進化と深化―』同文舘出版

藤本隆宏（1997）『生産システムの進化論―トヨタ自動車にみる組織能力と創発プロセス―』有斐閣。

高橋泰陸・芦澤成光（2009）『EUカーメーカーの戦略』学文社。

塚田修（2012）『営業トヨタウェイのグローバル戦略』白桃書房。

平賀英一（2007）「トヨタ自動車の海外地域統括会社について」『東海学園大学研究紀要』第12号。

第6章

海外進出日本企業の人的資源管理
―― YKK トルコ社の事例からの考察 ――

石黒 久仁子

第1節　はじめに

　本稿は，海外に進出した日本企業の人的資源管理の戦略とその実践の1つの形を，トルコに進出した YKK 株式会社（以下，YKK）の事例をもとに分析する。

　日本企業の海外進出は，1950年代後半から自動車，電機産業を中心に活発に進められてきた。1970年代の日米経済摩擦や1985年のプラザ合意などの影響を受けながら，進出の形も，輸出から現地生産へとシフトして発展している。例えば，トヨタ同様に海外での存在感の大きい本田技研工業（株）が初の海外現地法人を設立したのは1959年（アメリカのロサンゼルスにホンダ・モーター AH を設立）で，北・南米，アジア・大洋州，中国，欧州・中近東・アフリカの生産拠点は計38カ所に上り，2013年の国外売上高も全体の約72％になるなど，海外市場と現地拠点化が，スピード・量・金額・グループにおける重要性のあらゆる面で拡大している様がうかがえる。このように国内のみならず海外に拠点を持ち現地オペレーションを展開している企業では，それぞれの国の法規制，市場の慣行，部品の調達，販路の開拓と拡大などに加え，人材の確保と管理が重要な経営課題となっている（本田，2014）。

　一方，本プロジェクトの対象国であるトルコは，1人当たり GDP が2010年現在1万79US ドル（ARC 国別情勢研究会，2011，16頁）と，先進諸国のレベルには到達していないものの，ゴールドマン・サックス・アセット・マネジメントのオニールはトルコを N-11（ネクスト・イレブン ――BRICs〔ブラジル・ロシア・インド・中国〕の次に人口の多い新興国11カ国）の中でも，中国やブラジルと共に1人当たりの GDP が現在のアメリカに近づくレベルであろうと，その可能性を評価しており（オニール，2012，113頁），欧州・アジア・中東の接点に位置する地理的条件や，政教分離が厳密に行われている文化的側面からも，今後の更なる成長が期待できる国の1つとして世界が注目している。

　では，経済成長を遂げるトルコに日本企業が進出するにあたって，どのように現地の人材を採

141

用し戦力化していったのか。本稿は，トルコでのビジネス展開に成功している YKK の事例を基に，グローバルな人的資源管理の観点から，海外進出・展開の成功要因を分析することを目的とする。特に，国際人的資源管理においてしばしば対比される現地化（localisation）と中央集権化（centralisation）のいずれの手法を採って成長していったのか，また，その過程で，日本本社でコア・コンピタンスとなっている何らかの人事管理上の特徴が，現地の管理・慣行にも取り入れられ，国内同様，ビジネスの成長と成功に寄与しているかに着目して分析を進める。

以下第 2 節では，背景としてトルコ経済と日本企業の進出の歴史，グローバルな人的資源管理に関する枠組み・先行研究について概観し，本稿の分析の手法について説明する。続く第 3 節では，事例である YKK とそのトルコ法人の成長・展開の過程をたどり，YKK トルコ社の人材戦略について検討する。第 4 節では，第 3 節での議論を踏まえ，YKK トルコ社の成功の要因を検討していく。

なお，本稿の執筆にあたっては，前 YKK トルコ社社長・現 YKK 株式会社執行役員の本田孝一氏，元三菱東京 UFJ 銀行イスタンブール駐在員事務所長加納一徳氏，トルコ共和国大使館/ユヌス・エムレ・インスティトゥート東京代表のテラット・アイディン氏および同専門官の伊藤真恵氏より多くの情報をご提供頂いた。文京学院大学の日本・トルコ経済研究プロジェクトチームは 2013 年 9 月にトルコを訪れ，アンカラ・イスタンブールにおいて現地調査を実施した。しかし，短い滞在日数の中で各企業を訪問したのはそれぞれ 1 回で，長期間にわたる実証研究を独自に実施することには自ずと限界があった。そのような状況下，トルコで実際のビジネスを展開した本田氏，加納氏，そしてトルコ-日本の経済・文化関係のより強い協力関係に日々ご尽力されているアイディン氏，伊藤氏からの協力無しには，本稿は執筆できなかった。各氏に心より御礼を申し上げたい。

第 2 節　背景と分析の枠組み・方法

(1) トルコ経済と労働環境

戦後のトルコ経済は，成長とインフレ，自由化と放漫財政の波，IMF からの度重なる救済などに相次ぎ遭遇しながら，現在の経済成長までの道のりを進んだ。

第二次大戦後のトルコ経済は国営企業主導の国家資本主義の形態をとっており，輸入代替工業化政策が採られていた。この政策の下，衣類・靴・食品加工などの今日の基幹産業となる基盤が形作られた（中島, 2010, 21 頁）。しかし，1970 年代に入り，政治的混乱，石油危機，キプロス派兵（1974 年）などの影響を受け，「政府の大衆迎合的な利益誘導型政策と放漫財政によって」（同上），70 年代後半には国家財政は慢性的高インフレに苦しみ破綻に向かっていた。そしてクーデター後の 1980 年代，トルコは IMF の経済安定化プログラム下に入り，輸入代替工業から輸出主導型，また国営企業主導から民間主導へと構造の転換を迎え，コチ，サバンジュといった大財

表 1　トルコの経済指標推移　　　　　　　　　　　　　　　　　　　　　　　　（単位：%）

	2009 年	2010 年	2011 年	2012 年	2013 年	2014 年（予測）	2014 年（予測）
実質 GDP 成長率	-4.8	9.2	8.8	2.1	4.1	3.0	3.0
名目 GDP 成長率	0.2	15.4	18.1	9.2	10.5	13.0	9.9
GDP 成長寄与率							
国内民間需要	-8.3	12.6	9.5	-2.9	5.1	-0.1	2.6
公共投資	0.8	0.9	0.4	1.0	1.6	1.5	0.9
純輸出	2.7	-4.4	-1.1	4.0	-2.6	1.6	-0.4
失業率	13.1	11.1	9.1	8.4	9.0	9.5	10.4

（出典）　IMF（2014）"IMF Executive Board Concludes 2014 Article IV Consultation with Turkey".（抜粋）

閥も拡大・成長を遂げた。続く 1980 年代末には資本取引の規制が撤廃され，海外直接投資と海外融資が可能となったものの，海外からの間接債務依存という形で財政が大きく乱れると同時に，納税回避の地下経済が大きく発展した（地下経済の規模は，OECD 試算で 32.1%，トルコ政府の試算では 2008 年に 37.3% となっている。中島，2010，22 頁）。

1990 年代に入っても，高インフレ，トルコリラの高騰，失業，国営企業の民営化失敗などの負の要素により不安定な経済状況が進んでいたが，一方で貿易の自由化は進み，欧州諸国との経済関係の強化が進展していた（中島，2010，24）。経済状況は 2000 年に入っても変わらず，トルコリラの急騰による大幅な資本流出，IMF の緊急支援を経て，更に金融危機が発生した。

しかし 2002 年には現大統領のエルドアン氏が圧倒的支持を得て単独政権を樹立し，経済の分野でも，IMF・世界銀行の援助と 2005 年の EU 加盟交渉開始発表を受けての基盤整備開始を端緒として，ようやく安定・成長の時代に入る（ARC 国別情勢研究会，2011，7 頁；中島，2010，25-27 頁）。

表 1 は IMF がまとめた近年のトルコの経済指標であるが，2009 年以降順調な伸びを示していることがわかる。特に 2010 年，2011 年の成長率は飛躍的で，実質成長率で 9.2%，8.8% と高水準になっている。また，輸出型の経済構造に転換したトルコ経済であるが，GDP 成長寄与率からは，国内民間需要が経済全体の推移に大きく影響している様子が概観できる。一方，国内の失業率は依然高い水準にとどまっている。

トルコにおける若く豊富な労働力は，対外直接投資を受け入れるにあたって重要な競争優位性となるが，国内の人口構成はどのようになっているだろうか。トルコ統計機構のデータによると，2000 年から 2010 年の 10 年間で人口は 8.7% 増加しており，中でも都市部の人口は 2000 年の構成比 65.7% から 2011 年の 76.3% と，10% 以上の増加を示している（ARC 国別情勢研究会，2011，102-104 頁）。この地方から大都市などの都市部への人口流入の結果，三大都市の過去 10 年間の人口増の割合は，イスタンブル 32.3%，アンカラ 18.1%，イズミール 17.2% となっている。序章でも述べたとおり，労働力人口は 67% を占めるが，中でも 29 歳以下の若年層が全体の 51.4% と半数を超えている。性別でみると男子 50.2%，女子 49.8% の構成である。都市別にみると，

2010年総人口7,372万2,988人のうち最大都市イスタンブルは1,325万5,685と多くの人口を抱え，人口密度も全国平均の1平方キロあたり96人に対して2,551人と突出している（これに対し，首都アンカラの人口は477万1,716人，第三の都市イズミールは394万8,848人となる）。

次に人材を育てる教育であるが，トルコの教育制度は，1970年代からその向上がはかられており，現在は，①就学前教育，②初等教育（義務教育），③中等教育（高校レベル，2012年より義務教育化）の一般教育と，大学以上の高等教育に分けられる（ARC国別研究会，2011，115-17頁；中島，2010，227-229頁；三菱東京UFJ銀行，2013）。初等教育の就学率は96.3%であるが，保守的イスラムを奉じる地域では，女子の未就学児童が2004年現在約65万人いることが報告されている。中等教育は普通教育分野と，工業高校，商業・観光高校，宗教高校からなる職業・技術分野の2つがあり，進学率は69.3%に上る。一方，中等教育課程へ進学できなかった者や中退者を含む14～19歳未満の少年に対しては，非正規教育の一環として徒弟職業訓練制度が設けられている。高等教育である大学は，2011年現在165校にのぼり，アンカラ，イスタンブルなどのトップ校は非常に高い評価を受けている（Altinsoy, 2011）。また，多くの有名大学や高校では英語での授業が実施されているなど，グローバル展開をするビジネスの分野で活躍するポテンシャルを持つ人材が育成され輩出していることがうかがえる。

2009/2010年度のデータによると，大学生に占める女子は約43%に上り，専攻学部分野は，社会科学系55.4%，工学10.7%，教育学・人文科学系がともに7.7%，自然科学系が6.3%となっている（ARC国別研究会，2011，115-17頁）。このデータからも，ビジネスに有利な社会科学や理系の学問を修める学生の多いことがわかる。大学数は2002年の76校から上述のように2011年には165校と，2000年代に入り倍増している（三菱東京UFJ銀行，2013）。また，2013年OECDの調査によると，25～34歳人口に占める高等教育修了者の割合は19%に上る（OECD, 2013, 30頁）。なお，初等教育をはじめほぼ全ての学校は国立で原則授業料は無料であるが，都市部の一部私立学校では日本と同レベルの非常に高額の授業料が必要となる。

では，トルコの経済を支える労働環境はどのようになっているのだろうか。

これまで見てきたように，トルコの労働力の最大の特徴は豊富な若年・中年労働力にあり，EU27カ国と比較した場合（2011年当時），第5位の規模となっている（中島，2010，214頁）。直近のトルコ労働統計による労働に関するデータは以下のようになる（Nation Master, 2014）。

- 成人の就業率　　43%（2008年）
- 週労働時間　　45時間（2014年）
- 就業者　　2,473万人（2013年）
- 産業別労働力　　農業35.9%，製造業22.8%，サービス41.2%（2004年）
- 労働力人口　　2,705万人（2012年）
- 最低時給　　2.55US$（2013年）
- 最低月給　　1,071トルコリラ（2014年，米ドル換算482.6US$——筆者計算，2014年11月25日

現在)

・失業率 12.4%（2010年）

上記のデータから読み取れるトルコの労働環境・市場の特徴としては，① サービス業従事者は多いものの，農業が製造業を抜いているなど，先進国とは異なる傾向がある，② 給与レベルは依然として低い，③ 就労時間が長い，などが挙げられる。労働環境は必ずしも良いとはいえず，世銀 IFC の「ビジネス環境 2010」において，トルコは労働環境分野で 183 カ国中 145 位と低位に位置し，更に整備が必要と思われる（中島，2010，214 頁）。また，就労人口約 2,200 万人中社会保障などに加入していない労働者は 1,000 万人規模でいることが報告されている。しかし，ビジネスの側から考えると，長い労働時間，低い時給，失業率の高さなどは，必要な労働力を長時間・低賃金で雇用できるという，皮肉ではあるがメリットとなる。

また，トルコの労働力の特徴として，与党が企業にインセンティブをつけるなどの政策も奏功し，女性の社会進出がここ数年で急速に進んでいる点を挙げ，この女性の社会進出がトルコの強みであると加納一徳氏（元三菱東京 UFJ 銀行イスタンブル駐在員事務所長）は指摘する。

国の労働政策自体は，労働者の年次休暇日数，最低賃金，各種手当などの労働条件の改正を近年実施し，労働者の権利保護も強化されている（ARC 国別情勢研究会，2011，108-110 頁）。労使関係は，労働組合，集団交渉，ストライキ，ロックアウトが認められ，雇用に際しての差別も禁止されている。その他労働条件を規定している主なものとしては以下が挙げられる。① 雇用契約は期間の定めのあるもの，ないものの両方があるが，期間の定めのないもので 1 年以上の雇用期間の場合は文書による。② 時間外勤務は 1 日 3 時間を超えないこと。また，時間外勤務は年 90 日を超えないこと。③ 週 45 時間の労働時間のうち，土曜日の就業は 7.5 時間を超えないこと。④ 時間外手当は平日の時間給の 50% 増。⑤ 年次有給休暇——勤続 1 年以上 5 年未満は 14 日；5 年以上 15 年未満は 20 日；15 年以上は 26 日。⑥ 出産・育児休暇は産前・産後それぞれ 8 週間。⑦ 有給病気休暇は長期治療を要する場合は 18 カ月，業務上疾病の場合は完全治癒までの期間。⑧ 退職手当は，会社都合により雇用契約が解除される場合は支払われ，労働者の自己都合による契約解除の場合は通常支払われない（兵役，定年退職，労働者の健康・安全に危険な業務に従事，結婚後 1 年以内に退職する女子の場合は支払われる）。

次に労使関係であるが，上述のように 1982 年憲法により，労働組合，使用者側の団体及び各上部団体の結成は認められ，労働者の団結権・団体交渉権・ストライキ権・ロックアウト権も認められている（ARC 国別情勢研究会，2011，110-111 頁）。労働組合は，トルコ労働組合連合 (Turkish Confederation of Workers' Union: Türk-is) が 1952 年に創設され，最も古く最大の労働組合連合である。その他，Hak-is, DISK を加えた 3 大労働組合連合傘下そのほかの労働組合に包括される。2011 年現在，総労働力の約 15% が労働組合に加入しているが，農業及び加入が不可能な職種が全体の労働人口の約半数を占めており，実際に組合への加入が可能な労働者の組織率は 25〜30% とみられている。

最後に賃金については，全体的にレベルは依然高くない。一般的な給与制度は，基本給・超過勤務手当・賞与（ボーナス）の3つから構成されている（ARC国別情勢研究会，2011，114頁）。雇用主は超過勤務手当の延長として休日給付と社会保険雇用主負担を支払い，その他燃料手当，教育手当，通勤手当，食事手当，家族手当などが支払われる。

　以上のようにトルコの労働力及び環境をデータと制度から概観したが，実際にトルコで長くビジネスを経験された加納氏は，その労働力の質である，トルコの人々の仕事に対する態度を以下のようにまとめる。

- 労働力が若い。
- 1人当たりGDPの値が示すように，全体としてはまだ経済的には発展途上である。
- この10年くらい教育に力が入り，学校の数も進学率も上がり，教育程度が平均的に高いが，人間的には素朴で保守的な面を持っている。
- きわめて真面目で一生懸命働く。ワーカホリックと思えるほど仕事第一の人が多い。このメンタリティは，日本と同様，資源が無く気候も冬が寒いなど厳しいため，結果的に「頑張って働くしかない」。
- それらを総合的に見て労働力の質は近隣のロシア・バルカン・中央アジア・中東の中で最も高い。
- 近隣の地域では様々な人種が混在する国が多いが，トルコの国内で話される言語は1つのトルコ語であり，地元の人を雇用する傾向がある。国内に入ってくる移民もいるが，言語はトルコ語が使用されている。
- オスマントルコ時代から自治に任せる統治手法が長くとられていたため，社会の中での身分の違いが少なく，頑張れば裕福になれるという認識・労働文化がある。
- トルコのビジネスでは財閥が大きな存在感を示しているが，それらの企業での仕事は厳しく，優秀な人材を採用している。
- 失業率が高く，労働条件を云々するよりも現在の仕事をキープするのが重要なため，組合活動はあまり活発ではない。
- 人事管理システムはかなりアメリカのシステムに近いが，トルコ企業における採用慣行は人脈や学校のつながりなどに頼る比較的狭い世界である。これがトルコ社会において労働者の労働に対する態度とモラルを規制する役割を持つ。
- トルコのビジネス界では女性が総じて優秀で，弁護士などの専門職に就く女性も多く存在する。イスタンブルなどの都市部では近年離婚率も高くなり，勤務を続ける女性で高収入を得る者も多く出てきた。
- 西洋化した都市部のエリート対地方の人の文化と経済的格差は従前より存在したが，2000年頃からこの差が非常に大きくなった。これを受け，政治的に与党が民間人を政治家として登用するなどの努力を行い中道路線に向かい，地方のインフラ整備も進んできた。その頃よ

り経済が上向きとなってきた。

　以上，トルコの雇用市場と労働環境をまとめてみると以下のようになる。① 教育程度が平均して高い若く良質な労働力が存在する。とりわけ都市部では英語で大学教育をする上位大学出身者や，高校から英語で教育を受け欧米の大学へ進む者がいるなど，英語でビジネスに対応できる層が増加している。② 労働者の勤労意欲や態度も良い。③ 労働関係法により，労働者は全体的に保護されている。ただしこの保護下に含まれない労働者も相当数存在する。④ 国内の給与レベルは先進諸国と比べるとまだかなり低い。これらの特徴を見ると，改めてトルコは対外投資国として魅力的な人的資源を保持していることがわかる。

(2) 先行研究と本研究の分析枠組み

　ここまで，トルコの経済状況や労働環境について概観してきた。本項では，本研究の主題である，トルコ進出企業の人的資源管理の戦略と実践の分析にあたって，小池（2008），河村（2007），白木（2006）らの研究から，日本企業の人的資源管理制度の移転についての分析枠組みをレビューし，本研究の分析のアプローチと手法について検討する。

　日本企業の人的資源管理制度の移転の方法と実践は，進出国での成否を分ける非常に重要なものとしてこれまで取り上げられてきた。それは，どの国の企業でも直面する海外進出企業の人的資源管理制度の戦略や問題点があることに加え，日本の大企業が実施してきた終身雇用・年功序列・企業内組合に代表される日本的雇用慣行や，人員配置・教育訓練などの方法が，他の西欧先進国のそれとは異なる点が多く，日本企業が各国・地域でいかに効果的にビジネス戦略に則って人材を管理していけるのかという点に関心が集まるからである。

　このような海外進出企業の人材管理・形成の研究としては，海外進出日本企業の人的資源管理の実証的国際比較の分野の小池和男が多くの研究を提出しているが，最近の研究の1つであるトヨタの海外工場の人的資源管理の実践を比較した研究（小池，2008）は，親会社を同一企業で固定し，一方子会社をアメリカ，ヨーロッパ，タイの社会・文化的に異なる国での事例を取り上げることにより，より鮮明に一企業の海外進出にあたっての人材戦略を学ぶことができる研究である。

　小池は海外工場での生産ラインの設計と構築の過程を題材として，生産技術者と製造技術者，ブルーカラーとホワイトカラーの職務内容や訓練，異動，処遇などを，詳細に亘る聞き取り調査と観察に加え，更に各国の経済・労働事情などを統計調査から仔細に分析することで，より客観的な考察を提示している。3カ国の工場の比較から，小池はそれら工場において，中間層の活用及び生産労働者の技能上位層（パイロット・チーム）の活躍が著しく，かつ技能職のその下のレベルの，マニュアル外の問題と変化に対する働きの良さという点において，共通する傾向があることを示し，日本の人材管理と育成の方法が，海外子会社にも適用され各国企業の効率化を図っていることを明らかにした。一方，国によって中堅層の働きの違いがあるなどの仕事内容や役割，

メンバー選出の方法と入れ替わりの仕方などに相違があり，従業員の質という点では，それぞれの国によって学歴やキャリア形成に相違がある点を示した（小池，2008，233-270頁）。

そして，多国籍企業の人材方式の理論において頻出する収斂仮説（convergence theory）と拡散仮説（divergence theory），そして収斂に結び付く best practice 仮説から海外進出企業の人材マネジメント施策を分析した時，多国籍企業が人材方式できわめて重要と考える部分はいかにコストと時間がかかっても収斂させ敢えて移転すべきであり，賃金レベルのような地場の相場があるものは拡散させても良いと結論づける。そして枢要な要素——人材部分については，問題への対処の仕方，製品や生産ラインの設計に初期の段階から生産技術者や製造技術者を参加させることなど——は何としてでも移転させることにより（たとえ各地での物の考え方や行動様式の差異から達成水準の違いはあるとしても），それを受け入れる人材が形成され，世界市場での競争力を持つレベルになることが今後の日本企業の進出にあたり必須であると強調する（同上，262-267頁）。

グローバル化が進む経済におけるアメリカ日系工場を題材として，同じく自動車・電機産業における日・米の生産システムの現状を日本型のモデルの現地工場で移植を分析した河村（2005）は，1990年代を通じて，日本企業の強みである現場の人材の育成と配置，そして人事管理に関する制度や要素が，一見すると現地で「適用」されているかのように見えるが，実はアメリカ型の雇用管理・労使関係が修正適用されていると指摘する（河村，2005，366-378頁）。また，アメリカの生産現場の雇用管理を決定するうえで重要な役割を過去果たしていたアメリカの労使関係，労働慣行・ワークルールなどが，1980年代以降組合組織率が10%台前半にまで落ち込んでも，伝統型慣行の影響として依然存在し，アメリカ国内の労使関係が変容してもなお，90年代に入りより成果主義的賃金・処遇制度にシフトしてきた日本型の雇用管理や能力開発システムに収斂はしていかないことを見出した。これは日本人派遣社員の人数が低下することによって，むしろ日本型経営・生産システムの「方式」の現地移転がマイナスに働いており，長期的視点からみると，現地管理層を含めた人材育成や能力構築を含めたシステム移転の実現のためには，日本からの適切な人材の派遣が不可欠であり，そこに現地の様々な条件に適用しながら人材を育成し現地経営に生かしていくことが必要であると主張する。

国際的人的資源管理の分野については多くの研究がなされているが，その枠組みと日本企業の行動について，白木（2006）はそれら分析枠組みを整理し，実証的に検証している。多国籍企業内部が国際的に人的資源を管理するにあたり，白木はその管理すべき人材を以下の3つに大別し，分析対象となる異なる次元について説明する（白木，2006，8-18頁）。①多国籍企業の本社が所在する本国籍人材（Parent-Country Nationals: PCNs），②子会社の所在する国の人材（Host-Country Nationals: HCNs），③第三国籍人材（Third-Country Nationals: TCNs）。この3つの異なる従業員タイプ，人的資源管理の諸機能（人事計画，選抜，採用，配置，教育訓練，評価，処遇，労使関係，企業内コミュニケーション），企業が活動する国の3つの次元が相互作用し，各企業の人的資源管理施策がデザインされ実施され，一国内の国内人事とは異なる要因となる。

また，白木は多様な背景——政治・経済・社会・文化——を持つ各国・地域に進出する多国籍企業の特徴として，統合（integration）と分散（differentiation）の対立する力が本源的に働く点を指摘する（白木，2006，8-9頁）。これは，世界各国でビジネスを展開する企業組織は，各国の組織能力を同一に集中して報告すべく内部の統合が必要となるのと同時に，それぞれの地域の特性に十分配慮できる感応性（responsiveness）が不可欠となるからである。そして実際のオペレーションにおいて，この統合と分散のどちらに重点を置くかは，その企業の属する産業，取り扱う製品，ビジネスを展開する地域，文化特性などに影響を受けるため，同一組織内においても一義的には決定できない点を強調する（同上）。そして，多国籍企業という複雑な組織の内部における人的資源管理について，自由と秩序，分散と統合，権限委譲と統制などの二元性（dualities）という概念を用いて理論的に分析するEvans and Doz（1992）を引用し，この二元性が対立では無く補完的な諸力であること，また二元性はハードな組織構造や制度だけで無く，人的資源管理という微妙な（subtle）経営メカニズムでもってバランスされ文化的重層化（cultural layering）を形成するという点に着目する（同上，9-10頁）。

　このように本社に情報をレポートし本社が現地法人に対するマネジメント，コントロールをとっていく中央集権と，現地の状況に対応し権限が以上される分散化，もしくは現地化のバランスは，製品や市場および社会・文化的な２つの要素に更に分化し，それに伴い人的資源管理の在り方や経営責任者のタイプも異なる（同上，11頁）。人的資源管理の諸機能に着目すると，複数事業を含む多国籍企業における政策形成は，本社（corporate），事業部，事業単位の３つのレベルに分かれ，本社・事業部レベルの人的資源管理は"統合"に向けて，1）人的資源の配分，主要役員の氏名，後継者計画の策定（succession planning），2）適材適所をもたらすインセンティブ制度，3）機能間及び事業部門間における経験の相互交流の促進，の３つのタスクを担う（同上）。一方，社会・文化的なロジックによると，相対的に中央集権的に調整された方法でグローバル人材管理を実施する方法（例：IBM，ヒューレット・パッカード，プロクター・アンド・ギャンブル，ユニリーバなどの「グローバル企業」）と，人的資源管理を基本的に子会社に任せる方法（例：スイスのセメント会社ホルダーバンク），アメリカン・エクスプレス，イギリスのGEC，スウェーデンのガス会社AGA，ネスレなどの「ポリセントリック企業」）の２つの戦略的アプローチがある（Evans and Lorange, 1989; Heenan and Perlmutter, 1979. 白木，2006，11-12頁より）。

　実際の多国籍企業の行動は，このように中央集権もしくは現地化の大きく２つの戦略に分けて分析されることが多いが，世界本社の視点から見た時，本社の戦略とトップ・マネジメントの信念からなる戦略的国際人的資源管理（Strategic International Human Resources Management: SI-HRM），子会社の現地への密着度，親会社の特性，親会社・子会社間の人的・資金的・情報的流量・事業自体がグローバルであるマルチドメスティックであるかという事業の特性，の４つの変数を持つ相互規定的な「コンテクスト要因」などを用いた枠組みが提示されている（Taylor et al., 1996; Rosenzweig and Nohria, 1994. 白木，2006，11-12頁より）。これら分析枠組みを更に補完

し分析するために，白木はDoeringer and Piore（1971；1985）の「内部労働市場」枠組みを用いて，その成立の企業特殊熟練，OJT，慣習の3要素を多国籍企業の人材管理に適用して，企業内の内部労働市場を「多国籍内部労働市場」と子会社ごとの「内部労働市場」の2つの大きなグループに分けた分析枠組みを提示する（白木，2006，23-31頁）。

以上，小池（2008），河村（2005），白木（2006）による研究と分析枠組みの整理をレビューした。海外展開をしている企業の分析においては，先ずマネジメントとコントロールの責任と権限が現地に委譲されている「現地化（localization）」を実施しているか，もしくは本国本社が大きな力と影響力を保持している「中央集権化（centralization）」のタイプであるかが大きな焦点となる。本稿の分析はYKKトルコ社の事例を基に行われていくが，先ず同社の人的資源管理システムが現地化・中央集権のいずれを取っているかを分析する。次に，同社が日本本社の人的資源管理システムをどの程度適用し，その現地の人的資源管理システムが企業の競争優位性を生み出すことに成功しているのか，また，企業のビジネス展開と業績にどのように影響をしているかを考察していく。本稿では小池（2008）の研究で取り上げられている2つの異なる方向に向けた人的資源管理の戦略と分析の枠組み——収斂仮説（convergence theory）・best practice仮説と拡散仮説（divergence theory）——や，白木（2006）が紹介する社会・文化的なロジックを基に国際人的資源管理の2つのタイプ——グローバル企業とポリセントリック企業——を参照しながら分析を進める。

(3) 研究の手法

本稿では，トルコに進出したYKKの事例を取り上げ，最終的には，① YKKがトルコ進出にあたって中央集権化と現地化の何れのアプローチを取り，② どのような要素を本社から伝承・引き継ぎ現地のマネジメントを実施し，③ それらアプローチが現地法人の成功にどのように貢献しているか，の3つのテーマに絞って考察する。

今回事例としてYKKを選んだ理由としては，本プロジェクトで現地に訪れ実際にデータを収集できた企業の1つであることに加え，帰国後のトルコ経済関係者の聞き取りで，YKKがトルコ経済において成功している日本からの進出企業の1つであるという情報を得た点にある。また，従来日本企業の海外進出については，歴史も長く，前述の小池（2008）や河村（2005）や，川邉（2011）といった多くの研究者に取り上げられた自動車産業や，同様に海外展開の歴史が長く国外市場及び投資元としての存在感の高い電機産業についての研究が多くなされているが，それら産業とは異なる産業に属する企業——服飾小物から発展した独自企業——の事例を分析することにより，自動車・電機産業以外が海外で事業を展開・成功した過程についての新たな知見を提出することを大きな目的とする。日本経済は国内市場の縮小が不可避であり，今後様々な企業が国外生産拠点の移転と市場の拡大を強いられることと思われる。本研究がそれら企業の事業展開の参考の一助となれば幸いである。

次に実際の事例研究であるが，分析のためのデータ収集は以下のように行われた。

- 2012年9月　　YKKトルコ社への訪問と聞き取り——当時YKKトルコ社社長の本田孝一氏への聞き取り調査を実施（筆者はこの訪問に同行しておらず，データは次のトランスクリプトより得た）。
- 2012年10月　　聞き取り調査のトランスクリプト作成。
- 2013年〜2014年　　トルコ関連文献レビュー。トルコ共和国大使館／ユヌス・エムレトルコ文化センター文化部長／東京代表テラット・アイディン氏，トルコ大使館文化部伊藤真恵氏を文京学院大学授業「アジアの社会とマーケット」に特別講師としてお招きし，トルコ経済と文化について講義をして頂く。同時にトルコ共和国大使館文化部主催のイベントに機会があるごとに参加することにより，調査対象国であるトルコについての理解を深める。
- 2014年7月　　元三菱東京UFJ銀行イスタンブール駐在員事務所長加納一徳氏に聞き取り調査実施。
- 2014年9月　　前YKKトルコ社社長・現YKK株式会社執行役員の本田孝一氏に聞き取り調査。

以上のように，多くの方々にご協力を頂いたものの，本研究において収集したデータは実証研究としては非常に限られており，これまで蓄積されている多くの国際経営，国際人的資源管理分野の研究と比較して大変稚拙なものであるという批判は否めない。しかしながら，今回実際にトルコで長年ご活躍されてきた加納・本田両氏，そしてトルコと日本経済のかけ橋となっているアイディン氏・伊藤氏から様々なお話しを伺うことができ，限られた中ではあるが非常に有意義な情報を伺うことができ，その点を以下の事例についての記述に反映するよう努めた。加えて，文京学院大学とトルコ・アンカラ大学及び関係する大学の研究者の方々との長年の交流を通じ，トルコという国が単に調査対象国の1つとしてではなく，より近い存在として接して来た視点が本稿全体に反映されていることを願う。

第3節　事例：YKKトルコ社

本節では事例のYKKトルコ社の人的資源管理の戦略と実践について分析を進める。第(1)項ではYKKの歴史と現在の概要について概観し，つづいて第(2)項で同社の海外進出の過程を分析，考察していく。第(3)項においてYKKトルコ社の歴史と人的資源管理の特徴を更に詳細に分析する。

(1)　YKK株式会社

YKKは1934年に創業者吉田忠雄が東京日本橋にサンエス商会を設立し，ファスナーを加工販売したことからその歴史をスタートする。サンエス商会は1938年に吉田工業所と改称，1942

年に有限会社吉田工業所に改組するが，1945年3月の東京大空襲による工場焼失に伴い解散。同年魚津鉄工所を買収し，社名も吉田工業株式会社と変更し会社を設立する。我々になじみのあるYKKの商標が使用され始めたのはこの直後の1946年の1月である。その後1951年に本社を東京に移し，1955年に富山県黒部市の黒部工場が稼働を開始する。その4年後の1959年という非常に早い段階に，YKKはファスナーの現地法人をニュージーランドに設立し，海外展開を本格的に開始する（YKK, 2014a）。

1961年からは，ファスナーに加えてアルミ建材の生産・販売が開始されている。日本国内に工場を次々と建設し，1985年にはブラジルで農牧業も開始する。ファスナーの次に生産が開始されたアルミ建材は，1986年にインドネシアで初の海外一貫生産工場の稼働を開始する。2003年にはファスニング事業会社の販売会社を設立，また，YKK株式会社建材製造事業本部とYKK AP株式会社が統合し，YKKグループ建材事業の完全一体化がスタートする。

2013年度の連結売上高は6,969億2,600万円，グローバル展開は71カ国/地域にわたり全108社，うち国内が20社，海外が88社と，日本国内のみならず海外への積極的な展開を果たしていることがわかる。従業員数は4万708名，そのうち国内が1万7,229名，海外が2万3,479名と，従業員数においても海外拠点の比重が約60％となり，日本国内の人員を上回っている（臨時従業員数は連結で6,828名）。事業内容は，ファスニング，建材の製造・販売を主な事業内容とし，ファスナーや窓を製造する自社製の機械開発・製造を担う工機技術本部を加えた3つが大きな柱である。YKKグループにおけるYKK AP㈱は「AP（Architecture Products）」すなわち建材製品を製造・販売している会社である。現在ファスニング事業はYKK U. S. A.社ほか子会社66社及び関連会社が製造・販売し，AP事業はYKK AP株式会社を含む子会社22社が製造・販売している。人員構成は，ファスニングが2万1,603名，APが1万6,016名，管理部門に所属する者735名，その他が1,952名である。有価証券報告書提出会社としての従業員の平均年齢は43.1歳，平均勤続年数は20.8年と，勤続年数の長さが特徴的である。労使関係では，組合は黒部事業所の従業員2,643名の加入するYKK労働組合が存在するが，経営と極めて良好な関係を築いている（YKK, 2014b）。

以上のように，YKKのビジネス展開において海外での事業は会社の数，従業員の数からしても大きな比重を占めている。YKKはグローバル地域をEMEA（Europe, the Middle East, & Africa），中国（China），アジア（Asia），日本（Japan），北中米（North and Central America），南米（South America）の6つの極に分けて事業展開しているが，各地域の売上げはグループ全体でEMEA525億（構成比7.5％），中国1,021億円（14.7％），アジア945億円（13.6％），日本3,904億円（56％），北中米466億円（6.7％），南米105億円（1.5％）で，国内と国外の売上げの比率はおよそ6対4である（YKK, 2014a）。

YKKは図1にみられるように，グループの経営体制をファスニング事業，AP事業の2つの主たる事業に工業技術本部を加えた3つによるグローバル事業経営と，6極のそれぞれの事業会

図1 YKKグループの経営体制

（出典）：本田（2014）より作成。

社の地域経営のマトリックス組織で構成しており、本稿の分析対象であるトルコYKKの属するEMEAはファスニング事業のみの展開となっている（本田，2014）。

YKKトルコ社の展開するファスニング事業の2013年の事業は、世界経済の緩やかな回復と各地域の経済成長に伴う個人消費の拡大に加え、衣料品のデフレ、新興国の低価格市場の拡大などによる拡大に加え、中国から各企業が工場を移転する傾向を受け、アパレル部材の短期間・多品種の調達需要が高まった。欧州の高級品分野向けの拡販は、中国内需向け拡販と合わせて増収増益の原動力となった（YKK, 2014b）。その中でEMEAでは高級品分野での商品開発とサービスの充実に加え、本稿対象国のトルコでは、ファスト・ファッション顧客への販売が売上げに貢献をした。

このようにファスニング事業は、主力であるファスナーを使用する製品の製造・売上の増減によって需要が変化していくことに特徴がある。ファスナーは、① 金属ファスナー（材質に丹銅、アルミ、洋白などを使用し、衣料〔ジーンズ、ジャケット〕、鞄、ブーツなどに使用）、② 樹脂ファスナー（ポリエステルやナイロン使用、衣料〔スラックス、スカート〕、鞄・袋物、ブーツ、自動車〔シート〕など）、③ 樹脂射出ファスナー（ポリアセテートなどの樹脂をテープに射出成型したもの、スポーツアパレルなどの衣料、鞄、産業資材などに使用）の商品群に分けられる（本田，2014）。現在、YKKのファスナーの認知度は世界に広がっている（大西・小路，2007；張，n.d.）。

ファスナーの分野でトップ・ブランドの地位を確立しているYKKであるが、その成長と成功の基礎に、創業者の吉田忠雄の経営哲学——「『善の巡環』：他人の利益を図らずして自らの繁栄は無い」（YKK, 2014a）——が根強く社内に浸透し、YKKグループ社内の従業員の価値観を形作っていることは、本研究のみならず、企業経営における経営哲学の重要性という観点からも非常

に重要である。この「善の巡環」を標榜したYKKグループの理念について，同社ホームページでは以下のように説明されている。

> 「企業は社会の重要な構成員であり，共存してこそ存続でき，その利点を分かち合うことにより社会からその存在価値が認められるものです。YKKの創業者吉田忠雄は，事業をすすめるにあたり，その点について最大の関心を払い，お互いに繁栄する道を考えました。それは事業活動の中で発明や創意工夫をこらし，常に新しい価値を創造することによって，事業の発展を図り，それがお得意様，お取引先の繁栄につながり社会貢献できるという考え方です。このような考え方を「善の巡環」と称し，常に事業活動の基本としてまいりました。私達はこの考え方を受け継ぎ，YKK精神としています。」（YKK, 2014a）

そして，このYKK精神を基に，経営理念――1994年に「更なるCorporate Valueを求めて」が策定され，2007年には社員1人ひとりが大切にし，実践する価値観であり，日々の行動であるコア・バリューとして社員，顧客，社会の3つの，企業にとって重要なステークホルダーに対する取り組みが策定された。(YKK, 2014a；本田，2014)。

- 社員　　失敗しても成功せよ，信じて任せる――絶えざる「挑戦」を通じた人づくり。
- 顧客　　品質にこだわり続ける――顧客にとって価値ある「品質」を実現するものづくり。
- 社会　　一点の曇りなき信用――「信用・信頼」が結ぶ社会との長期にわたる強い関係づくり。

更にYKKの経営を特徴づけるのは，会社という存在に対する考え方と実際の施策であろう。YKKは建材製品も国内で大きな成長をし，海外進出も積極的に展開している。しかし現在でもYKKは株を上場していない（井上・吉田，2007）。創業者の吉田忠雄は，「全員が"一国一城の主"たれ」という思想を持ち，海外でも社員がゼロから市場を切り開いてきた。また，吉田はオーナー経営者でありながら，常に労働者の視点でものを考え，株についても社員全員で株を持つ，利益を分かち合うという発想になった。これを「株は事業の『参加証』」と述べる（同上）。そしてこの「参加証」を共有するファミリーには，原材料の仕入れ先，金融機関すらも含められている。

YKKのこのような考え方は，株式を使って資金調達をして株主を重要なステークホルダーとし，利益を出すために労務費を削り，単年度で利益を追求していく，というような経営手法とは一線を画した，更に言えば対局にある。創業者吉田忠雄の考え方は，小学校時代に読んだアンドリュー・カーネギーの伝記や，創業する前に経験した日本・中国でのビジネス経験から培われたという（大西・小路，2007）。会社を利潤増加の器としてではなく，徹底してマネタリズムを嫌悪した吉田忠雄の姿勢に対し，YKKを特集した2007年1月15日号の『日経ビジネス』は，「醜悪な資本主義を嫌い続ける」という大胆な見出しをつけている。これらYKK精神，経営理念，そして3つのコア・バリューと，吉田忠雄が生涯守り現在にも受け継がれている会社と事業に対する思想は，以下で分析されるYKKトルコ社の事例においても見ることができる，YKKの成

功にとって重要な要素である。

(2) YKKの海外進出

　前出のようにYKKは，早い段階で海外進出を果たし，世界71の国と地域に展開し，海外事業がグループ全体での売上げで約40%，従業員数で約60%と，国内市場・拠点と同様の規模に達し，日本企業の中でも先陣を切ったグローバル企業とみて良いだろう。本項では，YKKの海外展開について，ファスニング事業を中心に分析する。

　ファスナー製造の顧客は個人の消費者よりも，ファスナーを使用する服飾や小物，そして様々な製品が主である。従って，服飾及び服飾小物産業の生産拡大が同社の成長に大きく関わってくる。1960年代以降縫製産業はグローバル化が進展し，それに伴いYKKも海外への展開を開始した（本田，2014）。新規進出国・地域数で見ると，1934年～1964年が7カ国・地域，1965年～1984年が31カ国・地域と，1965年から84年の間に急成長していることがわかる。海外進出当初の進出先は，初期のニュージーランドやアメリカなどを中心とした西欧諸国に加え，香港・台湾などの地域であるが，当時は海外展開の第一拡大期として，欧米を中心に顧客の傍で商品を供給するローカル経営が行われていた。その後1960年代後半からは，シンガポール，インドネシア，韓国，タイといったアジア諸国，ブラジル，アルゼンチンの南米への展開が進む。その後1990年代に入ってのトルコ進出の後，現在売上げにおいて大きな割合を占める中国への進出，そしてその他のアジア諸国への進出が進んでいる。1980年代後半から90年代初頭はブロック経営がしかれていたが，90年代後半に入ってアパレル縫製が盛んになるアジア新興国が中心となった海外展開の第2次拡大期からは，いよいよグローバル経営の体制に変化していく（同上）。

　このようなグローバル展開を可能としたYKKのものづくりの大きな特徴は，ファスナー製造にあたって必要となる材料，そして機械までも自社で生産する一貫生産思想により，高品質を追求することにある（大西・小路，2007；NHKエンタープライズ，2011；本田，2014）。このものづくりに対する姿勢が，製品の品質向上，そして海外展開に結び付いていく。YKKの一貫生産思想は，糸作り→テープ作り→テープ染め→金属材料作り→エレメントワイヤー作り→チェーン作り→スライダー作り→ファスナー仕上げをして製品化，の一連の工程において，1960年代に内製化が始まり，1980年代には既に自社開発機を使用しての体制が確立している（本田，2014）。また，このように"より早く"良い製品を顧客に提供することによって顧客の満足と信頼を獲得することに加え，海外事業の展開にあたっては輸出にあたってかかる関税上の問題を取り除くために，現地で"より安く"生産し供給していくことも必要とされた背景もある（小泉・前川・朴・平野，2011，4-5頁）。図1でみたグローバルの組織図にあるファスニングとAP間にある"工機技術本部"が，この機械製造の中心であり，門外不出のこれら自社開発機によって，世界中のあらゆる顧客のニーズにより早く，より安く応えていくことが可能になる（大西・小路，2007）。

　以上，ここまではYKKの海外展開の大きな流れについてレビューしてきた。では，海外展開

に際してどのような人的資源管理がなされているのだろうか。グループ全体の60%にも及ぶ社員は現地で採用されているのであろうか。それとも本国である日本から派遣されている社員も相当数存在するのであろうか。また，進出先各国の人的資源管理戦略は，中央集権型がとられているのであろうか。それとも現地化が進み，各国で独自の人的資源管理手法を取り，そこで採用・育成された人材が大きな権限を持つマネジメントがなされているのだろうか。

　YKKのファスニング事業は売上げの約9割を海外で上げており，日本に籍のある全社員の約2割が常時海外で働くという環境にある（日本経済新聞，2008）。海外に派遣される社員の中には，入社数年の若手社員もいる。これは同社の主戦場が海外であるのなら若手は海外で育てるべきという創業以来の思想に則った「仕事が最高の研修」という方針によるが，今も同社を貫いているのは，創業者の故吉田忠雄氏の，海外に赴く社員に対して「土地っ子になれ」という教えである（NHKエンタープライズ，2008；日本経済新聞，2008）。吉田は，海外に赴任してそこでビジネスを立ち上げるためには，その土地，地域に溶け込むことが必要であるとし，それがYKKの海外派遣社員の習わしとなっている。この，赴任した人材が海外進出先の「土地っ子になる」という思想が，徹底した現地化を目指すYKKのグローバル戦略を如実に表現しているのではないだろうか。人事制度についても同様の考えの下，各地で一から自分たちの手で作り上げていくというのがこれまでの方法であった。それは，その土地にはそれぞれの国民性があり人々のニーズも雇用慣行も日本とは異なり，工場・事務所設立に際して土地っ子となるということは，それら現地の状況を理解しその土地に最も合った制度を作り上げていくということである。

　ことに，人材の管理にあたっては，その国の労働法制や社会保険制度を始めとした各種制度，教育制度と採用候補者母集団の属性及び採用ルート，現地雇用市場と予測される勤続年数・転職傾向，給与体系の現地慣行，競合企業の有無と競合する要素，労使関係，宗教的慣行やその他社会・文化的な要素や国民性と関連した従業員の勤務態度など，様々な点を考慮していかなくてはならない。現地に溶け込んでそれらの要素を理解して事業を展開して，初めて同社の掲げるYKK精神，経営理念，そしてコア・バリューを実現できるのであろう。

　小泉ほか（2011）は，YKKの中国グループ会社の人材マネジメントに関する研究から，YKKが事業展開において最も重視したのが人の現地化であったことを指摘している。この現地化のプロセスは，先ず派遣された日本人が現地社会に溶け込み「土地っ子」となり，長い年月をかけて事業を軌道に乗せ，最終的にそこで育成した人材に事業を任せる"パラシュート型経営"の実践であるとする（同上）。そしてその現地化には，長期的視点に立った日本的経営と人材育成の方法を海外においても貫くという確固とした経営哲学が存在すると指摘する。中国では，1992年の上海YKKジッパー社設立以降，大連，深圳と次々に現地法人が設立されたが，2005年繊維・衣料品クォータ制度撤廃を契機に欧米向けの輸出が急拡大し，中国でのファスナー事業の需要が急増した。また，中国の経済成長に伴い，キャリアの上昇を目指して転職するホワイトカラー層人材，ブルーカラー層を支える「農民工」（大都市の戸籍を持たず内陸部から沿岸部に出稼ぎにくる

労働者）の双方において，より良い条件を求めて仕事を変わる労働者が多いなど，労働市場の流動性が高い。そのような拡大傾向と雇用市場の特性を持つ中国市場において，日本人駐在員のみに頼る人材管理には限界があり，一連の人事制度改革により，YKK 中国グループの現地人幹部は，2005 年から 9 年の 4 年間に，29 名から 112 名へと大幅に増加し，当初目標とした 50％ には満たないものの，46％ のレベルまで上がった。この研究から小泉らは，中国グループのみならず，YKK が今後検討していかなくてはならないのは，日本から海外に派遣され，土地っ子となりグローバル・マネジメントの経験と知識を積んだ経営トップ層を，いかに現地人材に適用し門戸開放するかという課題を提示する。

この 2005 年に始まる中国グループの現地化に際しても，YKK は YKK 精神を現地化の鍵として浸透を図っていった（NRI Solutions, 2008）。YKK（中国）投資有限公司総経理の俣野氏は様々な地域から集まる中国人社員や日本人社員をまとめるためには「善の巡環」という会社の精神や理念を社員の心の拠りどころにする必要があり，更にそれを実行するために，具体的行動内容を「YKK グループ行動準則」として業務推進の規範とした取り組みを紹介する。

また，同様の取組みが，グループ全体として 2008 年に実施された「4 万人フォーラム」である（上木，2008）。これは前に説明したような YKK の経営理念を説く DVD を鑑賞する取組みで，参加率はおよそ 97％ であった。このフォーラムは，2006 年の「次世代リーダー研修」がきっかけとなって生まれたが，吉田氏の説いた「善の巡環」を知らない若手社員が増加し，経営理念を確認・継承する機会が減少したことを受け，2006 年の研修参加者が企業風土改革を提案し，前出の「コアバリュー・プロジェクト」としてスタートした。YKK は若手への大胆な権限委譲や「土地っ子」と呼ばれる 10 年を超える海外滞在者が多数いるなどの経営上の特性と企業文化を持つが，フォーラムは自社の企業文化の良さを見直し，グループとしての一体感を強めることを目的としている。

以上のように，海外展開にあたって，YKK グループでは現地に根差したマネジメントを徹底しており，日本より派遣されている社員も「現地化」が求められ，長い年月をかけてその現地化を実現している。それを支えるのが，創設者吉田忠雄から受け継がれた YKK 精神であり，現在の経営理念，コア・バリューである。

(3) YKK トルコ社

ここからは，YKK トルコ社について更に分析を続ける。第 2 節でも述べたように，本事例のデータ収集は 2012 年の YKK トルコ社訪問時に当時同社社長であった本田氏とのインタビュー記録のトランスクリプト，2014 年の YKK 株式会社訪問時のデータ，2014 年 9 月に本田氏が実施したトルコ投資セミナー資料，の主に 3 つのソースから行われた。2014 年トルコ投資セミナー資料からの引用については「（本田，2014）」と明記する。

1. YKK トルコ社概要

YKK トルコ社は1991年に設立され, 1994年に工場が竣工した。この工場で生産しているのはスライドファスナー, Snap & Button, Tape & Parts である。2014年度末現在従業員数約600名（営業100名, 工場500名〔うち臨時工数十名〕）である。トルコ社はイスタンブル北西のテキルダ県チェルケスキョイ市に位置する。テキルダ県はイスタンブル近郊でインフラが整備されており, もともと繊維・衣料品縫製工場の産地であった。また, イスタンブルに近いため, 派遣される日本人が住むことができる, 英語の話せる大卒採用が比較的容易である, 物流面でも要所とつながることができるなどの利点があり, 最初の工場設立地として選ばれた。YKK トルコ社はこの工場の他, イスタンブル, イズミールに営業所, ブルサ, デニズリにホーム・オフィスを持つ（本田, 2014）。

ファスニング商品の中でもファスナーが売上げの主力で, その割合は売上高の約9割を占めている。分野別売上比率は, ジーンズ・コットンパンツが40％, ジャケットが35％と, 大きな部分を占めている。また, 販売先としてはグローバル・ブランドの工場である国内工場が約半分国内ブランド向けと卸がそれぞれ1割程度と, 欧州向けに販売しているジーンズの顧客が主力となっている。前述のように, ファスナー事業は世界的なアパレル製品の生産地, 生産高のトレンドに大きく左右されるため, 現在のような商品, 販売先の構成比となっていると思われる（本田, 2014）。

2. 人事管理

では, YKK トルコ社ではどのような人材・雇用管理がされているのだろうか。

主力となるのはやはり工場に勤務する従業員であり, これら従業員の人事管理がマネジメントを行う上で大変重要であることがわかる。また, この中の日本からの派遣社員であるが, 工場で6名, 営業では3名（2012年9月聞き取り時）と非常に少人数の展開になっている。日本からの派遣社員は営業部門では YKK トルコ社社長の下に組織上属しているが, 現地のジェネラル・マネージャーの直接の命令指揮下にはない。前の会社の概要の項でも述べたように, YKK では日本本国の社員の中に若い時期から海外に出て, 仕事の経験をする者も多い。そのため, 海外で長く勤務をする者はいるものの, 1つの国, 事業所に長期間勤続するものばかりでは無く, 数年単位で異動することもある。組織内部に入っていくというよりも, 組織が円滑に運営できるための構想をする, あるいは特定のプロジェクトを持って専任として派遣されることも多い。従って, 日本人派遣社員は, 進出時に「土地っ子」となって現地でできるだけ効果的に事業を立ち上げること, そして事業を大きくすることが大きなミッションとなるが, 将来的には現地に運営の役割をバトン・タッチすることを目指している。

募集・採用は, 工場のワーカーとマネジャー・レベルでは異なる方法を実施している。ワーカーについては, 基本的に工場の外に張り紙を出すなどして地元の人員を募る。一方, マネジャー・レベル, あるいは専門職になると, 新聞広告, インターネットでの募集, 人材派遣会社への

依頼などの様々なソースを利用する。募集にあたって，採用するYKK側は，日本企業はトルコの人々から好意的に受け入れられているという印象を持っているという。それは日本人や日本企業の姿勢が真面目であること，倫理的に悪いことをしない，良い意味でお人好しである，などの点が挙げられ，これは長年争いが絶えなかったバルカン半島地域において，隣人（隣国）の人々とは常に緊張関係があることとは逆に，遠い国の親しみの持てる国民性により好感を示しているという要素もあるのではないかと本田氏は分析する。会社側から見たトルコ人労働者は，同様に勤勉でアジア的な精神性も有するため，義理人情にも厚いところがあるようだ。トルコは従来家父長制社会で，企業は年功序列型の人事管理を行っていた。しかし現在のトルコのビジネスにおけるマネジメント・スタイルや都市部の労働者（特に高学歴の者）は，西欧的ないわゆるメリット・システム形にシフトをしているようである。YKKの例でいうと，特に，イスタンブルの都市部で採用される20～30代のセールスマンは，転職によってキャリア・アップを目指す上昇志向が強いのが一般的になっている。これらの層は英語も十分に使え優秀であるが，3～4年で転職することを前提にしているため，それを見越した人事管理をする必要があり，その点は工場とは異なる人材管理と計画が必要となってくる。また，前出の加納氏の談にもあったが，トルコの労働市場においては女性で優秀な者も多いなどの特徴があり，YKKトルコ社では，部長レベルや課長レベルの社員も出ている。

　役職・給与に関連する人事制度は，技能職，専門職，マネジメント職の3つのラインがそれぞれ1から6の給与レンジに分かれる複線型ブロード・バンドの制度が適用されている。どのバンドに属するかは学歴と職務内容によって決定される。評価については，1年に1回 Performance Evaluation Form（業績評価フォーム：筆者訳）によって個人業績を評価し，それが給与に反映される。単年度では会社業績によるボーナスを支給する。勤続を続けると一般的に3～4年経つと1つ上のクラスに昇進するケースが多い。そして，現在EMEA域内各社でも，現地の人材が社長を務める場合が多くなっているなど，積極的に現地の人材を登用する動きがある。

　これら現地従業員のキャリア・プランとYKKへのリテンション・プランは当然のことながら密接に関連し，それがマネジメント層の人的資源管理の大きな課題となっている。現在，従業員の平均年齢は32.4歳，平均勤続は4.8年であるが，前述のようにトルコの労働市場，特に都市部の人材はキャリア志向の者が多く，それら従業員の定着が低いのが人事管理場の大きな問題となっている。優秀でキャリア志向の者は，機会があれば昇進させたいが，組織にそのポジションが無ければそれが不可能である。必然的にそのような従業員は社外に機会を求めることになる。様々な地域の接点に位置し，良質な人材を保有し，イスラム教国でありながら完全な政教分離政策が採られているトルコは，現在日本からのみならず各国企業が進出しており，英語ができる人材は他国企業では高額の収入を得る可能性がある。

　YKKトルコ社における現地の人材の他国・地域・日本への異動を見ると，基本的に地域内，具体的にはEMEA内では人事異動は発生する。たとえばロンドン支店に出向している社員は，

グローバル展開をしているバイヤーと，トルコの縫製工場の間に入り，トルコ社に落ちるオーダーのフォローや新商品の提案を行っている。これとは別に，技術研修が必要な商品開発部門の社員の中には，黒部において半年から1年間勤務し，技術を学んでまた戻ってくるなどの短期的異動をする者もいる。同様に，黒部の商品開発部門のスタッフが海外拠点に長・短期間転勤し技術を伝承するケースもある。現地化を積極的に進めているYKKでは，この技術の伝承が，グローバル展開のそれぞれの6極の運営にあたって鍵となり，黒部からそれぞれの地域にこの技術を受け継ぐ努力がなされている。

　その他の人材管理を見よう。工場の稼働日数は295～300日，3交代のシフト制をしいているが，繁忙期には日曜出勤で対応している。トルコ労働法により週の勤務時間は45時間，実質労働時間は年2,061～2,241時間で，欠勤率は6.7％，退社率は8.0％である（本田，2014）。労働者には勤務年数に応じて有給休暇が付与され（1年目は入社3カ月後から1カ月に1日を取得可能，2年目以降14日，5年以上14年未満20日，15年目以降26日），未消化分については期限なく繰り越しが可能である。YKKトルコ社では全員が組合未加入である。トルコの習慣として，一般的に交通費と食事（1日1回）は会社負担であり，YKKもその慣習に従っている。また，同じく様々な手当も労働法で規定されている以上のものを支給するのが一般的で，そのガイドラインに従いほぼカバーしている。（以下のような手当が支給される：残業手当，教育手当〔子女教育，大学生にも一部適用あり〕，燃料手当，児童手当，慶弔手当，出産手当，退職金，確定拠出年金。）特別有給休暇は，結婚（3日），葬儀（家族3日・親戚1日），産前産後（各8週），出産（男性，2日），ミルク休暇（1.5/日），疾病（2日）など。このようにYKKでは様々な手当・給与を支給しており，従業員は組合に加入しなくても基本的に厚く福利厚生の恩恵を受けることができる。

　トルコではこのように労働関係の法律と慣習で働く者を守る環境が整っていることに加え，親日の国民性，真面目で働き者，そして人情に厚いなど，日本企業がオペレーションを進めて人材管理を行ううえでプラスとなる点が多いように思われる。しかし何より，トルコに限らず海外展開している国・地域に「土地っ子」となり現地に根差し技術を伝承してバトンタッチを目指すYKKの徹底した戦略は，進出後の定着を成功裏に進める重要な要素であるともいえる。

　YKKの海外進出の成功を導く要素について，ドイツ，ポーランド，トルコと海外で長い経験を積んでいる本田氏は，立ち上げ時の採用人事が，その後の成長の重要な鍵であると述べる。トルコでは1990年に工場設立のプロジェクトを立ち上げたが，最初の現地スタッフは僅か3名でスタートした。そのうちの1名は営業担当で，新卒で商社との合弁の日系企業で勤務をした経験のある社員で，勤続は既に22年，現在はセールス・マネジャーとなっている（2012年当時）。経理で入社した者は大手ゼネコンでの勤務経験があり現在はアカウンティング・マネジャー，工場立ち上げと同時に入社した1名は，現在副工場長になっている。このように，海外進出の初期に，YKKという会社がどのような会社であるか，そしてYKK精神——善の巡環と，お客様・社会・従業員を大切にする気持ち——を理解し，YKKのために働こうという，誠実で一生懸命な人々

を採用していくことが，非常に大切であると本田氏は強調する。そのため，現地の人材の採用については，キャリアアップを目指すというよりも，できるだけ長い勤続が期待できるような，そして潜在的に将来の幹部になる人材を採用する傾向があるという。

　以上，YKKトルコ社の歴史と概要，人材管理の基本的状況と傾向について概観した。次節では，第2節でレビューした背景および分析枠組みを参照しながら，YKKトルコ社の人的資源管理の特徴とそのビジネス活動への影響について更に考察を進める。

第4節　分析と考察

　最後に本節では，YKKトルコ社の，①現地化対中央集権化，②収斂対拡散の様相について分析し，最終的にそれら人的資源管理戦略・システムがトルコで行われているビジネスにどのように結びついているのかを考察していきたい。

(1) 現地化か中央集権化か

　これまでの議論とデータから明らかなように，YKKは海外進出にあたって人材管理の分野でも徹底した現地化をはかって来た。しかしそれはトルコに1990年代初頭に進出したYKKトルコ社に限ったことではなく，それがYKKの当初からの経営方針であり，取組みでもある。

　進出を決定した地域・国には，若手をも含めた従業員を送り出し，一から設立の準備をさせる。そして彼らはその土地で生活の基盤を作り上げ，「土地っ子」になって現地の社会・文化・習慣・市場などを理解し，ビジネスを展開していく。この過程で非常に特徴的なのが，YKKには「プロトタイプ」のような進出に際する制度移転は無く，派遣された本国の従業員には大きな権限と責任が委譲され，あたかも1つの会社を自ら立ち上げるかのような働きをしていくことである。これは創業者吉田忠雄が求めた，常に「中小企業集団」であるべきという思想，「YKKの社員は1人ひとりが自作農。自分で考えて自分で行動しろ」（吉田の言葉，大西・小路，2007，34頁より）という言葉に象徴されるように，従業員の自主性，起業家スピリットへの期待とそれに基づいたフラットな企業風土によるものが大きいであろう（大西・小路，2007；井上・吉田，2007）。そこで，それぞれ派遣された社員は，何がその地で重要で最適であるかを懸命に考えて会社を作り上げていく。

　さらにこの現地化を進めるのが，「信頼して任せる経営」（NHKエンタープライズ，2011；大西・小路，2007，32-35頁）であろう。本国からの事細かなコントロールによって意思決定が行われるのではなく，中小企業的スピリットを持った社員たちが，各々自分の考えた方法で事業を立ち上げていく。創業者吉田は社員がのびのびと失敗を恐れずに行動できるよう，彼らに全てを任せ，経営者として最終的な責任とサポートを与え支えてきた。この個々の社員のオートノミーが，各国・地域における現地化を推進する重要な要素であろう。

制度面で見る限り，YKKにおいては，「グローバル人事制度」のような全世界共通の統一された制度は無く，進出したその国・地域で最適と思われる制度がデザイン・運営される。このような制度は，第2節の白木（2006）でレビューされた，人的資源管理を基本的に子会社に任せる手法をとる，いわゆる「ポリセントリック企業」ということができると思われる。

そして，日本からの派遣社員は，ビジネスの立ち上げに向けて「土地っ子」となることはあっても，マネジメントの上層部に永続的に居続けることはなく，その国・土地に受け入れられ後継の人材が育ったところで，その責務をバトンタッチすることを前提として運営をしていく。前節の事例でもみたとおり，本国から派遣されている社員は日本本社のペイロールに属し，本田氏がYKKトルコ社の社長をしていた当時も，例えば日本から派遣された営業分野の社員はメインの組織図からは外れ，個々のプロジェクトを担うタスクフォースのメンバーとして業務を実施していくなど，組織上もその取組みがうかがえる。また，本国からの派遣社員から教育訓練を受け，立ち上げ当時から勤務する現地社員の中には，勤続が20年を超えて組織の中枢・トップまで育った社員の事例もあることがそれを示している。

このような人材開発の流れを見ると，YKKでは人事（おそらくビジネス全般も）を非常に長い年月のスパンで考えていることがわかる。小池（2008）が指摘したように，一企業の核となる部分を別の国に移管する際には，立ち上げ時に本国社員が丁寧にそれら企業の核を伝承して行く必要があり，YKKの事例はまさしくその形をとった，長期的な現地化へのシフトであると言える。

(2) 収斂か拡散か

以上，ここまでで明らかなように，YKKは海外進出にあたり，制度としてはそれぞれの現地に適合した人材の管理を行っている。即ち，可視化できるハードの面では拡散の方向に向かい，それぞれの機能がうまくその土地に受け入れられ運営されている。

しかし，YKK精神の「善の巡環」，経営理念，3つのコア・バリューに見られる，組織の根幹に流れる価値観は非常に堅固に保持され，国が変わり管理する人材の国籍や文化的背景が変わっても伝承されていることがわかる。日本でそれらYKKの精神を教育され身につけた社員が，進出時にそのような価値観を共有することが期待できる人材を採用する。そして，会社の発展と成長の過程で，更に多くの現地従業員にその価値観・精神が伝承され，収斂の方向に向かっていく。別の言葉に置き換えると，会社にとって本当に大切なものは土地が変わっても変えることはできないが，それ以外のものについて必要以上に縛りをつけることはしないということであろう。事例から，現地に派遣された1人ひとりの社員が，失敗を恐れず任せて育てる吉田の方針の下，大きな権限を委譲されて意思決定しビジネスを展開していることが明らかになったが，それは根底に確固とした価値観があるからこそ，社員が自己の裁量で決定する際の判断基準が明確になると考えられる。

こうしてみると，一企業を運営していくうえでの経営理念——対外的に見せるためだけのもの

ではなく，従業員の価値・行動基準を規定する実効的な力を有する理念——の重要さが改めて浮き彫りになる。給与・人事制度，福利厚生，就業規則や労働協約などの明文化されたものは，会社からの従業員へのある種メッセージとして伝えられる。それらを仔細に分析することにより，企業の人的資源管理に対する考え方をうかがうことはできる。しかし同時に，組織を構成する人々の日々の活動の中での言動や細かな選択・決定は，分析することが難しいが，それ自体がその企業の特徴を築き，組織特有の風土・文化を形成していく重要な要素である。新たにその組織で仕事を始めた者たちは，日々の仕事を通じて次第にその風土・文化に自らも慣れ，（もしくは自分の価値観に合わないと感じたものはその企業から抜けて）さらにその風土・文化が強化されていく。前の「4万人フォーラム」の事例が示すように，YKKではその風土・文化の伝承を意識的に行い持続しているが，YKKのトルコへの進出の過程を分析することにより，この点がより一層明らかになった。会社立ち上げ時の人材が現在も勤続を続けて現地の組織の上部に位置するまで育成された一方，都市部のキャリア志向の若年・中堅層は次のキャリア・ステップを考え組織から出て行く。つまり，企業の強固な価値観を受け入れそこに自分が存在する価値を見出す者は組織に定着し，異なるものを求める者は外に自分により合った場を探していく。このようにして，YKKの組織が保持する価値観は国と地域を超えて貫かれているのであろう。

(3) 成功か失敗か

ではYKKのこのような海外における人的資源管理の戦略——組織としての理念や価値観の伝承とそれに基づいた企業風土・文化というソフトの部分の形成と，制度やシステム，権限の徹底した現地化——はYKKのビジネスにプラスに働き，成功へと導いているのだろうか。業績だけを見ると，確かにYKKトルコ社の売上げはこの25年で飛躍的に伸びている。

一方，本稿の分析は，手法として数少ない聞き取り調査と文献・データのレビューからのみ行われ，様々な社員の人々の実際の話しを聞いたり，働いている現場の観察なども行ったりということができなかった。そのため，本稿において断定的な考察を行い，何らかの結論を出すのは少々乱暴すぎるであろう。また前出のように，YKKには他の追随を許さない圧倒的な技術力とファスニング・ビジネスの経験の蓄積，製造の過程を全て自社で統合することを可能にする自社機械の開発など，生産と販売を支えるコア・コンピタンスを有する。更に，EU関税同盟，イスラム文化圏，トルコ語・トルコ民族圏の要衝として，グローバル化に伴いアパレル生産の需要や急速に伸びる経済状況と良質な労働力を保持するトルコへの進出は，まさしく全体としてのビジネス戦略の成功である。

それにもかかわらず，やはりYKKとYKKトルコ社における人的資源管理は，この企業のビジネスの成功に大きな貢献をしていると言えるのではないだろうか。企業としてのYKKの価値観や社員・取引先に対する考え方は，効率や利益，そして株主をステークホルダーとして最優先する経営手法や価値観とは一線を画し，それがYKKを他の企業と差別化し，長期に亘る成長と

成功を実現していると分析する。しかし世界各国にここまで大きく展開している自社の人事制度について，聞き取りの最後に本田氏は，「グローバル人事のようなものを作っていかなくてはならないかもしれない」と，将来的なことを考えながら述べていたが，筆者は，あくまで中小企業の精神を持ち続けていくというこの企業の価値観とそれに沿った人的資源管理の手法――繰り返すが，企業精神，理念，コア・バリューを共有しながら，実際のシステムは現地に最適なものをデザインしていく――が，生産，販売のコア・コンピタンスを支える重要なベースになっていると感じる。そしてこの異なる方向への2つの要素（現地化と収斂）がバランスされている様が，白木（2006）が指摘した，Evans and Doz（1992）の提唱する二元性が相互に補完しあい，人的資源管理という微妙な経営メカニズムでバランスされているというコンセプトの良い例を示していると思われる。

第5節 おわりに

　以上，本稿ではYKKトルコ社の事例を基に，トルコに進出した日本企業の人的資源管理についての分析・考察を行った。人的資源管理の分野は，企業活動を支える資源の中でも，人々の感情や考え方，個人のおかれた状況やライフステージ，またそれら社員の背後にある社会・文化的な要素などにより大きく影響される非常に有機的なものである。そしてこの分野の研究者として，筆者は，この「人」をいかに企業の活動の中で活かしていくかが，ビジネスの成功を左右すると考える。そういった意味でも，今回トルコに進出したYKKの事例について分析する機会を得たことは，非常に幸運であった。

　当初は，トルコがこれまで歩んできた歴史や現在の政治経済の構造，社会・文化的特徴が，企業活動を大きく左右するのではないかと考え，文献やデータにあたり，様々な方々からお話しを伺って来た。しかし事例について情報を得て考えていくうちに，むしろ国内・国外の別を超えて受け継がれる企業理念や価値観が，海外進出をしていくうえで重要である点を再認識した。そして自動車や電機といった商品に比べて非常に単価の低いファスナーという商品分野で，顧客のニーズに合わせ，常に開発・改良して世界のトップ・ブランドとなった取り組みや，社員を大切にし，仕事を通じて彼らの成長する過程を助けていく企業風土を持つ日本企業を，トルコの事例を通じて発見することにより，改めて多くの日本企業の今後について考えさせられた。

　前節の本田氏の言葉にあるように，グローバル化が進展する世界経済において，日本企業がどのように事業を展開していくのかは大きな課題である。今後も様々な企業の事例研究を学び分析することにより，更なる考察を続けていきたい。

参考文献
ARC国別情勢研究会編（2011）『ARCレポート－経済・貿易・産業報告書－トルコ2011/2012年版』

ARC 国別情勢研究会。

張一帆（n.d.）「編集長 's Interview：YKK 株式会社代表取締役社長吉田忠裕」http://long-net.com/index.php?mid=interview&page=5&document_srl=3281 ［2014 年 10 月 20 日アクセス］

Doeringer, Peter B. and Michael J. Piore (1971) *Internal Labor Markets and Manpower Analysis*, Lexington, M. A.: Health and Compay.

Doeringer, Peter B. and Michael J. Piore (1985) *Internal Labor Markets and Manpower Analysis: With a New Introduction*, London: M. E. Shape.

Evans, Paul and Peter Lorange (1989) "The Two Logics Behind Human Resource Management," in Paul Evans, Yves Doz, and Andre Laurent, eds., *Human Resource Management in International Firms: Change, Globalization, Innovation*, London: Macmillan.

Evans, Paul and Yves Doz (1992) "Dualiteis: A Paradigm for Human Resource and Organizational Development in Complex Multinationals," in Vladmir Pucik, Noel M. Tichy, and Carole K. Barnett, eds., *Globalizing Management: Creating and Leading the Competitive Organization*, New York: Wiley.

Heenan, David A. and Howard V. Perlmutter (1979) *Multinational Organization Development: A Social Architectural Perspective*, Reading, M. A.: Addison-Wesley.

本田技研工業株式会社（ホンダ）（2014）本田技研工業ホームページ，http://www.honda.co.jp［2014 年 11 月 10 日アクセス］

本田孝一（2014）「トルコ投資セミナー」国際連合工業開発機関東京投資・技術移転促進事務所主催，2014 年 9 月 24 日，東京.

井上裕・吉田忠裕（2007）「株は事業の『参加証』」『日経ビジネス』1 月 15 日号，42-44 頁。

International Monetary Fund (IMF) (2014) "IMF Executive Board Concludes 2014 Article IV Consultation with Turkey," http://www.imf.org/external/np/sec/pr/2014/pr14535.htm［2014 年 10 月 20 日アクセス］

石原圭昭（2010）「6.1 労働事情」日本貿易振興機構編『早わかりトルコビジネス』日刊工業新聞社，214-224 頁。

川邉信雄（2011）『タイトヨタの経営史－海外子会社の自立と途上国産業の自立－』有斐閣.

河村哲二編（2005）『グローバル経済化のアメリカ日系工場』東洋経済新報社。

小池和男（2008）『海外日本企業の人材形成』東洋経済新報社。

小泉大輔・前川尚大・朴弘文・平野光俊（2011）「中国における YKK グループの人材マネジメント改革」Graduate School of Business Administration, Kobe University, Discussion Paper Series, 2011-19.

三菱東京 UFJ 銀行国際業務部（2014）「BTMU Global Business Insight: EMEA & Americas」www.bk.mufg.jp/report/insemeaa/BW20141010.pdf［2014 年 11 月 25 日アクセス］

中島敏博（2010a）「序章 トルコでのビジネスチャンス」日本貿易振興機構編『早わかりトルコビジネス』日刊工業新聞社，1-4 頁。

中島敏博（2010b）「第 1 章 トルコという国」日本貿易振興機構編『早わかりトルコビジネス』日刊工業新聞社，5-59 頁。

中島敏博（2010c）「6.3 教育制度」日本貿易振興機構編『早わかりトルコビジネス』日刊工業新聞社，227-231 頁。

Nation Master（2014）"Turkey Labor Stats," http://www.nationmaster.com/country-info/profiles/Turkey/Labor［2014 年 11 月 25 日アクセス］

NHK エンタープライズ（2011）『ザ・メッセージ―今蘇る日本の DNA 吉田忠雄 YKK―』NHK エンタープライズ［DVD 資料］。

日本経済新聞（2008）「注目この職場 YKK 入社 4，5 年で海外へ―仕事が最高の研修―」（7 月 7 日朝刊 11 頁）。

日本貿易振興機構（JETRO）（2014）「国・地域別情報（J-FILE）」www.jetro.go.jp/world/gtir/2014/pdf/pdf/2014-tr.pdf［2014 年 10 月 20 日アクセス］

NRI Solutions（2008）「中国日系企業の幹部社員研修プロジェクト 真の現地化を進めるための人材育成をサポート―第 1 話 YKK 精神を実践する社員を育てていく―」http://www.mri.com/jp/nriss/solution/china-ykk/story01.html［2014 年 10 月 20 日アクセス］

オニール，ジム（北川知子訳）（2012）『次なる経済大国―世界経済を繁栄させるのは BRICs だけではない―』ダイヤモンド社。

Organisation for Economic Co-operation and Development（OECD）（2013）"Education Policy Outlook: Turkey," http://www.oecd.org/edu/EDUCATION% 20POLICY% 20OUTLOOK% 20TURKEY_EN.pdf［2015 年 1 月 22 日アクセス］

大西康之・小路夏子（2007）「YKK―知られざる『善の経営』―」『日経ビジネス』1 月 15 日号，26-41 頁。

Rosenzweig, Philip M. and Nitin Nohria（1994）"Influences of Human Resource Management Practice in Multinational Corporations," *Journal of International Business Studies*, 25（2）pp. 229-251.

白木三秀（2006）『国際人的資源管理の比較分析―「多国籍内部労働市場」の視点から―』有斐閣。

曽根原幹人（2012）「JMA グローバルリポート 世界で戦う 3：―新興国で活躍する日本企業と日本人②（トルコ・イスタンブール編）―」www.jma.or.jp/activity/magazine/pdf/201210_26-27.pdf［2014 年 10 月 20 日アクセス］

Taylor, Sully, Schon Beecher, and Nance Napier（1996）"Toward an Integrative Model of Strategic International Human Resource Management," *Academy of Management Review*, 21（4），pp. 959-998.

トルコ大使館文化部（2014）「中央・西アジアのビジネスとマーケット―トルコの経済発展と今後―」6 月 5 日，19 日（文京学院大学講義資料）。

上木貴博（2008）「社員 4 万人フォーラムで経営理念を共有，グローバルで創業者の生誕 100 周年を祝う」http://itpro.nikeibp.co.jp/article/JIRE/20081201/320439/［2014 年 10 月 20 日アクセス］

YKK 株式会社（2014a）「YKK ホームページ」http://www.ykk.com/japanese/［2014 年 11 月 25 日アクセス］

YKK 株式会社（2014b）「有価証券報告書」http://www.ykk.co.jp/japanese/corporate/financial/securities/pdf/yuka79.pdf［2014 年 11 月 25 日アクセス］

第7章

労働現場における異文化接触
―― トルコと日本の比較 ――

ジェレン・アクソイ・スギヤマ

第1節　近代化のモデルとしての日本

(1)　はるか遠くの異郷なれど

　トルコを訪れる日本人は，地理的に自分たちから遠く離れた，半ばヨーロッパ，半ば中東のこの国において，自分たちに対して示される関心と共感の意味を多くの場合，理解できない。かつて，ある新聞の記事に，トルコの保守層の典型的な特徴が10項目列挙されていたが，その1項目に「日本文化と日本人を愛すること」があった。ここで解明されるべき点は，この純真な愛情が，この両社会間の驚くべき類似性の上に構築されたものか，それとも，遠く離れた異郷への空想によって構成されているのか，という疑問である。日本人に対して感じられるこの親近感は，一方で2つの文化が保持している価値観についての仮定を基に構築されるが，他方，日本人と接触した経験を持つトルコ人たちの印象などからも，構築されている。

　1893年に日本を視察したオスマン帝国の役人であるムスタファ・ビン・ムスタファ・エフェンディは，1894年に執筆した旅行記において，日本訪問中，彼が訪れた都市――横浜，大阪，そして京都――において，最も目を引いたのが，当時の都市が夜間電灯によって照明されていたことと記している（Mustafa bin Mustafa, 2010, pp. 124, 125, 129）。この状況は，オスマン帝国の首都であるイスタンブルが1914年になってから電力を利用し始めたことを考えれば，このオスマン帝国官僚が日本に対して感じた驚愕は，容認されるべきであろう。また同時にムスタファ・エフェンディは，日本人の勤勉さや，いかに日本が発展に適した社会であるかを，同旅行記において強調している。都市部において家屋の門が施錠されていないことを著書に明記し，この国がいかに安全であるかを説明しようとしている。

　ムスタファ・エフェンディはまた，その旅行記の中国に関する章においては，中国人が偶像崇拝者であると特筆しているのであるが，日本人に関しては宗教を持っていないという結論に達し，オスマン帝国によって日本にイスラム教使節団が派遣されれば，日本人が集団的にイスラム教徒

167

になるであろうことを，時のスルタン，アブドゥルハミト2世に喜びをもって上申している（*ibid.*, p.130）。ムスタファ・エフェンディの旅行記が，オスマン帝国官僚たちにどの程度影響を及ぼしたかは詳らかではない。しかし，その後の時代においてもムスタファ・エフェンディが描いたイメージと重なる日本人像が，オスマン帝国の知識人に広まったということは確かであろう。このイメージとともに，日本の近代化がトルコにとって1つのモデルとなり，「日露戦争以降，トルコ世界に広がった『日本人は我々に似ている』というパラダイム」は，その存在感を常に感じさせるものとなった（Esenbel, 2012, p.327）。

　著名なトルコ詩人の1人であり，トルコ国歌（自由独立歌）の作者でもあるメフメト・アーキフ・エルソイが，一度も訪れたことのない日本を紹介した「日本人」という詩の一節において，「行って見てみるがよい，純然たるイスラムの心，日本人に見出さん」と述べている。この詩の後半においては，日本人が「徳操に富み狡計すること無く，忍耐強く，清貧である」と語られ，詩は全体的に日本文化を賞賛していると捉えることができる。この詩はメフメト・アーキフ・エルソイも属するイスラム主義作家の意識下に定着し，そして「近代化に成功したにもかかわらず，根本的自我を失っていない日本」というイメージの成熟に影響した。トルコから眺める日本は，自身の伝統を守ることに成功し，西洋の科学を最良の形で自身に適合させた，発展国である。

　しかしながら，トルコにおいて，オスマン帝国の崩壊と新生トルコ共和国の建国は，長い期間伝統と西洋科学が互いを疎斥せざるをえなかった歴史的過程として認識された。トルコが経験した西洋化は，トルコにおいてイスラム主義者と保守層によって，猜疑と警戒の目で見られた。この時期には，「我々は価値観を失いつつある」「西洋化するにつれ，我々は自分たちの持つ価値観を蔑視し始めた」といった議論や，これら議論を題材とする文学作品が数多くある。オスマン帝国が最期を迎えた時期から現在まで，トルコにおける「誤った西欧化」に関する批判が高まった状況において，正しいモデルとして提示され，手本として評価すべきは，いつも日本であり，日本人であった（Belge, 2011, pp.394-395; Güvenç, 1980, pp.3-4）。

　以前，ある大都市が発行するタウン誌が，ある記事で市長が「アパート内の水道管清掃はアパート住人によって行われる必要がある」ということを説明するために世界の国々の例を挙げたが，ヨーロッパやアメリカの他に日本も含まれていた。現在，東方の文明国の代表として日本が示されているという事実は，非常に興味深い。

　トルコにおいて，国政の様々なレベルにおいて発生する汚職事件が発覚すると，もしくは責任者の怠慢によって何らかの事件が発生すると，マスコミやこの事件に反発する人たちが，日本の例を提示しつつ，政府もしくは事件の責任者たちに，誇り高い日本人が実行するであろう行動様式と同じ形，すなわち辞職を求める。このような対応を良しとする者は，右派であれ左派であれ，発生した不祥事の内容が重大である場合には，日本人ならば同様の状況下において「自殺するであろう」と言及するのである。

(2) トルコと日本の歴史的背景

本章の範疇外に属する極めて総括的かつ深い課題ではあるが，この両国の歴史的差異をここで論ずることは，論点の明確化をもたらすであろう。現代トルコが位置するのは，数々の文明が発生しては終焉し，様々なレベルにおいて混淆したエリアである。この点から，日本文化と比較をした場合，単一のトルコ文化というものを論ずるのは非常に困難である。日本の神道，儒教，そして仏教が混在することによって形作られる価値世界は，自身をユダヤ教とキリスト教の連続体と見なし，しかしながらそれら宗教よりも更に完成した1つの宗教であるとするイスラム教世界とは異なるのである。この違いは，両社会における社会的慣習においても全く別の存在として表現される。それ以上に，それぞれの独自な歴史的過程を考察していくと，2つの文化における最も重要な差異の1つが，日本の幕藩制の結果として明確化する社会階級のヒエラルキーが，セルジューク朝アナトリアやオスマン帝国の国家体制には存在しないという事実である。この違いは，近代化の過程において，都市文化の普及から資本主義がもたらした社会生活の様々な分野において，この2つの地域の明確な相違が生まれた基本的理由の1つである。

更に，トルコ人がイスラム教と出会う（タラス戦争）やいなや，──ただしここではそれ以前にトルコ人が持っていた社会的・政治的構造の詳細に立ち入ることはしないが──，イスラム教を受容したことに影響した，そしてイスラム教が強調する一連の価値観に言及することが必要である。これら価値観は，リンドホルム（2004）も中東において明らかであると主張する平等主義，競争的個人主義，そして私的自治性などの価値観である。リンドホルムによると，中東社会において，西洋世界，特にアメリカと共有されるこれら価値観は，氏族単位で生活した遊牧トルコ民族によって容易に受容されたとされる。これら価値観は，トルコ人たちと日本人たちそれぞれの生活に対する視点や生活環境，そして日常生活の規範様式において重要な差異を生み出した。この状況は，ベネディクト（1994）がアメリカと日本の対比において存在すると仮定した，大きな差異と同じものであると考えることができる。

この歴史的違いが，両国の1980年代以降活発化し2010年より加速した経済協力という範囲において，ビジネス世界や労働生活における相互的関係に，どのように反映したかを観察するのは非常に興味深いものとなる。日本人とトルコ人の間において，特にビジネスの世界において対面した瞬間から発生する差異は，日本企業において働くトルコ人に行ったインタビューから観察し始めることにより，さらに具体化する。

本稿のこれ以降の節は，トルコ共和国において事業展開している日本企業に勤務するトルコ人に対して2015年1〜2月にかけて行われたインタビュー調査から得られた様々な印象に，トルコ社会において広く見られる日本人に対するイメージを加味しつつ執筆されたものである。

(3) 震災の経過においてトルコ人が注目した日本人のイメージ

両国がともに地震帯に位置することは，地震経験に関して両国市民が互いに共感をもつことを

たやすくしている。2011年3月に東日本で発生した地震と2011年10月に東アナトリア地方の大都市ヴァンで発生した地震は，短期間内における出来事であったこと，そして，震災後の映像が特にインターネットを利用したメディアによって共有されたことで，トルコ人たちが持っている日本人のイメージをいっそう確固たるものにし，またこのイメージに，新たな次元を加えたということができるであろう。地震発生時，死に直面した瞬間，そして地震発生後の悪条件の中で，日本人たちが冷静さを保持したことは，トルコにおいて市民の間で何日間も語られた。トルコでは特に援助物資の配給時に，被災者間に発生した緊迫した事態の反例となる一連の映像は，様々なテレビ番組や新聞において何日間も伝えられ，ソーシャル・メディアでも数多くのユーザーによって視聴された。これら映像において，地震によって家を失ったために体育館などで避難生活をせざるを得なくなった日本人が，共同空間を全く争うことなく，または緊張状態に達することなく使用し，清掃する姿は，それぞれが1つの人間性の手本として放送された。また，ヴァンでの地震の直後，救援活動のために訪れ，そして命を落とした日本人の宮崎淳は，この不幸な事件のなかで市民にとって英雄として記憶され，日本人に対する愛情や共感の増加につながった。

第2節　共有するとされる特徴

(1)　「純然たるイスラムの心，日本人に見出さん」

　イスラム教徒にとって，道徳的であることをイスラム教の教えから独立したものとして認識するのは難しいことである。したがって，道徳的であり正直であると知られる日本人が，どのような宗教を持っているかは，常にトルコ人が興味をもった疑問であった。本稿の冒頭に紹介したムスタファ・エフェンディが122年も前に表現したものと同様に，現代においても多くのトルコ人は，日本人がいかなる神をも信じてはいない，もしくは自然を信仰しているものと考えている。仏教，もしくは神道などのような信仰は，名前としては知られているものの，詳しい知識を持っている人の数は非常に少ない。実際，この点においてトルコ人と日本人の違いを抽出することができるであろう。すなわち，宗教に関してここまで興味を持っている民衆であるにもかかわらず，他の宗教に関して，いわんや自分の宗教に関しても，伝聞した情報以上の詳しい知識を持っているわけではない。トルコ人にとって，日本人が同時に複数の宗教，もしくは多数の神を信じるということを理解することは，彼らが無神論者であるという仮定を信じるよりもさらに難解な思考行為である。

　日本人は，ある個人がどの宗教を信じているかということよりも，イスラム教がどんな宗教であるか，ということに興味を持ち，熟考する。トルコにおいて人々が集まると，議論対象となるものの1つは宗教であり，もう1つは政治である。この点において，特に日本文化と接触を持ったことのある者で，日本人とある程度関係を持ったことのあるトルコ人にとって，日本人たちの政治や宗教に関する話題において，トルコ人として表現するのであれば，「彩色を明らかにしな

い」態度は，非常に不可解で，怪しく，そしてあえて言えば「親密ではない」状況といえる。ベネディクトは，西洋にとっての親密さの概念が，日本人にとって理解される「親密さ」から，いかに遠いものであるかについて言及している（Benedict 1994, pp. 241-248）。この点において，トルコ人が「親密さ」から理解する状態も，日本人たちとは違っているということができる。

(2) 上下関係と対話

　トルコ人は，日本人が家族や親類関係に重きをおいており，老人や年長者に対し尊敬の念を抱くと考え，この点において日本人が自分たちに似ていると考える。今日，その多くが都会に生活する日本人が「amca（アムジャ：父方の叔父）」「teyze（テイゼ：母方の叔母）」「kuzen（クゼン：従兄弟）」などの親類と余り接触を持たないということを聞くと，これを信じることに苦労する。

　トルコにおいて，「敬意」が最も表現されるのは家族や親類間においてであるかも知れない。いかに年長者たちに対して表現されることが期待される敬意について強調されようとも，行動規範という観点から観察すると，日本とトルコの間には適用性において大きな違いがあることが注目される。

　トルコにおいて，ある人に行われる不敬な行為は，不敬を行った者と不敬が行われた者の間の関係を傷つける原因となる。この状況を知った第三者は，その状況に関し，不敬を行った者に対し，言葉で忠告を行うだけである。日本で行われるような，厳しく包括的な社会的制裁が科されるということはありえないだろう。トルコにおいては，大体の場合において「謝罪すること」は，関係を以前の状態に戻すことで足りるであろう。

　トルコにおける上下関係は，日本における先輩―後輩関係と等価ではない。特に労働生活においてこのような厳格な行動コードが適用されるということは難しい。日系企業において働くトルコ人が注目する最も重要な行動コードの1つが，日本人社員たちが，このヒエラルキー構造を慎重に守っていることである。また，これに関連して多くの状況において，トルコでは仕事の進行状況に関して発生した問題に対し，社員たちは対面する人物の年齢や地位などを留意することなく，意見の相違に関して発言することをためらうことはないであろう。

　トルコでは，仕事と家庭の生活において存在する状況や，予定される仕事はまずもって言葉を使って議論される。大抵の場合において，この議論は関係者全てが同席する環境において行われるよう努力される。そして，大抵の場合これら議論の最終的な結論は出ないのである。この，言葉を使った議論の場は，いかなる結論にも達することなく，何度も繰り返される。1つのアイディアが発言されようものなら，そのことに関して口々に様々な意見が発せられるが，実行段階に移ると，ほんの何人かがその案件を負担しようとするだけである。そのため，指導権を持つ人間とは，すなわちその仕事を最後まで実行する人物であり，そしてこの状況は，どちらかと言えば自然発生的な過程ということができるだろう。

(3) 助け合うこと

　トルコで仕事をする時，他人に助けを求め，助けを実際に受けることは普通のことである。これは，チームプレイが成立するための1つの条件として認識される。日本では，働く者は，自分自身に与えられた義務を遂行する段階において，他人から助けを求めないし，助けを受けないように注意する。すべての作業分担は，作業開始前から最も細かい点まで作業が割当された以降は，個人がチームのためにできる唯一のことは，自分に課せられた任務を最後までやり通すことのみである。日本人が現場において遂行するこの態度は，日本文化について何人もの著述家たちが説明しようと試みた「義理」の概念をもって分析することができるかもしれない（Lebra, 2010, pp. 116-135; Benedict, 1994, pp. 149-200; Davis&Ikeo, 2002, pp. 95-106）。

　トルコで助けを求める傾向を生み出すもう1つの社会的反応は「憐み/情け」と呼ぶべきものである。ある仕事について，自分には処理できないかもしれないとはっきりと口に出して言うこと，もしくは前もって約束した仕事が約束した期間内に，明確な理由もなく遂行しえなかったとしても，恥を感じる理由とはならない。なぜなら失敗に対する評価は，相手がもっていると期待される「寛容」に委ねられるからである。

　これに対して日本では，任務を与えられた個人は，その仕事を完了できそうにないということについて弁明をするくらいなら，健康を犠牲にしても，与えられた任務を一定の期間内において遂行することに努め，もし任務を遂行できなければ，辞任すら厭わない。日本人が他人に助けを求めるという行為に関して消極的であり，仕事のステージにおいてはあまり見られないということは，トルコ人社員がよく観察する現象である。日常生活内において，いろいろな状況で，この行為のスタイルはトルコ人の注意を引くが，ある事象がなぜそのような結果にまで至るのかを説明することは難しいと感じるのである。日系企業で働くあるトルコ人が，次のような行動に注目している。ある時，日本人社員がバルコニーに出ようとした。しかしドアを開けることができない。そこにはトルコ人社員もいたが，彼らにドアの開け方を聞くことはせず，長い間一人で奮闘していた。結局トルコ人が，頼まれてはいないにもかかわらず，彼のためにドアがどのようにすれば開くのかを説明した。同じような状況でトルコ人ならば，誰かが必ず助けるであろうと考えて，他の人が聞こえる大きさで「このドア，どうやったら開くんだ？」と独り言を言い出したに違いない。

(4) 緊迫した状況における日本人的解決方法

　日常の勤務生活において，日系企業では仕事の流れに関して不平を言ったり苦情を言ったりすることは良い目で見られず，また推奨されない行為であることは，トルコ人社員たちがしばしば気がつく事象である。しかし，トルコにおいては，ある仕事をする際，苦情を言うことは特に気にされないし，また，仕事の流れを妨げるような状況としても認識されることもない。もし何らかの問題があると考えられるのであれば，時を置かずに問題を解決する必要があると考え，確認

されたり感じられたりした障害をすぐに言葉にして指摘するであろう。日本においては，これらの障害は，勤務後に仕事仲間と一緒に行く酒場などで発言されることが多いのかもしれない。トルコにおいては，勤務後の集まりの中で仕事に関する話題が話されることは，あまり見かけない光景であり，逆にそうした話題は避けられるものである。

　日本人はトルコにおいて，規則正しく，真面目で，礼儀正しく，謙虚で，家族と伝統を守る人たちであると認識されているが，ビジネスで日本人と接触するトルコ人にとって日本人は，「飲む前」と「飲んだ後」の2つの場面で異なる。大体の場合においてトルコ人の目には，それ以前に一緒に働いた現場で見た「真面目で口数の少ない」日本人が，お酒の場においては全く別人に映るのである。ほとんどのトルコ人は，こういった集まりに職場における緊張の解消に役立つ戦略が潜んでいることに気づく。実際に，彼らは，仕事の流れそのものに関係のない不平や不満は，酒の場においてこそ，たやすく発言することが可能だ，と証言している。また，数件ではあるが，日本企業において働くトルコ人社員たちが，これらの飲み会に自分たちが誘われることがなく，したがって疎外されているように感じたと言っている。

　トルコにはこのような社交的行為が存在しないため，日本文化を詳細に知る機会のないトルコ人にとって，酒の席における親密さは酒の席でのみ通用するということを理解し，翌日の勤務時間内において，一社員にすぎないという身分が，以前と同様の形で続く必然性を理解するのは難しいかもしれない。

第3節　相　違　点

(1) 結果ではなく過程そのものについて

　日本人の，あらゆる物事を儀式化するという行為は，仕事を行う際にも見ることができる。トルコ人たちは，より結果を重視して働く。経過が計画通りに進むか否かは，二義的である。それに対し日本人にとっては，経過自体が計画通りに進められることと結果に到達するということは同義であると言える。トルコでの労働習慣においては，1人が複数の仕事やプロジェクトを同時に開始するということに熱意をもち，楽観的である。しかし，この態度は往々にして行われる仕事自体の質や，期限という意味での密度という点で妥協をすることの原因ともなる。日本人はトルコ人に比べて，ある1つの仕事がどのくらいの期間でどのような割合で実現可能かに対してより現実的なアプローチを行っていると言えよう。トルコにおける職場環境において現地社員たちは，日本人が自分たちよりより良い計画を作るが，長期計画を立案することはトルコ人にとってあまり意味がないと言う。興味深いことに，トルコにおいては計画を立てるということや，それを期間内に実現するということを，それほどまじめに取り扱おうとはしない。失敗する，もしくは，ある仕事が一定の障害と部分的な混乱を経て最後に結実する，もしくは，その仕事に遅延したということは，トルコ人の考えでは，完成された仕事の成功に影を落とすものではない。それ

に対し日本人にとって，他人に与える迷惑や，仕事上の遅延，もしくは約束された質を実現するかどうかは重要である。

　日系企業において，社員にはビジュアル的に説得することが重視されるという点も，トルコ人社員が述べる相違点である。日本人は，すべての事柄について画を描き，すべての段階において視覚的に確認することを望み，計画における全ての点をより具体化し，はっきり理解できる形で提供しようとするとされる。

　筆者が体験した例を上げよう。2012年の夏，筆者は山口の平沼田という山村で，2カ月間農業の共同作業に参加する機会を得た。ある時カボチャの収穫が共同で行われた。収穫物を購入する農協からは，カボチャの箱入れの際に，どの大きさのカボチャを何個，どのように配列して入れるべきかまでを詳細に示すイラスト付きの指示書が前もって農家に配られていたのである。この時の驚きを言い表す術を筆者は持たない。日本人たちは，仕事に関する全ての経験を記録し，次回の作業がより滑らかに進めるために経験を基準化し，そしてその基準を広めようとする。トルコにおいては未だこのような認識の広がりは存在しない。

　トルコにおいても，大企業では国際的に通用する一定の基準に到達するため，詳細な点にまで留意している。しかし，家族経営の中小企業において，もしくは農作業に従事する組織においては，こうした細部が労働を組織管理する者にとって必要事項であるとする状況まで達するにはまだ時間がかかるようにみえる。大体の場合において，トルコ人労働者にとって，「標準化」というのは仕事を簡易化するのではなく，逆に繁雑化し追加的な雑務をもたらす過程として認識され，実際にその認識は正しいといえる。また，次回において全く別のアプローチを試すことができるにもかかわらず，事前に確定された規定に従うということは，新規に違った方法を試す機会を奪うものと認識される。

(2) 約束，時間順守，予測

　一般的に見て，「計画をたてること」の最も重要な要素の1つとして，計画を共有する人たちが与えられた任務を，与えられた時間内に遂行し，計画の各段階において，前もって想定されたタイムラインに従って実行されるようにする，ということがある。トルコにおいては，どの機関のどの個人も，「お役所仕事」の遅鈍さによって，これら時間厳守の行動が不可能であり，当初の計画のプロセスにおいて，実現不可能で遅延することが含まれていることは，トルコ人にとって想定内である。それでも，理想的な時間割を考えながら，プログラムは作成される。しかし，計画に現実的な期日を設定することはない。なぜなら，もし現実的な遅い期日を設定したとしても，やはりその仕事が完了するのは設定期日後となるからである。そして，この現実はすべての人に認知されているから，次のような思考に至る。

　「とりあえず短期間を設定しておこう。もし期日をさらに先に伸ばし設定すると，その期日のさらにその先に完成することになる。」

時間厳守と行動時間に関する問題は，約束という行為においても，明らかに見て取ることができる。トルコの企業に働く者は，約束や行動時間に関して，日本人と比べると，よりフレキシブルであり，より気楽であると指摘されうる。対人関係において，このことは非常に大きな問題となる。約束に遅れるということは，トルコ人には我慢できる状況である。これは，計画や約束が，日本ほど互いに連鎖していないからかも知れない。そして，約束はいつでも変更可能であるということについては，トルコ側は——もし両者ともトルコ人であるならば——元々からの承認事項である。延期，遅延によって発生する障害も，両者とも日本ほど困難な状況に陥ることはない。両者とも，前もってそういった事態に備えている，と言える。しかし日本では，長期的な計画を立てているから，1つの段階が遅れるということは連鎖的にすべての他の段階が遅れることにつながり，それはカオス的状況を生み出すのである。

　ここで，筆者自身の経験を例として挙げたい。2014年の2月，東京では記録的な大雪が降り，成田空港から都内に行くすべての鉄道がストップした。この悪天候で都内の交通機関も連鎖的に混乱し，東京における生活は大きな影響を受けた。しかしながら，通常は，電車が1分でも遅れるということは，それほど頻繁に発生することではない。大量輸送機関は，予定された時間に駅に入り，予定された時間に駅を出発する。

　トルコの場合，大量輸送機関の運行時間はここまで時間厳守されることは決してない。したがって，会議に遅れ，面会に遅れるトルコ人は，いつも弁明として自分の周りで発生した条件を示す。そしてその弁明も，特に不審に思われることはなく，また責められることもない。それに対し日本では，システムは障害なく運営されることが想定されている。したがって，遅延はその人自身の責任とされるのである。社員はこの点において，自分の周りで発生したことを遅れの原因として述べることはできない。このような遅延は，個人の業務処理能力と敬意に泥を塗り，相手の否定的な評価に繋がる可能性があるからである。ここまで重大な結果を生み出すことを避けるためにも日本の社員たちは，いかなる状況にあっても遅れないことの必要性を認識しており，その認識とともに生き，この認識内で自分を管理するのである。

　トルコ人たちは，このような結果が発生しないという気楽さから，いつもどおりぎりぎりの時間に家を出，高い確率で発生する交通機関の乱れによって現場に遅れ，そしてすべての人にとって納得のいく理由としてそのことを提示し，なんら名誉に傷がつくことなく生活を続けていくことができるのである。

　トルコでは，組織化の段階において，社員の任務内容や，どの地位で何をし，何をしないかということは，物事の流れによって変化しうる。事態や時間経過によって，その人はまったく別の分野において自分を全面に打ち出そうとするかもしれないし，ある事案に関し，その人ができることがあれば，自分から積極的にそのことを主張し，意見を言ったりすることをためらわない。それに対して日本では，その人の仕事内容は事前に確定されているため，その社員がよく知っている事案に関しても，もしその人の職務として定義されていなければ，自分自身を打ち出すこと

はせず，自分にあてがわれた範囲内において活動するように注意を払う。トルコにおいてトルコ人社員は，自分の職務ではない事案に関して自分自身の意見をいうことが，日本人社員のテリトリーを侵害する，もしくは侮辱することになる，などということに気づくことはない。日本人からしてみれば，このような行為は，他人の領域を侵害し，その人を侮辱することに繋がる可能性があったとしてもである。

第4節　トルコ人の日本人に対する違和感

　トルコ人は，仕事をし，また仕事に関する決定をする段階において，日本人が柔軟ではないこと，またそれが必要とされる状態においても，事前の決定事項から外れることに消極的なことをあまり理解できない。彼らは，突発的に発生する障害に対し，日本人が必要以上に焦慮し，もしくは思考停止と言っても過言ではない状態に陥ると述べている。それに対しトルコ人は，そのような混乱状態においても，「何らかの解決策は必ずあるものだ。」と考え，あまり混乱することはなく，短期間で状況を改善するための現実的な提案を提示する。インタビューを行った対象者のほとんどが，日本人と比較してトルコ人のほうがより実践的な考えを持っていると述べている。これに関して1つの例をここで挙げたい。鉄鋼業関連の業務を行う工場での出来事であるが，その工場のラボに，ある精密機器が設置されることになった。施工段階になって精密機器が設置されるラボが持っているべきいくつかの技術的設備や設置計画が，納入元の会社から前もって伝えられていた。しかし，精密機器の電気配線パネルの部分が，機材を購入した部署によって慎重に検討されていなかった。そのため，機器の設置のために外国人技術者がその工場にやってきた時，ラボは，計器が推奨される形で設置されることが不可能な状態であった。設置のために来た技術者グループが一定の期間しか滞在できないことを考えれば，これは非常に困難な状況である。しかしこのような場合においてもトルコ人たちは冷静さを失うことなく，短期間で創造的な解決策を提示し，結果，3〜4時間ほどの遅れで状況の改善に成功した。

　トルコから見た場合，日本人に関する疑問点を構成する問題の1つに，共同で仕事を行おうとするトルコ人と日本人が，互いに知り合ってからの過程に関するものがある。中規模の企業の管理職の地位で勤務する社員と行ったインタビューによると，日本人は仕事を行うためにやってきた時，トルコ側は自分たちができることを説明するのだが，日本人は疑問に感じる点などは明らかにしないまま「日本に帰って，この件を会社の上司と検討しなければなりません」と言って，日本に帰ってしまう。結果，時間が経ち，その仕事が不可能であることがはっきりとする。国に帰った日本人が疑問に感じた件に関して，契約を結べるかもしれないとの期待で訪れた会社に対し，その後何ら報告することもない。日本人が，疑問に感じたことに関して明確な態度をとらないということは，日本人と一緒に仕事することを困難にしていると，トルコ人管理職員たちは述べている。いくつかの場合，かなりの長い時間が経った後に肯定的な返答がある。トルコにおけ

る経済的条件は日本に比べてかなり変動的であるから，既に仕事の成立が不可能となっている状況になっているということがあり，両者の間に困難を招くことになる。

　トルコの就労層にとって日本企業で働くということは，その後のキャリア目標に到達するためにも，非常に有効なレファレンスとして受け止められている。さらに言えば，日本企業は特に「どのように計画をたてるか」を習得できる学校として見られているようである。しかしながら，キャリアに関して言えば，より上の地位を目指す者にとって，典型的な内部組織構成を持つ日本企業で働くことは，それほど望ましいことではない。インタビューを行った人たちのうち，日本企業での勤務経験があり，その後転職した人たちの評価を見ると，特に指導的ポジションへは日本人だけが配置されるから，と述べている。しかし，国際分野で活動する日本企業においては，それぞれ異なったシステムを採用しており，いくつかの会社がこの件に関してより柔軟な組織構成を持っているという事実も伝えられた。また，インタビューを行ったある女性社員は，日本企業において昇進することは，あまり簡単ではなく，しかしそれでも外国人社員に対しては，日本人社員よりもより柔軟で肯定的な対応をしていると述べていることを付け加えておきたい。

結　　論

　トルコの著名な学者であるムラット・ベルゲは，日本の知識人が「鎖国」と呼ばれる時代においてすら，西洋と歴史的に継続的接触を持っており，ヨーロッパに関して大量の情報をもっていたと指摘している。地理的にも西洋に日本と比較してより近いオスマン社会知識層の知識量の少なさは驚くべきほどであると述べている（Belge, 2011, pp. 383-384）。知識を得る必要性，ある事象に対して異常なこだわりを見せるほどの好奇心を持つこと，そしてその事を完璧なものとし職人化しようとする傾向に関して，両社会がなぜここまで違ったかという疑問を解明する研究を行うことは，両社会間における文化的差異の労働生活における反映を意味づけするためにも有益なものとなるであろう。

　日本人とトルコ人は，どちらの国から見るかによって，ある場合においては東方社会として同じカテゴリー下において評価されることがあるとはいえ，トルコは中東的特性をヨーロッパ的要素によって撹拌し，独自の文化的混合体を成立させた。どの点から見たとしても，日本と似ているとは言いがたい。しかしながら，共同で仕事を行うという点において，両者はお互いを補完しあえるそれぞれ独自の特徴が注目される。トルコと日本が共同で実現した数々の大規模プロジェクト（ボスポラス海峡大橋，マルマライ計画，イズミット湾横断橋，そして近年のシノップ原子力発電所）は，この状況を端的に示すものとして理解できるであろう。トルコにおいて日本語日本文学科の学生数の最近10年における3倍に及ぶ増加は，日本とトルコの間における観光，貿易，そして教育分野において，将来さらに加速することが期待されていることを示すものである。

参考文献

Belge, M. (2011) *Militarist Modernleşme: Almanya, Japonya ve Türkiye*, İstanbul: İletişim Yayınları.

Benedict, R. (1994) *Krizantem ve Kılıç*, Türkan Turgut (Çev.), Ankara: İş Bankası Yayınları.

Davies, R. J. and Osamu Ikeno (2002) *The Japanese Mind: Understanding Contemporary Japanese Culture*, Boston: Tuttle Publishing.

Esenbel, S. (2012) *Japon Modernleşmesi ve Osmanlı: Japonya'nın Türk Dünyası ve İslam Politikaları*, İstanbul: İletişim Yayınları.

Lindholm, C. (2004) *İslami Ortadoğu: Tarihsel Antropoloji*, Balkı Şafak (Çev.), Ankara: İmge Kitabevi.

Mustafa bin Mustafa (2010) *Bir Osmanlı Bürokratının Anıları: Uzakdoğu Seyahati (Aksâ-yı Şarkta Bir Cevelân)*, Ahmet Uçar (der.), İstanbul: Çamlıca Basım Yayın.

Takie Sugiyama; L. (2013) *Japonlar ve Davranış Biçimleri*, Oğuz Baykara (Çev.), İstanbul: Boğaziçi Üniversitesi Yayınevi.

あとがき

　文京学院大学の起源は，1924 年春に島田依史子先生が女性の「自立と共生」を建学の精神として，裁縫伝習所を開講したことに遡る。2009 年に創立 85 周年を迎えたとき，文京学院大学では，2024 年の 100 周年を目指して，「新・文明の旅」プログラムが構想された。これは，日本の文明の基礎をもたらした西方の国々に，15 年間にわたって学生たちを派遣して日本の文明の基礎を学ぶと同時に，これらの国々の学生たちと交流し，現代の日本を発信するというものであった。第 1 回はすでに 2012 年 2 月～3 月にかけて，トルコ，ブルガリア，ルーマニアに，第 2 回は 2015 年 2 月～3 月にかけて，ポーランド，リトアニア，ラトビアに学生たちを派遣した。第 3 回はウズベキスタンやカザフスタンといった中央アジア，第 4 回はタイ，マレーシア，ベトナムなどの東南アジア，そして最後の 5 回はモンゴル，中国，韓国などの東アジアの国々を訪問する計画である。

　学生の派遣のためには，現地の大学と交流協定を結び学生の受入体制を確保しなければならなかった。そこで，2011 年夏に学長としてトルコのアンカラ大学，ブルガリアのソフィア大学，ヴェリコ・タルノヴォ大学に協定を結ぶために訪問した。

　協定を結ぶ際に先方の大学の学長たちが口をそろえていうのは，日本の大学は，協定は結ぶがその後は何もしてくれないということであった。私自身，9 カ国で単位の出るコースを教えた経験から同じような印象をもっていた。そこで，第一に，協定を結んだ国の学生を毎年 2 人ずつ文京学院に留学生として受け入れること，第二に，教員同士の交流も重要と考えて，国際共同研究を行うことを理事会で承認してもらった。

　ちょうどアンカラ大学を訪問した時には，日本企業のトルコ進出が増え，日本とトルコの経済関係が急速に発展していた時期であった。そこで，アンカラ大学の学長や先生方と相談して，「日本とトルコの経済・経営関係」をテーマに国際共同研究を立ち上げることにしたのである。このとき同時に，アンカラ大学，ソフィア大学，ヴェリコ・タルノヴォ大学の先生方と，もう 1 つの国際共同研究プロジェクト「マンガ・アニメにみる日本文化」を立ち上げることも決めた。

　上記 2 つの研究プロジェクトを 2012 年度から立ち上げるために，文京学院大学内で研究プロジェクトのリーダーおよび参加者を募集した。残念ながら応募がなかったため，学長の立場から研究の調整役を買って出ることにして，このテーマの研究に興味をもつ学内の教員に声をかけ，3 年間にわたるこの研究プロジェクトを何とか実行に移すことができた。

　1 年目には，文京学院大学の先生方にトルコの現状を理解していただくとともに，現地日系企業の実態をみるためにトルコに調査に出かけた。現地では，アンカラ大学での研究会のほか，JETRO，トヨタ自動車，YKK，三井物産，前川製作所，スターツなど日本のトルコ進出企業を

訪問し，インタビューをするなどフィールド調査を行った。2年目には，アンカラ大学の先生方を日本や日本企業を理解してもらうために日本に招聘した。文京学院大学で研究会を開催すると同時に，日本精工やIHIなどを訪問し，日本企業の品質管理や全般的な経営についてフィールド調査を行った。改めて，トルコおよび日本で訪問させていただき，フィールド調査をさせていただいた企業ならびに担当者の皆様にこころより感謝申し上げる次第である。

　本書は，こうして3年間にわたって実施された国際共同研究の成果である。文京学院大学およびアンカラ大学から参加した教員の専門分野は，考古学，中東地域研究，経済学，農業経済学，経営史，国際経営，人的資源管理，比較文化など多岐にわたっている。そのため，それぞれの研究者がそれぞれの視点からトルコと日本の経済関係に関する研究を行っている。ある意味では学際的な研究と言えるかもしれない。しかし，序章などで全体をまとめる努力をしたが，論文集のような体裁になってしまい，全体を通しての論点や研究成果を提示することはまだ十分できていないと思われる。学術的な内容の研究成果も重要であるが，今回の研究成果が今後の国際交流のためだけではなく，さらなる共同研究やグローバル・カリキュラムの開発など，文京学院大学の持続的なグローバル化を目指すための一里塚となるのではないかと期待している。

　改めて，この国際共同研究のオーガナイザーとして，アンカラ大学から参加していただいた先生方はもちろん，文京学院大学の先生方にも，本プロジェクトに参加していただいたことにお礼を申しあげたい。とりわけ，編者として本書をとりまとめていただいた関根謙司先生とユルドゥルム先生には重ねて謝意を表したい。なお，杉山剛先生にはトルコ人の先生方のトルコ語で書かれた論文を日本語に翻訳するという大変な労をとっていただいた。心から感謝する次第である。

　また，原稿の編集作業については，学校法人文京学園理事でプロの編集者でもある伊東晋氏の協力を得た。秘書室の寺田亜紀子さんには，海外を含めて執筆者への連絡など様々な仕事を引き受けてもらった。お二人の仕事によって，文京学院大学総合研究所叢書①のジョゼフ・R・デジャルダン著『ビジネス倫理学入門』と同様に，本書がずいぶん体裁のよい本になったと思われる。お二人には，心より感謝する次第である。

　最後ではあるが，本書の叢書としての出版に当たり，総合研究所の運営委員会のメンバーの先生方，とりわけ各方面の調整に当たっていただいた所長の石田行知教授，前所長の櫻山義夫教授には衷心より謝意を表したい。

　　2016年3月5日

文京学院大学　前学長

川邉　信雄

文京学院大学総合研究所叢書 2

トルコと日本の経済・経営関係
The Economic and Business Relations between Turkey and Japan

2016年6月10日　　　初版第1刷発行

編著者　　関根 謙司（Kenji SEKINE）

　　　　　ユスフ・エルソイ・ユルドゥルム（Yusuf Ersoy YILDIRIM）

　　　　　川邉 信雄（Nobuo KAWABE）

発　行　　文京学院大学総合研究所

　　　　　　　　所長　石田行知

　　　　　　〒113-8668　東京都文京区向丘1-19-1

　　　　　　Tel 03-3814-1661（代）　Fax 03-5684-8494

発　売　　株式会社冨山房インターナショナル

　　　　　　〒101-0051　東京都千代田区神田神保町1-3

　　　　　　Tel 03-3291-2578　　Fax 03-3219-4866

印刷・製本　大日本法令印刷株式会社

装　丁　　笠井 亞子

©2016　Bunkyo Gakuin University　　Printed in Japan　　ISBN 978-4-86600-015-2
無断転載を禁じます　　乱丁・落丁はお取替えいたします

文京学院大学総合研究所叢書

① ジョゼフ・R. デジャルダン［著］
　文京学院大学グローバル・カリキュラム研究会［訳］
　『ビジネス倫理学入門』　　　　　　B5判　304頁　2500円＋税

② 関根謙司／ユスフ・エルソイ・ユルドゥルム／川邉信雄［編］
　『トルコと日本の経済・経営関係 [国際共同研究]』
　　　　　　　　　　　　　　　　　　B5判　190頁　2500円＋税

③ 加藤佐和子／アイシェヌール・テキメン／マグダレナ・ヴァシレヴァ［編］
　『マンガ・アニメにみる日本文化 [国際共同研究]』
　　　　　　　　　　　　　　　　　　B5判　240頁　2500円＋税

発行　文京学院大学総合研究所
発売　冨山房インターナショナル